日本史籍協會編

三浦吉信所藏文書

東京大學出版會發行

三浦吉信所藏文書

緒言

一本書ハ酒井若狹守忠祿（初名忠義）ノ臣三浦吉信（七兵衞）ノ舊藏ニ係ル書類ナリ忠祿京都所司代在役中ノ公私往復ノ書類長持ニ三棹アリシヲ維新ノ初悉ク之ヲ燒棄セシメ機密ニ參與セシ藤田權兵衞三浦七兵衞兩人ニモ萬一自宅ニ存スルモノアラバ此ノ際燒棄スベシト命ズ然レバ當時ノ書類ハ全部燒棄セラレタルモ後年三浦氏方ニ其ノ厄ヲ免レシ一匣ノ存セルモノヲ發見セリ是卽チ此ノ書類ナリ實ニ蒼海ノ一滴ニ過ギズト雖モ安政戊午前後ノ公

武間ノ内情ヲ窺知スベキ貴重史料ノ一ナリ

一終リニ滋ミ伯爵酒井忠道氏ガ貴重ナル原本ノ製版頒布ヲ允諾サレタル好意ヲ謝ス

大正六年七月

日本史籍協會

三浦吉信所蔵文書　目次

略伝
酒井忠禄（忠義）　一
藤田権兵衛（清）　一〇
三浦七兵衛（吉信）　一一
三浦七兵衛所蔵書類　一
○
一、酒井忠義書翰「老中宛」　万延元年四月十二日　一
二、同「同　宛」　同　日　二
三、同「久世広周宛」　同　日　五
四、同「九条尚忠宛」　同　日　七
五、同「老中宛」　同年五月三日　七
六、同「久世広周宛」　同　九
七、同「同　宛」　同　一一
八、同「九条尚忠宛」　同年五月四日　一四
九、同「同　宛」　一四
一〇、同「松平信義宛」　同年四月朔日　一五
一一、同　一六

〇一二、水戸藩処分書　安政五年六月　一八
〇一三、徳川斉昭薨去　万延元年八月十五日　二〇
〇一四、武田耕雲斎一条調　元治元年十一月　二一
〇一五、酒井忠禄履歴　三〇
一、酒井忠義書翰「広橋光成・坊城俊克宛」　文久二年四月十四日　三三
一、寺田屋事変　三五
一、老中連署書翰「酒井忠義宛」　同年四月二十五日　三六
一、酒井忠義伺書「老中宛」　同　日　三七
一、老中連署書翰「酒井忠義宛」　同年五月二〇日　三七
一、酒井忠義書翰「老中宛」　同年五月二〇日　三八
一、老中連署書翰「酒井忠義宛」　同年五月二十八日　三八
一、坊城俊克・広橋光成書翰「老中宛」　同年六月五日　三九
一、森川出羽守処分　同年六月晦日　四〇
一、広橋光成等建言書　同年八月十六日　四〇
一、岩倉具視等処分　同年八月二十日　四〇
一、生麦事件　同年八月　四一
一六、三浦吉信由緒書　安政六年正月　四一
一七、千種有文書翰「三浦吉信宛」　安政六年二月十四日　四九
一八、同「同宛カ」　五〇
一九、同「三浦吉信宛」　安政六年二月十五日　五一

二〇、同　「同　宛」　同年三月五日　五一
二一、柳沢勉次郎書翰　「同　宛」　同年八月二十七日　五三
○二二、千種有文書翰　「三浦吉信・藤田清宛」　同年二月十三日　五四
○二三、同　「三浦吉信宛」　同年十二月十七日　五五
○二四、同　「同　宛」　同年八月十三日　五六
○二五、長野義言書翰　「同宛ヵ」　同年九月二十一日　五九
二六、同　「三浦吉信宛」　万延元年閏三月二日　六二

三浦七兵衛所蔵書類　二

○一、千種有文書翰　「三浦吉信宛ヵ」　二月二十三日　六七
○二、同　「同宛ヵ」　安政五年十二月二十二日　六八
○三、岩倉具視書翰　「三浦吉信宛」　十月四日　六九
○四、久世広周書翰　「酒井忠義宛」　万延元年ヵ九月六日　七〇
五、岩倉具視書翰　「千種有文宛」　十月朔日　七一
○六、柳沢勉次郎書翰　「三浦吉信宛」　八月六日　七二
七、久我建通書翰　「千種有文宛」　十月十二日　七三
○八、岩倉具視書翰　「三浦吉信宛」　万延元年閏三月二十日　七四
○九、同　「同　宛」　文久二年ヵ六月二十五日　七五
○一〇、千種有文書翰　「藤田清・三浦吉信宛」　同元年三月十三日　七七
○一一、同　「同　宛」　万延元年十月六日　七八

〇一二、同　「同　宛」　同　日　七九
〇一三、藤田清書翰　「三浦吉信宛」　文久元年十二月三日　八〇
〇一四、千種有文書翰　「同　宛」　同二年正月二十八日　八二
〇一五、同　「藤田清・三浦吉信宛」　同元年十月九日　八五
一六、藤田清書翰　「岩倉具視宛」　同年十二月二十五日　八七
〇一七、三浦吉信書翰　万延元年六月　九〇
〇一八、千種有文書翰　「藤田清・三浦吉信宛」　安政六年カ五月十三日　九一
〇一九、同　「同　宛」　文久元年七月二十六日　九二
〇二〇、島田龍章書翰　「三浦吉信宛」　文久二年正月二十五日　九四
二一、千種有文書翰　「三浦吉信宛」　同年二月十九日　九九
二二、同　「同　宛」　同年正月二十六日　一〇四
二三、久我建通書翰　「千種有文宛」　同年正月二十六日　一〇五
二四、酒井忠義書翰　「同　宛」　同年正月二十七日　一〇六
二五、久我建通書翰　「同　宛」　同年四月十七日　一〇六

三浦七兵衛所蔵書類　三

〇一、長野義言書翰　「三浦吉信宛カ」　万延元年三月十二日　一〇九
〇二、同　「同　宛」　同年八月十九日　一一〇
〇三、同　「同　宛」　同年閏三月六日　一一一
〇四、同　「同　宛」　同年閏三月二十九日　一一三

一〇五、同「同　宛」　同年三月九日　一一六
一〇六、同「同　宛」　同年三月十九日　一一八
一〇七、同「同　宛」　万延元年三月二十日　一二一
一〇八、同「同　宛」　同年三月十二日　一二三
一〇九、高木作左衛門・藤田清書翰「同　宛」　文久元年カ十一月二十一日　一二六
一一〇、長野義言書翰「同　宛」　万延元年閏三月二日　一二八
一一一、勅諚写「岩倉具視宛」　文久元年十月二十一日　一三三
一一二、水戸藩達書　安政五年八月二十日　一三九
一一三、松平慶永直書「家中宛」　同年七月六日　一四〇
一一四、有栖川宮熾仁親王建白書　安政五年三月一三日　一四一
一一五、幕府達書「黒川左仲宛」　安政六年三月二十日　一四三
一一六、同「間部詮勝宛」　同　日　一四四
一一七、同　同　日　一四五
長崎唐人屋敷焼失　一四六
一一八、井伊直弼大老就任　安政五年三月　一四七
一一九、幕府達書　安政六年三月二十五日　一四七
将軍乗馬上覧　一四九
諸侯遠馬停止　一四九
一二〇、島田龍章書翰「三浦松恒宛」　三月四日　一四九
一二一、同「三浦吉信宛」　安政六年九月朔日　一五〇

二二、千種有文書翰「同宛カ」　同年正月二十三日　一五一
〇二三、富小路敬直書翰「千種有文宛」　安政六年二月一〇日　一五四
〇二四、勅諚書写「幕府宛」　安政五年八月八日　一五五
〇二五、成田作右衛門書翰「三浦吉信宛」　同年九月二日　一五八
〇二六、御沙汰書写「大原重徳宛」　同年七月五日　一六一
二七、橋本実麗伝達書「正親町実徳宛」　同日　一六二
〇二八、長野義言書翰「三浦吉信宛」　同六年十一月二十二日　一六三
〇二九、同「同宛カ」　同年十二月十六日　一六六
〇三〇、千種有文書翰「同宛カ」　同五年カ十二月十七日　一六七
〇三一、同「同　宛」　同六年カ二月朔日　一六九
〇三二、同「同宛カ」　同年正月二十三日　一七〇
〇三三、長野義言書翰「三浦吉信宛カ」　安政六年カ八月十四日　一七三
〇三四、同「同　宛」　同年十月　一七七
三五、同「同　宛」　同年九月八日　一八二
三六、同「同宛カ」　一八三
三七、同「三浦吉信宛」　文久元年八月六日　一八五
三八、同「同宛カ」　安政六年八月四日　一八七
三九、千種有文書翰「同宛カ」　同年二月四日　一八八
四〇、同「同宛カ」　同五年十二月二十日　一八九
四一、同「賀川一馬宛」　同年十月二十八日　一九一

○一六、同「同宛」　同年八月二十六日　二三九
○一七、某　安政五年七月ヵ　二四〇
○一八、千種有文書翰　同年十二月二十八日　二四四
○一九、同　二十一日　二四四
○二〇、小笠原長常書翰「三浦吉信宛」　安政六年三月八日　二四五
○二一、同「同宛」　万延元年三月八日　二四七
○二二、同「同宛」　安政五年十一月十八日　二四七
○二三、同「同宛」　同年十一月二十四日　二四八
○二四、成田作右衛門書「同宛」　万延元年閏三月十一日　二四九
○二五、同「同宛」　安政六年三月二十日　二五五
○二六、同「同宛」　同年五月十四日　二五七
○二七、同「同宛」　万延元年九月十八日　二五九
○二八、島田龍章書翰「同宛」　安政六年正月二十二日　二六〇
○二九、伴金左衛門・高木作左衛門・藤田清書翰「同宛」　文久二年二月三日　二六二
○三〇、某姓休成書翰「同宛ヵ」　安政六年　二六五
○三一、山本彦三郎書翰「原喜太郎・宮崎寛三郎宛」　文久元年五月二十九日　二七〇
○三二、勅書写(千種有文筆)　安政六年二月六日　二七三

三浦七兵衛所蔵書類　五

○　一、伴金左衛門・高木作衛門・藤田清書翰

「三浦吉信宛」 文久元年十二月三十日 二七七
○二、同 「同　宛」 同年正月二十二日 二八一
○三、同 「同　宛」 同年二月十一日 二八六
○四、岩倉具視書翰 「同　宛」 文久二年正月四日 二八九
○五、伴金左衛門・高木作左衛門・藤田清書翰 「同宛」 同元年正月十一日 三〇〇
○六、長野義言書翰 「三浦吉信宛」 同年二月二十九日 三〇二
○七、千種有文書翰 「三浦吉信・藤田清宛」 八月六日 三〇五
○八、三浦吉信書翰 「関行篤宛」 文久元年十月二十五日 三〇七
○九、某姓源蔵書翰 万延元年六月十日 三一一
　　池田仲左衛門書翰
○一〇、伝奏達書 同年 三一四
○一一、千種有文書翰 「三浦吉信・藤田清宛」 文久元年二月十八日 三一六
一二、島田龍章書翰 「同　宛」 同十月八日 三一七
○一三、関行篤書翰 「三浦吉信宛」 八月五日 三二〇
○一四、同 「同宛カ」 同　日 三二一
○一五、同 「三浦吉信宛」 文久元年九月十九日 三二二
○一六、同 同年九月二十八日 三二三
○一七、関行篤書翰 「同　宛」 同年十月四日 三二四
○一八、勅諚書写 「岩倉具視・千種有文宛」 同年十月七日 三二五

三浦七兵衛所蔵書類　六

〇一九、同　万延元年三月九日　三五二
〇二〇、三浦吉信書翰「酒井豊後宛」　三五三
酒井豊後返翰「三浦吉信宛」　同年三月十七日　三五三

三浦七兵衛所蔵書類　七

〇一、勅書写　文久二年五月十五日　三五九
〇二、勅書写　文久二年五月二十日　三六二
〇三、千種有文書翰「藤田清宛」　同年六月六日　三六三
〇四、小笠原長常書翰「三浦吉信宛」　万延元年五月十四日　三六七
〇五、京都元組与力書翰　安政五年九月　三六九
〇六、某内話書「早川庄次郎宛」　万延元年　三七四
〇七、長野義言書翰「三浦吉信宛カ」　安政六年　三七五
〇八、堀次郎持参書　文久二年四月十七日　三七八
〇九、長野義言書翰　安政六年十一月二十二日　三七九
〇一〇、同「三浦吉信宛カ」　同年十一月十二日　三八〇
〇一一、同「同宛カ」　万延元年二月十九日　三八五
〇一二、同「同宛カ」　安政六年十月二十三日達　三八七
〇一三、同「同　宛」　同年八月四日　三八九
〇一四、同「同宛カ」　万延元年閏三月三日　三九一
〇一五、同「同　宛」　安政六年十月十日　三九三

○一六、成田作右衛門・三井宇右衛門書「三浦吉信・高木作右衛門・伴金左衛門宛」　文久二年七月十四日　三九四
○一七、長野義言書翰「三浦吉信宛」　安政六年九月二十一日　三九七
○一八、同「同宛カ」　同年十二月二十七日達　四〇〇
○一九、同「三浦吉信宛」　同年十一月十二日　四〇二
○二〇、同「同宛カ」　同年　四〇三
○二一、同「同宛カ」　四〇四
○二二、伊藤源之進書翰「同　宛」　同年十二月二十七日　四〇五
○二三、同「同　宛」　万延元年正月十八日　四〇九
二四、三浦吉信書翰「内藤正縄宛カ」　五月七日　四一二
内藤正縄返翰　五月八日　四一三
○二五、内藤正縄書翰「三浦吉信宛」　安政六年八月十一日　四一四
○二六、同「同　宛」　同年八月二十二日　四一五
○二七、同「同　宛」　同年十月十七日　四一七
○二八、同「同　宛」　同年六月八日　四二〇
○二九、同「同　宛」　同年七月九日　四二一
○三〇、同「同　宛」　同年十二月十八日　四二三
三一、酒井忠義請願書　文久二年正月二十一日　四二五
○三二、同「久世広周宛」　同年正月二十八日　四二八

〇**三九**、同 「同 宛」 同年十二月二十日 四九〇
〇**四〇**、同(断簡) 「同 宛」 同年十二月 四九二
〇**四一**、同 「同 宛」 万延元年ヵ二月二十一日 四九二
〇**四二**、同 「三浦吉信・藤田清宛」 同年三月二十九日 四九四
〇**四三**、同 「三浦吉信宛」 同年ヵ五月十日 四九五
〇**四四**、同 「三浦吉信・藤田清宛」 同年六月四日 五〇〇
〇**四五**、同 「三浦吉信宛」 同年ヵ六月十二日 五〇二
〇**四六**、同 「三浦吉信・藤田清宛」 同年十月二十二日 五〇五
〇**四七**、同 「藤田清宛」 文久元年ヵ六月二十七日 五〇六
〇**四八**、同 「三浦吉信宛」 同日 五〇八
〇**四九**、三浦吉信書翰 「酒井豊後宛」 同二年八月十五日 五〇九
酒井豊後返翰 「三浦吉信宛」 同年閏八月二日 五〇九
解題 藤井貞文 五一九

略傳

酒井忠祿ハ文化十年七月九日京都二條邸ニ生レ天保五年二月家ヲ襲ギ雁ノ間詰ヲ命ゼラレ、同十一年從四位下ニ敍セラル、同十三年奏者番兼寺社奉行トナリ、同十四年十一月京都所司代ト爲リ侍從ニ任ジ十二月上京參內拜謁ス。在役中孝明天皇御元服、同天皇御卽位、泉涌寺御位牌殿及ビ諸堂舍再建、學習院建築、御所御修理等ノ事ニ預ル。嘉永三年七月所司代ヲ免ゼラレ、溜ノ間詰格ヲ命ゼラル、安政元年柳澤保申ト倶ニ京都警衞ヲ命ゼラレ、同五年六月再ビ京都所司代ヲ命ゼラル。當時攘夷トイヒ、開國トイヒ朝野騷然タリシカバ幕府ハ忠祿ヲシテ上京セシメ尋デ老中間部詮勝ヲシテ上京セシメ志士ヲ捕ヘテ獄ニ下ス、忠祿在役中和宮御降嫁ノ事ニ關シ公武合體ノ見地ヨリシテ誠意ヲ盡シテ事ニ當ル、孝明天皇深ク之ヲ嘉賞セラル。

徳川幕府ニ於テハ安永年中當時ノ時價ヲ以テ皇室御用品ノ代價ノ標準ヲ

定メシガ、年ヲ閲スル事百八十餘年ニ至ルモ猶ホソノ標準ヲ改ムル事ナキヲ以テ物價高直ノ結果至尊日常ノ供御サヘ腐敗ロニスベカラザルモノアルニ至レリ。忠祿之ヲ憂ヒ私ニ金若干ヲ獻ジテ供御ノ費ニ供セリ。本書中ニモ供御ノコトニ關スル書翰多少アレドモ左ノ大坂城代松平伯耆守（本庄宗秀）トノ往復ノ如キハ克クソノ內情ヲ語ルモノナルベシ。

去月晦日之尊翰相達拜見仕候、如命秋冷相募候處愈御安榮御在坂被成珍重御儀奉存候、然バ當七月中上候當地岩倉家調進魚荷之儀ニ付縷々被仰下候趣委細敬承仕、御地町奉行ヨリ差上ゲ候書類御寫二冊御差越被下慥ニ落手仕候、扨右一條之儀ハ安政度（永カ）ヨリ追々當時ニ押移リ來候樣御地町奉行中上候趣ニ候得共、右之心得ニ而ハ難被行儀至極尤之儀ト存候得共、今般岩倉家調進一條之儀嘗而安政度（永カ）以來、町奉行共致往復候一條ニ聊モ致關係候儀ニ而ハ決而無御座、御地町奉行共眞實右之念慮疑惑相斷候事ニ無之而ハ難相成儀ト奉存候、一體調進一條初發之儀ハ今度私上京前掃

部殿被談候ハ、近頃公武御隔意ケ間敷相生ジ候儀ハ外夷一條之事寄セ、水府ヨリ之手入第一之儀ニ候得共、夫ト申モ畢竟近來追々御疎遠ニ相成候ヨリ御所向ニテモ平日關東ヨリ之御仕向不宜抔ト御不足勝チニ相聞エ右樣之虛ニ乘ジ惡徒奸計ヲ運シ候筋ニ付、何卒今度之一條御治リ付キ候ハヾ御所向エ一際御手厚ニ相成御不足不出樣丹誠可致旨右ニ付而伏見奉行內藤豐後守之御所御取締兼帶モ仰付日々之召上リ物御服等巨細之儀ニ同人引受ケ專ラ相勤候積リ被談候儀ニ而扨御使一條モ相濟豐後守モ殊之外致丹精御所向御日用迄取調候處誠ニ是迄ハ御不自由至極之義ニ而安永度相定メ候御定直段ニ而萬事致調進候事故、當時ハ物價三倍程ニモ相成居候間調進方之者何分引合不申候、御酒ハ一升ニ付一匁八分ト申樣之儀ニ而都而右之通リ之直段故、御酒ハ半分ハ水ヲ交ゼ、御肴ハ多分鹽物干物之類、野菜モ右ニ准ジ精品ハ不差上ト申樣之事ニ而何カニ附ケ御不足出候ハ御尤至極之儀ニ御座候、右ニ付豐後守モ色々工夫致、丹精候得共何分三萬石程之御領之義碁盤之目之如ク御規則モ相立居候義ニ而何レヲ増シ何レヲ減ジト申事モ難相成、詰リ江戸表御納同樣御定直段ニ而鮮魚其外引上ゲ候ヨリ致方無御座、御地海上迄モ御用船可差向哉抔之論モ有之候得共、夫モ下々難澁之次第ニ而御所向ニ而モ下々難義相成候儀ハ決而不致樣ト之御內沙汰モ有之、色々致丹精候內、一方ヨリハ豐後守氣隨ニ安永以來之御規則ヲ崩シ候ト之論モ生ジ候樣之義、其內同人御役御免ニ相成候次第御賢察可被下候、扨其後モ御不自由無之樣色々致丹精候處何分御規則ハ手ヲ附ケ候義モ不容易儀、其上御領增シニ不相成候而ハ更ニ御出方モ無之、御領增シト申義ハ是又急ニハ難相整儀殆當惑之次第ニ御座候處御酒之義ハ九條殿灘目ヨリ被取寄候而內獻被致候事ニ相成、魚類野菜之儀ハ岩倉家領分西七條村朱雀村ノ御地幷丹州表ヨリ致運送候、必徑之地ニ有之候間、同家エ被命市人之手ニ不渡內於同所直安ニ買上ケ日々致內獻上候ト申事ニ相成、漸ク當時之處可也ニ御自由足リ候場合ニ相成、大ニ御滿悅ニ被爲在、必竟武家ヨリ致丹精呉候故是迄ト違大ニ都合能相成候旨度々御沙汰モ有之候次第ニ御座候、然ル處岩倉モ薄祿之義何分日々之內獻難澁之次第ニ御座候得共聊殘物相拂ヒ右ニ而埋合取續候之處、近來魚類登リ方拂底ニ付別而難澁ニ有之、領分通行無之節ハ市中ニ而買上ケ致獻上候樣之義ニ付何卒右內獻ニ付而ハ別段ニ日々小船一艘ヅヽ積登セ無之候而ハ何分永續難相成ト之筋ヨリ先頃モ御懸合申候次第ニ有之、何分巨細ニ不申上候故御譯リ被成兼候モ御尤之儀ト奉存候得共、此度之義ハ安（永カ）政度町奉行共御地町奉行へ往復之次第トハ全ク別段之儀ニ御座候而右一條不相整候而ハ岩倉モ永續難相成市中商法等之譯ニ更ニ拘リ候義ニ而ハ無之候間、何卒右之次第篤ト御賢察被下、日々一艘ヅヽ積登セ之義差障リ無之樣幾重ニモ御指圖之程賴ミ申候、右之通リ岩倉家ヨリ日々調進ト申儀モ何カ迂遠之樣ニ而何トカ所置モ可有之ト可思召候得共右ニハ品々入組ミ候子細モ有之、不得止今日之處ニ而ハ先

ヅ右之次第ニ相成候事ニ御座候得共、何分委細之義ハ拙筆ニ難レ盡次第ニ
御座候、尚此上偏ニ御丹精御指圖之程奉レ願候、先頃貴所樣エ私ヨリ御文通
イタシ貴所樣ニモ御丹精有レ之旨岩倉少將ヨリ内々申上候主上ニモ都而
武家ニ而大切ニ致シ呉候ト御悅之旨ニモ有レ之、何分調獻差支無レ之樣岩倉
永續相成候樣猶此上ニモ御厚配之程奉レ願候、先ハ右之段御報旁如レ此御座
候、不文惡筆萬分之一モ書取兼御推察之程奉レ願候、以上

十月七日（文久元年）　　酒井若狹守

松平伯耆守樣

尙ホ追日冷氣相加リ申候、折角御保護專要奉レ存候、御別冊ハ仰ニ隨ヒ御貰
受申候、以上

一翰呈上仕候、冷氣御座候得共彌御勇健被レ成二御在京一珍重御儀奉レ存候、然バ
先日岩倉家調進魚荷之儀ニ付別冊差上候處委細御返翰之趣逐件謹承仕

候、卽町奉行共へモ右無御據御次第之趣ヲ以尙又篤ト及內諭候處、町奉行共ニモ右安政度以來往復一條ニ關係イタシ候疑惑ハ最早無之候得共、右ニ差縺候處ヨリ下方ヱ之談方不行屆廉モ有之、心配罷在候趣ニ而、素ヨリ右別冊ニ證シ等閑置候儀ニハ無御座、追々骨折說解オヨビ居候間不日居合候模樣ニモ相成可申哉ト申聞候、尤下方談方相整候得バ當地町奉行之請書差出候間、其請書御地町奉行迄相廻候心得之旨申出候、尤其以前私口口へモ差出候趣申聞モ左候ハヽ早速御內覽御廻シ可申候、乍併此度一條ハ段々御厚配モ被爲在、不一通場合モ被仰上候事故、聊爲御安心不取敢當時調模樣得貴意尙近日全整之上委細可申上候、以上

十月十二日（文久元年）

松平伯耆守

酒井若狹守樣

猶以時候折角御加養專一奉存候以上

十月十二日同十三日兩度之尊翰夫々相達拜見仕候、如命冷氣相增處彌御勇健御在坂被成珍重儀奉存候、然バ岩倉家調進魚荷一條ニ付先達而申上候次第モ御座候處、不惡御聞取被下御地町奉行エモ無御據次第之趣篤ト御內諭被下候處、町奉行共ニモ篤ト相譯リ別而丹誠イタシ候而早速夫々對談行屆下案共差上ゲ候ニ付御寫被遣被下候旨等委細謹承仕候、先以段々丹誠被下候故速ニ相整御所向御都合モ宜敷、於私モ大慶仕候、御書面岩倉少將限リ內々爲見候處、同卿ヨリ主上エ極內入御覽主上ニモ殊之外御滿悅之旨內々同卿ヨリ承リ候事ニ御座候、段々御丹誠ニ而相整候義ニ付、早速御禮旁御答可申上處、和宮樣御下向ニ付御發與前殊之外御用向多端ニ相嵩ミ晝夜無寸暇右ニ取紛レ大延引ニ相成御免捨被下度、先ハ兩度之御答乍大略一緒ニ束ネ此段早々申上候、以上

十月二十七日（文久元年）　　酒井若狹守

松平伯耆守様

猶以御端書忝奉存候、折角御自愛專要奉存候、和宮樣ニモ御機嫌能御發輿
被遊、追々無御滯御旅行之註進モ有之、御同念恐悅奉存候、書餘後音萬々頓
首

忠祿勤王ノ志篤ク孝明天皇ノ思召ヲ承リテ大刀ヲ內獻シテ叡慮ヲ慰メタルコトアリ、事ハ本書中ニ屢〻散見セリ。天皇深ク忠祿ヲ信任シ給ヒ永ク所司代タラシムベク幕府ヘ達セラレタルコトアリ。

萬延元年幕府ハ多年ノ精勤、所司代再勤、和宮御婚儀御使等ヲ勤メタル功ヲ賞シテ役知二萬石ヲ加增シ朝廷亦其ノ賞トシテ從四位上左近衞權少將ニ任ズ、文久二年三月役知二萬石ノ中一萬石ヲ私領ニ加增スベキ命アリ、同年四月伏見寺田屋ノ事變起リ、情勢一變ス。同六月所司代ヲ免ゼラレ帝鑑ノ間席ヲ命ゼラル、閏八月加增一萬石ヲ沒收シ隱居ニ命ゼラル、明治元年十二月勅命アリ再ビ家ヲ繼グ、二年藩籍ヲ奉還シ小濱藩知事ニ任ゼラレ三年廢藩本官ヲ免ゼラレ明治六年十二月五日病歿ス年六十一、大正四年十一月十日

特旨ヲ以テ位階ヲ追陞セラレ從三位ヲ贈ラル。
忠祿所司代在役中家臣ノ機密ニ參シタルモノヲ藤田權兵衞、三浦七兵衞ノ
兩人トス。藤田ハ內ニアリテ主君ノ意ヲ贊シ、三浦ハ專ラ外間ノ斡旋ニ努メ
タリ。
藤田權兵衞、後還童ト云フ、文化十年四月二十日ヲ以テ生ル、表取次トシテ藩
侯酒井忠祿ニ信任セラル。安政五年忠祿京都所司代トナルヤ權兵衞ソノ帷
幕ニ參シ盡ス所尠カラズ、供御料ニ就キテノ斡旋ニヨリ叡感アリテ三幅對
御掛物ヲ賜ハル、忠祿又大小ヲ賜フ。萬延元年關白九條尙忠權兵衞奉公ノ志
ヲ賞シ刀一振ヲ贈ラル、文久元年奧取次ニ轉ジ小性頭格ニ進ミ、始終君側ヲ
離レズ、一室ニ屛風ヲ建テ廻ラシテ人ト絕チ文書ヲ管掌シテ精勵惓ムコト
ナシ、皆茲所ヲ仙人窟ト稱セリ。和宮御降嫁御用ノ爲メ桂御所及橋本實麗等
ニ參候セシメラル、文久二年江戶ヘ歸邸ヲ命ゼラレ尋デ奧向勤仕ヲ免ジテ
歸藩セシメラル、三年正月權兵衞ニ隱居謹愼ヲ命ジ三月之ヲ免ズ、十二月忠

祿年來ノ勤務ヲ賞シテ其ノ意ヲ慰ム、權兵衞爾後世ニ出デズ家ニ老ス、漢籍ニ達シ又畫ヲ能クス、明治十年十月十三日病歿ス、年六十四。

三浦七兵衞、名ハ吉信、後柳齋ト改ム、若キ時ヨリ藩侯酒井忠祿ニ侍ス、安政五年忠祿京都所司代トナルヤ從ツテ上京シ公卿ノ間ニ出入シテ能ク內情ヲ探リテ主君ニ報告シ參劃其ノ宜シキヲ得タリ。供御ノ品質粗惡アルヲ知ルヤ深ク之ヲ慨シ、斡旋スル所尠ナカラズ、左ノ往復ノ如キソノ一端ヲ窺フヲ得ベシ。

乍恐以書取奉申上候、益御機嫌克被遊御座恐悅至極奉存候、然者過日一寸奉申上置候御膳酒爲御風味極內々ニ申下シ候ニ付乍恐爲持奉指上候、私共ニモ被下兼候位之御風味ニ而實ニ恐入候御事ニ奉存候、乍併御定直段ノ割ニハ調進方格外骨折相納候儀ニモ可有御座哉ト奉存候、其餘都而御膳邊右ニ准シ候御模樣哉ニ相伺申候、尙乍恐御賢慮被爲在候樣奉存候、此段奉申上候事

五月七日（安政六年）　三浦七兵衛

口上

昨日者御膳酒御差越辱早速拜味致候處以之外成味、七分水三分酒ト申位之事ニ候、總而之義右ニ准シ候旨承知致候、此節取調中ニ候其內否可ニ申入一候、且器返却ニ付有合麁酒差入申候、早々不備、

五月八日　豐後守

七兵衛殿御返事

孝明天皇其ノ忠誠ヲ嘉セラレ千種有文ヲ經テ御掛物三幅對ヲ賜フ。文久元年和宮御降嫁ニ就キテ奔走尠カラズ、桂御所幷橋本實麗家等ヘ隨時出頭ノ特命アリ、同年十月關東ニ下リ十二月將軍德川家茂ニ謁ス、勤功ニ依リ銀三十枚ヲ賜ハル。二年五月朝命ニ依リ江戶ニ下リ奔走スル所アリ、六月上京七月歸藩ノ命アリ。三年二月退隱謹愼ス、三月謹愼ヲ免ゼラル。明治元年正月忠

祿京都ノ事變ヲ傳ヘテ上京シ、岩倉具視ノ內示ヲ承クベキ旨ヲ命ズ、七兵衞卽夜出發、大津ニ至ルヤ小濱藩士ノ入京ヲ止メラレ抑留セラル、七兵衞具視ノ內示ヲ受クル旨ヲ陳ジテ允許ヲ得、卽チ上京具視ニ陳情ス、三年藩ノ公務局ニ勤仕セシガ尋デ辭シ爾後世ニ出デズ、同三十年十二月從六位ニ敍セラル、三十年十二月十五日病歿ス、年七十七、體偉大、武藝ニ勝レ、豪膽人ヲ恐レズ、朝野物論囂々タリシ時志士ノ窺フ處トナリシヲ以テ身邊ヲ警衞スベシト注意セシ人アリシト雖モ少シモ顧ミルコトナク志士モ亦手ヲ下スニ由ナカリシト云フ。

（臺本朱書）所司代酒井若狹守家來

三浦七兵衛所藏書類

一

原書ゟ以下十一通（臺本附註朱書）　酒井若狭守手跡

（臺本附箋）
○万延元年四月十二日

一翰呈上仕候然ゟ　公方様御年頃ニも被爲成候ニ付御縁組御内意被　仰出旨尤御先規も被爲在候御事故今般　皇女之内御縁組被遊御整度御内慮ニ被爲在且　和宮御方御年頃ゟ御相應ニ付御整被遊候様取計可申旨關白殿ゟ御内談仕候様其余被仰下候趣夫々奉畏候段ゟ先便御請奉申上候右ニ付關白殿ゟ早速御内意之御次第具ニ御内談仕候處關白殿ニも至極之御事ニ被存上一日も早ク御整ニ相成候様被成度ハ候得共被仰下候通り有栖川帥宮御縁約御沙汰止之御手合（都脱カ）も有之其上両役ハ勿論品ニ寄衆議之辺ニも可相成哉具ニ追々之御手順も次第能御不都合無之様御運ひ不相成候而ゟ却而異論を生し御手間取ニも可相成卒忽ニ　御内奏与申場合ニも難至且此節ゟ葵祭御神事中ハ右様之御内奏も難被成旁何レニ御遅延ニ可相成候間右之段私ゟ御一同様ゟ申上置候様御内答御坐候付先ッ此段奉申上候尤

關白殿ニも是非ニ御整ニ相成候樣御丹誠被成候趣ニ御坐候間其段ハ左樣
被思召被下度奉存候先ハ右之段奉申上度如此御座候以上

四月十二日　酒井若狹守

久　大和守樣
內　紀伊守樣
脇　中務大輔樣
安　對馬守樣

以別紙申上候追日薄暑相催候處先以御一同樣倍御安榮被成御坐奉恭賀候
然ハ差急き候義ニハ素より無之御用多之御中与ハ奉存候得共申上置候過
日關白殿御內々被仰聞候ニハ先達而御手元より被進候御品々殊之外　叡
慮ニ相適每度御悅之御沙汰も被爲在候由就而ハ全關白殿御心得ニ而此後
も若又右樣之御振合ニ而被進候樣之御事も被爲在候ハヽ此方より被仰進
候ハヽ如何ニ候得共同しくハ　禁廷御平生御好被遊候御品々之內ニ候ハヽ

尚更御都合も宜敷御喜悅ニ可被爲在候哉と被存上候付御別紙御認被成候間全く私心得迄ニ御遣被置候旨尤右御品之內と申れ而も決而結構之御仕立ニ支不及候得共萬一追而右御品之內一品ニ而も被進候樣之御事も被爲在れハ、大小格好ォ支同くハ御內々關白殿とり被相伺候而　思召ニ應し候御寸方ニも相成候ハ、猶更御都合御宜可有御座候与被存上候由併決而只今个樣と申義ニ而ハ素より無之萬一此後之爲メ私心得迄ニ御話被置候旨ニ御座候間此段申上置候尤御別紙ハ關白殿御直書之儘差上候間左樣
思召被下度奉存候

一關白殿御加增地之義昨年之處ハ御地所御取極りニ無之候間二條御藏米ニ而御差圖之通り取計御渡しニ相成候処兼而御由緒有之事故別段御差支ニも不相成候ハ、攝州九條村ニ而御渡しニ相成候樣被成度旨掃部頭御役中御內々御懸合之次第も有之候處其後御一同樣格別御用繁ニも可被爲在と遠察仕候義此節右躰之義申上候ハ甚無心次第とハ奉存候得共

併彼是月數ニも相成候義ニ付右之段尙又内密申上置候間何卒其内御評議も被下候ハヽ、關白殿ニも格別難有可被存と奉存候付此段御内ミ申上置ㄑ右等之次第御用繁之御中申上候義ハ甚以恐入奉存候得共不惡御聞取被下度奉願上候以上

四月十二日　酒井若狹守

久　大和守様

内　紀伊守様

脇　中務大輔様

安　對馬守様

尙以兎角未タ寒暖不同御坐ㄑ折角御保護專要奉存候嘸々御用繁之御事と奉遠察候已上

（臺本附箋）

○萬延元年四月十二日

一翰呈上仕候兎角寒暖不同之時候ニ御座候處先以倍御清榮奉恭賀候然ハ
御連名ニ而申上候
和宮御方御縁組一條之義御差急之御模樣關白殿ニも御内談仕候得共申上
候通有栖川宮御縁約御沙汰止御次第を始メ品々御手續も御座候義且一体
宮家之習風萬事差急き候而ハ却而事を破り候次第ニ相成何分御程能御整
相成候義關白殿ニも專一ニ丹誠被致候義ニ而只今關白殿御見込之処ニ而
ハ御手都合能御治定相成候而も御下向之處も何レ來年ニ相成候事ニ無之
而ハ万端御都合も相整申間敷其上申年之義ハ　御所向ニ而ハ殊之外忌ミ
候事故御内儀向ニ而も是非異論も可有之何分當年之處ハ御縁約御治定迄
ニ而御入輿之處ハ來酉年ニ無之而ハ相成間敷候旨極密御内話も有之候併
關白殿ニも　公武益御一和誠ニ重疊之御事ニ候間是非々々御程能く御整
ニ相成候樣御丹誠を被盡候御模樣ニ御坐候間此段御内々申上置候
一御手元より被進之御品之義も御連名ニ而申上候御次第ニ而御内實ハ

關白殿ニ　主上より御内々御話も有之實ニ先日之被進物殊之外御喜悦ニ而就而ハ此後いつと申ニ無之候得共万一此度之如被進物有之候節ハ个様〻之品内ニ候ハヽ大ニ都合も宜敷抔御話も被爲在候ニ付關白殿ニも御書取ニ相成候由右之通り此節ニ而も　公武之御間柄ハ更ニ御隔意ハ聊も不被爲在候御事ニ相成居候間此段も申上置候

一關白殿御加增地之義も御連名ニ而申上候通り此節御用繁之御中右体之義申上候義ハ甚無心次第ニも御座候得共實ハ關白殿ニも御地所御取極無之而ハ御老年之義何分御安心も被成兼候段薄々御話有之候義ニ付不得止事申上候次第ニも御坐候間何分可然御評議之程奉願上候先ハ右之段内密貴所様限り申上置候間可然御含置被下度偏ニ奉願候以上

四月十二日

酒　井　若　狹　守

久　大和守様

尚以當地ハ誠ニ雨天勝ニ而漸く一両日快晴仕候黒川左仲最早追々著と

存候間着次第面會可仕与相待罷在候時候折角御厭被成候樣專要奉存候

以上

（臺本附箋）
〇萬延元年

四月十二日

殿下ヘ差出

別紙之通年寄共より申越候ニ付入御覽申候御程能御整相成候樣可然御考量之上御沙汰被成下度奉願候事

四月十二日

（臺本附箋）
〇萬延元年

先達而殿下迄以書取奉申上候內有栖川宮ヘ御內約被爲在候處今更御違約ニ而ハ御名義如何と被　思召候旨御尤ニ奉伺候併右ハ先達而以來𪹠と承

知仕居候義も御坐候而唯今御沙汰止之旨被　仰進候共少シ茂御懸念ハ被爲有間敷哉之旨奉申上候處右聢と承知仕候と申義ハ如何樣之義ニ候哉奉申上候樣御尋之趣奉畏候右ハ風聞探索之義ニ御坐候間其節顯然とハ不奉申上候得共御尋ニ付風聞之趣左ニ奉申上候

一体有栖川宮ニハ御內約之義ハ鷹司入道准后殿御當職中達而御內命も有之於有栖川宮も無御據御請被申上候由之處同宮ニハ下地御勝手向甚御不如意ニ被爲有此上　皇女御入輿相成候而ハ御暮方誠以御難澁之御次第之旨ニ而御家來共實ニ心痛罷在候其上　和宮御方ニハ御年丙午之御誕辰ニ付世俗一般丙午之妻を忌ミ其夫たる者多く疾病ニ懸ル之由夫も亦丙午之誕辰候得ハ其害無之却而大吉之由申唱候義ニ而自然有栖川宮ニも右之辺御聞込ニ相成居候義哉同宮ニも最初ハ無余義御請ニハ相成候得共內實ハ甚以御迷惑之御樣子ニ而何卒御沙汰止ミニ相成候樣被成度由且　御沙汰止ミニも相成候ハヽ御跡御緣約之處內々　攝家方息女

之内聞繕も有之哉之由且又於關東ハ丙午之御相性大吉之上　公武之御一和天下一統奉仰候義と深く御懇願之義尤両三年以前世上ニ而も　公武之御縁組も被爲在候ハヽ誠ニ永世迄之恐悦と夫而已相願居候事之由右ハ風聞探索之義ニハ候得共無相違相聞ヘ候間聢と承知仕居候段奉申上候義ニ御座候右体俗諺ニも其夫懸疾病抔申唱ヘ候義を押而御取結相成候而も末迄氣懸り之事と奉存候付　御沙汰止ミニ相成御誕辰御差支無之方ヘ御縁約御取結相成候方乍恐　御双方末永く　御安心之御筋と奉存候勿論遠方ヘ被爲成候段ハ奉恐入候得共畢竟御所之替り候迄ニ而御産母御始是迄御附之女中等も御附添申候義ニ候得ハ御大切ニ御奉養申上候義と奉存候事

(臺本附箋)

○萬延元年五月三日

御別紙拜見仕候追日薄暑相増候処先以御一同様倍御安榮奉恭賀候然ハ先

達而御手元より被進候御品々殊之外　叡慮ニ相適毎度御悦之御沙汰御坐候段且又　關白殿此心得ニ而此後被進候御事も被爲在候ハヽ御別紙之品々之内大小格好等之義御都合之辺御咄之趣等先達而申上候處　御聞ニ御入被下候厚く御滿悅之段被仰下候趣奉畏候則早速關白殿ヘ申上候処深く畏被存候段尚又被申上度旨被仰聞候事ニ御坐候且又　關白殿御加增地之義御用繁之御中申上候処御承知被成下此節專被御取調中之義ニ付程能關白殿ヘ申上置候樣是又奉畏則其趣御内話仕候事ニ御座候先ヽ右之段御再答迄如是御座候以上

五月三日　　　　　　　　酒井若狹守

久　大和守様

内　紀伊守様

脇　中務大輔様

安　對馬守様

尙以御端書難有奉存候御一同樣ニも折角時候御厭被成下・樣専要奉存候
（候脱カ）

以上

（臺本附箋）
○萬延元年五月三日

四月廿三日之御返翰同廿八日相達拜見仕候梅雨中日々欝々敷御坐候先以
益御安榮被成御坐奉恭賀候然者禁裡ゟ　御手元より被進候御品之義ニ付
關白殿御書取之趣　御內々申上御程能　御言上被成下候処御服臓不被爲
在被仰進候段上ニも御滿悅被思召御一同樣ニも御悅被成候旨被仰下候趣
逐一敬承仕候關白殿ゟも委細申上候處深〻畏被存候由ニ而御內々ハ
主上ゟも被　仰上　主上ニも殊之外御悅之御模樣被爲在候由尙又宜敷申
上置候樣　關白殿御內話御坐候間左樣思召被下度奉存候
一御緣組御一條も先達而委細申上候處殿下御內話之趣御尤ニハ思召候得
共重而被仰下候御次第も有之且　御身丈も御成長ニ被爲入御奥中之御

都合も被爲在第一御一和之筋御示し被遊度深キ　思召も被爲在候事故
一日も早ふ御整ニ相成候樣御一同樣ニも思召候間可相成ハ年内御下向
ニ相成候得共重疊之義万々一當年御六敷被爲入候ハヽ來二三月頃迄ニ
ハ　御下向即御婚礼と申御運ひニ被成度旨折入關白殿へ申上周旋可仕
旨縷々奉畏候委細之御模樣具ニ　關白殿ゟ御内談仕候義ニ御座候尤御
連名ニも申上候通り一昨朔日無御滯御内　奏も相濟
主上ニも殊之外御聞取御宜敷直昨二日傳奏議奏被爲　召内々評議可仕
旨被仰出候御義御座候尤右両役辺ゟハ兼私とりも十分致周旋置候間十
ヵ九異論も生し申間敷哉と奉存候尚御模樣相譯り次第追々申上候樣可
仕候
一九條殿御加增地之儀御連名之方ゟも被仰下候得共尚又具ニ被仰下九條
村之義ハ私領渡りニハ難相成御場所故御別紙之村々ニ候得共御差支も
不被爲在候旨御内々被仰下候間私限り殿下ゟ得と御内話仕候樣被仰下

候趣奉畏候則御繪圖面をも內々入御覽委細被仰下候趣御內々申上候處
段々御打明ケ無御伏臟御內々被仰進厚く忝被存候由尙篤と御勘考之上
是とり御答可被成候間先厚く申上置呉候樣御申聞ニ御座候間尙又御答
御坐候ハヽ後便可奉申上候其節ハ何分可然奉願上候先ゟ右御請申上度
如是御坐候以上

五月三日　　　　　酒井若狹守

久　大和守樣

尙以御端書難有奉存候折角時候御厭被成候樣專要奉存候每々御懇切被
仰下難有奉存尙又万端無御伏臟御示論之程偏ニ奉希上候呉々も御爲筋
之儀ハ十分丹誠仕候覺悟ニ御坐候間万事御都合御宜辺何卒被仰下度奉
願上候已上

○萬延元年五月三日（臺本附箋）

御別紙拜見仕候然ハ黒川左仲ニ被仰含候御用之儀ニ付愚考之趣先便申上
猶御賢慮奉伺候処尚篤と御評議被下三四日之内以急便可被仰下夫迄ハ先
ツ私限り伏置可申左中ニも右之段申聞不目立候様外御用ニ取懸り扣居被
仰下候趣委曲奉畏候則左中ニ茂御書面内々拜見爲致委細申談置候同人儀
も最早當地見分ハ相濟候得共最調ニ事寄セ未タ下坂不仕後之御便り相待
罷在候先ハ右御請申上度如此御坐候尤決而他漏ハ不仕私左中兩人切相心
得罷在候間左樣　思召被下度奉存候以上

五月三日　　　　　　　　　　　　　　　　　酒井若狹守

久　大和守様

（臺本附箋）
○萬延元年五月四日
老中書翰ニ添
殿下ニ差出

別紙年寄共ゟ内狀指越申候ニ付寫三通奉入
御覽候　御縁組之儀何卒御都合能御整相成候樣御厚配之程幾重ニも奉希
上候且ッ御内々　御進献物之義ハ尙又年寄共ゟ伺越候義も御坐候ハヽ其
節奉申上候樣可仕候事
五月四日

（臺本附箋）
○萬延元年
關白殿ニ指出
內啓仕候益御清寧奉賀候然ハ先般申上候　御縁組一條委細御承知之御義
ニハ御坐候得共尙内々　御沙汰被爲在候ハ何迚ニも當年中御婚礼之御運
ひニ被遊度　思召其御次第ハ來年ハ　上樣御縁女樣共御十六歲ニ被爲成
御縁女樣表向御十四歲御內實御十五歲之由然処御十六歲ハ御年柄御婚礼
等ハ被遊御嫌　奥向も品々差支候樣子ニ候儘是非々々當年ニ御引上　御

下向御婚礼迄首尾能被爲濟候樣　貴所樣迄私ゟ厚申上是非共右之御運ひ
ニ御内々御沙汰被爲在候右之譯柄何とカ御勘考之上　九條殿ニは折入御内
談被成下是非當年御下向御婚礼迄御整ニ相成候御運ひニ不一方御骨折奉
願候弥當年御下向与相成候得ハ御内意御整之御吉左右被仰下候樣ニ奉願
候　上ニ⺈貴所樣ゟ之御挨拶被遊御待候御次第ニ付呉々も下旬頃迄ニハ
御吉左右被仰下無御座候而ハ御召物織立ゟ初御道具御普請等品々御手都
合も御座候間不一方厚御含之上御周旋奉希上候已上
一翰啓上仕候薄暑之節ニ御座候得共先以倍御勇健被成御奉務珍重御義奉
存候然ハ過日申上候中島永吉外二人再應爲相糺候處別冊之通り申口書差
出候付何も御心得ニ相成候義も無之与ハ存候得共寫一冊差上ケ申候尤御
留切ニ而宜敷御座候且又不取留風聞一綴差上ケ申候右ハ虛實之辺も難計
候得共海路ハ隔も無之義自然何方ニは乘廻し候哉も難計とも存候間万一御
地海濱御取締御心得之御一端ニも相成可申哉と入御披見置申候右も御留

切ニ而宜敷御座候過日ハ御返書被下難有奉存候江戸表ニ而何等之御模様も不申参旨被仰下承知仕候當地ニも御同様ニ而近來之模様一向相知レ不申全く江戸表も御用繁故之義ニも可有御座哉何レニ御同前ニ銘々之持場混雜動搖不爲致候様致丹誠惡徒共立入候ハヽ召捕嚴重ニ取締り罷在候ニり外無之其内ニハ江戸表も追々所置有之御靜謐ニ歸し可申与奉存候事ニ御座候尚又御心付之辺も御座候ハヽ無御伏臓被仰下度奉願候先ハ右之段申上度早々如此御座候　頓首

四月朔日　　　　若狹守

豐前守様

尚以兎角不順之時候ニ御坐候折角御養勤專要奉存候御繁用中貴答ハ御用捨可被下候已上

以上十一通　原書　酒井若狹守親筆一冊子也
（臺本附箋朱書）

安政五戊午年六月一日御筋目之内より　御養君可被遊思召之旨御内意被仰出

○六月忠祿樣水戸前中約言齊昭卿へ初ゐ御對談

○六月廿五日　紀伊宰相慶福卿御養君被仰出御名家茂公と被　仰出御本丸ニ御逗留

一七月六日水戸前中納言殿御事思召御旨も被爲在候ニ付駒込屋敷へ居住穩便ニ急度御愼可被罷在旨被仰候○八月九日溫恭院樣薨去安政六年己未年八月廿七日水戸前中納言殿永蟄居水戸表へ可被遣旨且水戸中納言殿ニハ差扣被仰付候

水戸前中納言樣御事國家之御爲筋之義被仰立候ハ御當然之義ニ候へ共御建白之次第御取用無之迚御家來之者を以御見込之筋品々京都へ被仰遣其上　御養君之儀ニ付ゐも輕キ者共宮方堂上迄取繕候始末關東御暴政之筋ニ申成し人心惑乱爲致譏奏ケ間敷事より終ニ重キ勅諚ヲ輕輩之

手ニ爲取扱且綸旨ヲ懇願等被致候儀公武之御確執國家之大事ヲ釀候筋ニ而不容易儀ニ候ヘ共素御心得方不宜より右躰之次第ニ至り被對公儀御後闇キ御所置ニ候依之急度も可被仰出処此度重き御法會も被爲濟候付格別之思召ヲ以水戸表ヘ永御蟄居被仰出候

一水戸中納言殿御事前中納言殿京都ヘ種々御内通被有之候事より御家來之者共御意内相察不容易企ニ及候次第被對公儀總テ御後闇キ儀ニ有之御父子之間柄無御據儀とハ乍申御取計方も可有之処其義無之就而ヘ御家來之者共嚴重ニ御取締可有之筈之処無其義剩ヘ御家來末々之者迄多人數出張致し右之御取鎮方モ御不行屆之至ニ付急度モ可被仰出処是迄追々御配慮も被有之候上之事ニテ御情實止事ヲ不被得候場合ニ相聞候依之格別之思召ヲ以御差扣可被有之旨被仰出候

○德川刑部卿殿御隱居御愼是迄之御領知等一橋附ニ被仰出○水戸殿家老中山備前守ヘ其方家柄ヲモ不相辨兼々厚心得方モ可有之処此度前中納

言殿御心得違より御家來之者共不容易企ニ及候段被附置候詮も無之不行屆之至ニ被思召候依之急度モ可被仰出処未若年之儀ニ付別段之御憐愍を以差扣被仰付候

○水戸殿家老共へ其方共儀重キ御役儀ヲモ相勤候自分ニテ御家ニモ可抱程之儀ヲモ不心付等閑ニ打過罷在候不念之至り候依之急度モ可被仰付処以後之御國政御取締第一之義ニ思召候付不及其義候右之御主意厚相心得此上公儀へ御苦勞不相掛樣取締向急度可有之候

○水戸殿家老安島帶刀切腹同家來芳沼茅根カ伊與助死罪吉左衛門悴鵜飼吉之助獄門同吉左衛門死罪同鮎澤伊太夫遠島○鷹司家來小林民部權少輔中追放儒者池內大學同斷近衛家老女村岡押込

右夫々同日申渡有之

安政七庚申年○三月三日井伊掃部頭外櫻田一條同晦日同人卒去閏三月廿三日伏見ニ而召捕候水戸家來金子孫次郎佐藤鉄三郎江戸へ差下ス○七月廿六日同家來

櫻田の一件御仕置有之○八月十五日

水戸前中納言齊昭卿水戸表ニテ卒去

（臺本附詳朱書）

右三浦七兵衛手跡同人ゟ寫取差出

武田耕雲齋一條調

元治元甲子年十一月廿七日野州辺賊徒脱走之者信州路等とり京坂或ハ長州辺へ相越哉も難計ニ付間道等嚴重ニ可心付旨所司代ゟ達有之且一橋中納言慶喜右爲追討京都ゟ出張江州海津今津迄へ人數指向其外要路筋人數分配候處賊徒江州伊吹山ノ北辺ゟ越前路へ脱走之趣ニ付右筋へ大久保加賀守人數出張海津今津辺へ諸家人數出張之處引上ヶ若狹越前之國境樞要之場所へ分配守衛十二月四日賊徒越前大野郡之内蠅帽子峠へ相越同七日水本村ゟ寶慶寺越ヲ經テ池田郷水海辺へ二千人計宿陣同八日今庄宿より木

ノ目峠ヲ越美濃路ゟ越前路へ相越大野へ廻り同十二日今庄辺へ屯集敦賀
表出張大目付瀧川播磨守ゟ賊徒當港へ落來候由相聞候付中納言慶喜目代
松平（浦カ）加賀守被遣候間松平美濃守藤堂和泉守申談落來候ハヽ無二念鏖殺候
様可相達旨中納言被申聞候旨達有之仍而若州人數山崎表御警衛之人數も
引上ケ自國防禦　一橋家老松浦加賀守大目付瀧川播磨守御目付由比圖書
織田市藏へ出張加賀中納言松平美濃守藤堂和泉守松平肥後守井伊掃部頭
松平越中守同大藏大輔戸田采女正松平出雲守（京都見廻役）一橋家人數共追々出
張口々固之
同十三日賊徒敦賀郡葉原村新保村へ屯集（此両村後ハ木ノ目峠ニテ山間狹隘之谷其上大雪降積リ道ヲ塞キ前ニハ諸隊人數守衛進退爰ニ究ル）賊徒共歎願筋之義有之趣を以加州初メ段々手弛メ之模樣相聞候
間右樣之儀ニ相取合要擊之機會ヲ失候テハ大事ニ可及ハ勿論譬令如何程
之歎願筋候共一旦　公辺之御人數へ敵對之者共ニ付加州初其外諸國ゟ申
諭し早々手筈之上不殘討取候様可致旨中納言被申聞候段大目付御目付ゟ

若州隊長へ達ニ付同夜一橋家老松浦加賀守京都見廻役松平出雲守其外幕府之諸役諸藩之隊長會議之上同十七日加州勢賊徒方へ押寄鏖殺決定之処當朝ニ至り賊徒請降兵器同藩へ指出候付葉原村賊徒ハ加州藩新保村賊徒ハ越前藩ニテ取締同廿二日賊徒共降伏且京地ゟ被仰出候趣も有之ニ付一橋中納言慶喜廿三日曉帰京水戸民部大輔ニハ明春迄滯陣之旨達有之賊徒共降伏候付當分加州中納言方へ御預ケニ付而ハ右取計相濟候迄之內諸軍共聊心弛無之様可相心得尤諸家引上ケ方之儀ハ猶可達旨達有之同廿四日賊徒共敦賀港本勝寺本妙寺二ケ所へ取圍加賀藩ニテ警固同日今庄宿出張之大久保加賀守人數疋田宿會津藩桑名藩人數引上ケ同廿五日廿六日敦賀港其外出張諸藩人數追々引上ケ同廿七日若州人數之內半手殘置外一同ニ引上ケ賊徒携候武器火藥類者若州藩へ預ル同廿九日加州人數ニテ護衛之浪士共越前彥根若州三藩へ警衛被仰付居所移替ニ相成候間途中右場所警固嚴重ニ相心得移替之節途中所々手配固ハ越前彥根両藩ニ而取締若州人

數ニ而警衛附添辰刻頃より賊徒操出シ武田伊賀初惣人數八百廿二人町家濱藏十六ヶ所へ移替右三藩ニテ警固内二百五十一人越前藩預り三百六十一人彦根預り二百十八人若州預り外ニ病者有之是ハ元寺ニテ養生ヲ加フ同晦日出張人數引上ヶ達有之

慶應元乙丑年正月常野賊徒追討之惣督若年寄田沼玄蕃頭大目付黒川近江守御目付高木宮内瀧澤甕太郎御使番須田津次郎松波恒太郎其外役々敦賀港へ出張取調ニ付若州人數一手半指出之

二月朔日敦賀郡泉村永覺寺ニ仮白洲出來黒川近江守始役々出席武田伊賀始廿五人吟味同二日松平大炊頭家來繁輔始十九人吟味同三日元水戸書院番頭彦右衛門悴武田金次郎始六十二人吟味有之同四日於同所武田伊賀彦右衛門父隠居并彦右衛門右伊賀次男武田魁介へ其方共儀元同藩市川三左衛門等申立候趣主家ニおゐて採用相成候而ハ故同藩結城寅壽之存意貫キ家政取乱候様可相成与存込愁訴いたし候段ハ主家之爲筋存込仕成候心得ニあると

も愼中之身分下總國小金驛等へ出張追々同志之者共多人數集屯又鎭撫ト
シテ出張致ス松平大炊ヲ申欺キ隨從イタシ城内へ可立入と仕成其上常州
那阿(珂カ)港其外所々暴行御討手幷主家へ敵對剰主家縁辺へ相便り可申と軍裝
ヲ以所々横行國々動乱爲致農民ヲ惱ス段御大法ヲ犯シ不容易所業ニ及フ
始末不恐公儀之仕方重々不屆至極ニ付嚴科ニも可被處処右次第恐入候義
ニ付加州勢へ降參致スニ付格別之御宥免ヲ以斬罪申付ル○小姓頭取山岡
淳一郎父隱居山岡兵部始十八人前同文言(少々異也)斬罪死罪申付ル
○町奉行稻之右衞門事田丸左京其方儀常州筑波山其外屯集之者共爲鎭撫
罷越ナカラ却テ右徒へ加ルノミナラズ魁首ニ相成在々異(マヽ)行農民ヲ惱シ又
ハ元藩市川三右衞門等之存意被行候テハ主家之爲筋不容易ト存附ハ無謂
儀ニ無之共右事件ニ付同國那阿(マヽ)港等ニ屯集在(罷)ル武田伊賀其外之者共一
同ニ相成御討手幷主家へ敵對云々斬罪申付○水戸殿側用人健次郎弟藤田
小四郎事小野斌男始十八人右同文(少異也)死罪申付ル右之通リ御仕置黑川近江

守申渡於柯原斬罪申付兼而大穴ヲ堀置右之中へ取捨右之内武田伊賀山岡兵部田丸左京小野斌男之首級ハ塩詰ニシテ江戸指送ル同十五日右同類百卅九人死罪同十六日八十九人死罪同十七日七十五人追放同十九日七十六人死罪同廿二日百八人追拂同廿三日十六人死罪是迄ニ病死十八人殘テ二百三十ヨ若州藩へ御預ケ是ハ流罪ニ相成候分水戸町同心幸八事小林忠雄此者ハ横濱ニテ外國人ヲ殺害候ニ付江戸へ送ル百廿五人水戸へ引渡十三人子供是ハ寺院ヨリ願候ニ付被下之同廿五日黒川近江守ヨリ敦賀詰若州重役呼出水戸家へ可引渡四人百三十人之内七十人今般若州へ御預相成候ニ付可引渡旨田沼玄蕃頭指圖ニ付唯今名前書相添於牢前支配之者ゟ引渡候旨達有之

五月十四日於營中老中水野和泉守ゟ常野脱走之賊徒暴行京師及接近候處爲追討速ニ人數差出賊徒降參及鎭靜候条神妙之至りニ思召候此段可相達

旨御沙汰候事○越前國敦賀表ニ於テ賊徒吟味中爲警衞人數差出吟味之節
々護衞ホ行屆家來共一同格別骨折候段畢竟常々申付方宜故と相聞拔群之
事ニ被思召候此段可相達旨御沙汰候事

右兩條書付被渡之

十月朔日於營中敦賀表ニ於テ御仕置相成候降人共之内遠島之者出帆迄兼
而御預被仰付候處御進發ニ付而ハ御取締向ホも有之追々出帆延引相成入
費多可爲難儀ニ付爲御手當金五千兩被下候旨老中水野和泉守達シ

慶應二丙寅年五月十五日於大坂老中稻葉美濃守旅館へ重役呼出ニ付京都
詰之者出頭候處當時敦賀表ニ罷在候水戸殿元家來共兼而遠島申渡置候處
鎭方格外宜趣相聞へ候付出格之譯ヲ以遠島差免候段申渡尤當分之内其方
へ御預ヶ被仰付候間可得其意候別段ニ前通り相達候付而ハ出格之御趣意
柄指含見込次第可取計旨書付を以達有之

右ニ付於敦賀表浪士共へ申渡

此度各方當家へ御預相成候付而ハ於大坂表御老中様ゟ被仰含候御趣意も有之御預之名目ニ候へ共實ハ當家へ御任セニ相成候事ニ付已來當家々來幷領分之者同様之見込ヲ以存分一抔（杯カ）扱候様被仰含候間可被得其意候様若狹守様右京大夫様被仰出候事
一家來同様介扶助候ニ付而ハ自然公儀ゟ御手配等被差出候様之儀も候ハヽ夫々相應之御宛行も可被指出候得共差向之處ハ衣食住共取賄可申候間當分不自由之儀も可有之候へ共兼而其心得有之度候事
一當家々來幷領分之者同様との御趣意ニ付而ハ以來賞罰万端國法通り可被處候間兼而可被得其意候事
一各格式御取扱之義ハ常州ニ被罷在候節之自分御取調之上追而被仰出べく品も有之へく候へ共當分之処ハ貴賤之差別混雜之儀も可有之候事
一御預人ニハ候へ共前件之御趣意故已來警固番兵ホ支一切不差出候但當分之処他出之儀可被指扣候事

一万一故郷父母妻子病氣ホ有之其外無余儀次第ニ而帰國之望有之向も候
ハヽ當分之處被指扣追而被願出候ハヽ公辺相伺候上可及指圖候万一心
得違有之私ニ忍テ帰國被致又ハ他國へ被出候樣之義有之候ハヽ以國法
嚴重ニ可被處旨御老中樣ゟ被仰含候間兼而可被得其意候事
右等之外猶漸々及達候儀も可有之候へ共又各方よりも被申立候儀候ハヽ
掛り之役場へ可被申出候事明治元年戊辰二月十三日常野脫走浪人凡百人
兼而御預先年より敦賀ニ禁錮候處老中ゟ內談之儀有之候而左京大夫忠祿
へ御預進退御任セ藩士同樣ニ取扱准藩士と唱右世話取扱之者家臣之內ニ
而申付武田金次郎ハ伊賀守之孫ニ付隊長之取扱鎗肩衣其外紋服ホモ授與
之三方郡佐柹村ニ一郭ノ邸ヲ建營シテ文武研究世話致置候処今般鎮撫使
領分中取調之節右之者兼而尊王筋之志願之次第聞濟ニ付上京候樣於敦賀
達有之同十四日上京之処太政官代へ家來呼出ニテ　先年來其藩ニ罷在候
水戶浪士武田始今般帰藩被仰付候間其旨相心得可取計旨被達之

同廿八日武田金次郎へ水戸浪士今般旧復被仰付候付テハ源烈之遺志を繼姦徒ヲ掃除シ反正之實行相顯シ藩亂(マヽ)之任屹度相立様精々盡力可致旨達有之

三月三日同志之者共多人數若州表ニ罷在候由ニ付早ゝ彼地へ立越居殘之者共引連上京之上尙大場主膳へ申談遺算無之樣熟議之上帰國候樣達有之

同四日金次郎始十四人帰村同廿四日同人初九十八人京都本國寺詰水戸藩役人へ引渡候

(臺本附註朱書)
右三浦七兵衛ゟ認差出

忠祿君

安政五年　五月十八日老中堀田備中守より申込有之乍不快長髮之侭ニ而相越對談同十九日同所廿一日井伊掃部頭方へ罷越同廿四日同斷廿七日備中守方へ相越六月十七日掃部頭方へ相越同廿四日間之御機嫌伺出仕右相濟掃部頭其外老中へ對談之上水戸前中納言齊昭卿ゟ初而面謁對話刻ヲ移ス六月廿五日曉丑刻過掃部頭ゟ不快ニ候へ共押而登城候樣申來候處不快不勝斷(内實忠氏妾死去に付而也)同日夜丑刻過老中ゟ明廿六日五時登城候樣奉書到來廿六日風邪ニ付御用召斷書出之同日巳刻若年寄酒井右京亮急御用ニ而相越　公方樣ゟ

御尋之次第有之間唯今登城可致老中可相越処御用多ニ付不及其義尤內實忌之趣達上聞御差含被成御免候間直登城候樣老中申聞候付演舌ニ仍而即刻登城之處於御坐間本多美濃守

跡京都所司代被仰付候旨上意

○八月一日公方樣溫恭院樣御症積ニ付出御無之同八日薨去

八月十六日江戶出立九月三日京着

十月二日　初參內○同月廿四日間部下總守井高家由良播磨守同道參內十二月晦日下總守

へ御返答被仰出御暇被下之

安政六年六月廿三日參　內候処上京已來骨折候由ヲ以御差但馬出會ニ而

黃金參枚拜領八月十五日九條關白殿へ御使

當節御事多之折柄天下國家之御爲深く被存込諸事格段ニ被骨折於禁裏

も御安慮被思候樣被致心配御忠誠之段被聞召候ニ付出格之譯ヲ以千石

御加增被成遣且在務中別段米五百俵ツヽ年々被下之

同十六日所司代方へ呼出　廣橋大納言

近年品々御事多之御時節出精相勤御感ニ思召候依之銀五十枚被下候旨

被　仰出之

同月十二日同斷傳奏兩人相招

禁裏炎上後追々御手厚被成進候処御手元御不自由之由ニ付全御手元御坐右之爲御用途御内々より金五千兩被進候段被仰出候尤是迄右樣之御例も無之候へ共昨年御繼統も被爲濟候御會尺旁格別之譯を以御内々被進候思召ニ付其段も御兩卿へ御達可申旨年寄共ゟ申來候事

近來攝家方其外堂上之面々地下役人ニ至迄困窮小祿之向々心得違不取締之義も有之趣ニ被聞食如何の事ニ候當節品々御用途多之折柄ニハ候へ共昨年御繼統も被爲濟候御祝儀旁此度限格別之譯を以一統へ金二万兩被遣被下候尤小祿之面々ハ勿論一同御祝儀旁御救筋之義ニ付厚く勘辨被致御兩卿御附之者ニ而引受永く御救之御主意相立不取締無之樣可被取計候右ハ格別之思召を以被遣被下候儀ニ付已後之例ニハ決而難相成候事

八月廿七日水戸前中納言殿水戸表へ永蟄居被仰出其外徳川刑部卿殿隱居愼才被仰出

安政七年五月十五日　禁裏附大久保大隅守へ
今度從禁裏江戸表へ重御用向被仰進候御書付御自分へ守護被仰付候別段今度江戸表へ被仰遣候御用向御差急之義ニ付來ル十九日頃出立道中常体之日積ニ而可被相越候云々達之
九月四日尾張前中納言殿德川刑部卿殿愼御免其外越前土佐容堂同斷
十月九日和宮樣御緣組御願御使參内
文久元年七月九日九條殿へ御馬被遣
十月廿日和宮樣京都御發駕十一月十五日江戸御着十二月十一日淸水館ゟ御本丸へ入輿
文久二年二月十一日御婚礼
四月十四日夜伏見表ニテ西國之浪人共相集り候風聞同月傳奏ゟ諸向へ達
別紙之通酒井若狹守より両役限申越候間爲御心得入見參候尤武家御直

談有之間敷儀ハ御規定通之事故申迄も無御坐候得共猶又爲念申入候右ニ就而ハ自然御行先ニテ武辺之者へ御出會夫々御親御咄合之儀も出來候而ハ不宜候間御心得も可有之依而此段可申入旨殿下被命候事
頃日道路之風説承り候處西國筋之浪人共多人數兵庫大坂辺へ集り彼是不容易異論ヲ唱候趣ニ有之尤支配國外之義ニ付巨細之義ハ難相分候得共全虚説而已ニ而も有之間敷哉就而ハ官家之方々諸藩士等へ御相談之義ハ兼而御規則も有之事御承知之儀と存候へ共万々一御行違之廉も出來自然去ル午年八月八日之覆轍ヲ唱候樣之義有之候而ハ以之外之御次第ニ可至と深御案事申上不堪苦心內々申上候既此度格別之御緣組被爲在公武之御中御一和之上之御一和ニ被爲在候處只々聊ニ而も御異論之筋相生し候而ハ實以公武之御爲不御宜候儀ハ勿論東西諸官ニ有之候而も深恐入可奉存候御事ニ御座候必々卒尓之御所置無之樣仕度奉存候此度浮浪之輩暴戻之説ヲ唱へ候由ニ候へ共奉對天朝動干戈候樣之儀ハ

普天之下卒(率カ)土之濱如何様卑賤之者といへ共人心之固有する處決而有之間敷候儀ニ御座候間必々御驚動被遊間敷奉存候乍併反逆野心之輩有之万々一於王城之地動干戈惱　宸襟候との於有之ハ私所司代役相勤候限り若州一國之力ヲ盡し候ハ勿論諸家御警衛之者共指圖致し誅伐可仕候間御安心被遊必々御輕易之御取計無之様仕度奉存候是全公武之御爲微衷ヲ盡し候儀ニ御座候右之段譯而表立申上候儀ニハ無御座候へ共全御爲筋ヲ存込御両役限ニ内々申上置候儀ニ御座候事

忠義

廣橋一位殿

坊城大納言殿

○同月廿三日夜於伏見島津屋敷ニ於テ同家々來及傷其外打果し候旨等届有之島津和泉鎮撫候事同人ゟ近衛家へ申立等有之久世大和守上京之事粟田宮鷹司大閤近衛左府鷹司右府一橋尾張越前土佐隠居愼解○九條公井所司代酒井若狭守退去其外品々有之　四月十六日付也

○四月廿五日尾張前中納言殿御愼御免一橋刑部卿殿同斷松平春嶽土佐容堂同斷

四月廿五日付

先般御縁組御先例も無之古今莫大之恐悅ニ付一天下別段之大赦被行度思召候旨旧冬千種少將岩倉少將ヲ以被仰下候得と取調追而可申進旨両朝臣迄相達置候處右大赦之義ハ彼是御差支之筋も相見へ容易ニ難被仰出候然処思召御旨も被爲在候付尾張前中納言殿先年御不興之筋ㇵ皆悉御宥許被遊以後都而平常之通心得候樣別紙之通被仰出候其御地ニ於而鷹司入道准后殿近衛入道前右大臣殿獅子王院宮御始先年落飾等被仰出當時御愼中之方ニも有之候間以叡慮右愼等皆悉御宥許被遊候樣被思召候右之趣關白殿へ可被申上候尤右之外御咎其外御赦免ニ相成候者も可有之追々取調之上可相達候間其段も可被申上候樣ニと存候就而ㇵ御免等ニ相成可然者其御地之分ハ御取調之上可相達候間其段も可被申上候樣ニと存候就而ㇵ御免等ニ相成可然者其御地

之分ハ御取調被申越候様ニと存候以上

四月廿五日　　　　　　　　老中連名

酒井若狭守殿

御自分家來藤田權兵衛三浦七兵衛儀別段之譯を以御所内外御用筋御沙汰次第相伺候様可仕旨御申付候様ニと存候以上

四月廿五日　　　　　　　　同

同

五月十八日酒井雅樂頭在所へ御暇早々發足京都へ立寄在京同所取締當分心得被仰付

五月廿日付次飛脚

鷹司入道准后殿近衛入道前左大臣殿鷹司大入道前右大臣殿万端如平常可心得旨被仰付候ニ付而ハ當月下旬還俗可被仰付入道准后殿ニハ老年之義故可任所存可被仰出思召候御内慮之趣云々則及言上候處御内慮之通被仰出候間其段傳奏衆へ可被達候以上

五月廿日　老中連名

酒井若狹守殿

九條關白殿近頃疝痛難澁其上咳嗽疾熱往來云々且追々及老年急速快氣之程難計依之重職之勤被恐入候ニ付辭職被相願々之通勅許被遊候而近衞入道前左大臣殿還俗之上關白內話等思食候付御內慮云々則及言上候處御內慮之通被仰出候以上

同　同

同

六月四日

其方御用之義候間可致參府旨被仰出候可被得其意候謹言

五月廿八日　老中連名

酒井若狹守殿

同日傳奏衆へ來ル九日當地出立いたし度旨申入同五日傳奏衆ゟ老中方

へ被達書取
所司代酒井若狹守儀御用有之出府候樣今便被相達就而ハ同人儀去酉年千種岩倉両朝臣下向之節永々所司代在役有之樣思召之趣御內沙汰之次第茂候得共同人儀當役不任ニ付今度出府之義被申渡候段心得迄ニ御達之趣令承知早速及言上候處役儀不任と有之被召上候ヘ強而可被仰出筋ニも難被爲在候得共元來右役再勤已來數年間品々勤勞有之殊ニ旧冬重大不容易御模樣柄有之深被惱叡慮候御事被爲在候處若狹守儀不泥流例出格之所置ヲ以終ニ被安　宸衷御次第ニ至り候儀ニ有之候故同人帰府候而も右等之辺被差含取扱有之度思召候由被仰出候仍此段申入候事

六月五日

坊城大納言

廣橋一位

老中連名

○六月四日痔疾其外品々難澁ニ而發足延引之儀老中へ申達候段傳奏衆へも申入

六月晦日於江戸表名代森川出羽守登城候処思召有之ニ付役儀御免帝鑑間席被仰付

七九月九日京都役宅其外町奉行へ引渡同夕三條邸へ引移

同月廿九日京都出立八月十四日着府

八月十六日廣橋大納言已下十二人堂上建言文署

關東違勅之所置ニ相成終大閤三公落飾云々内府公第一ニ若狹守へ被內應云々其已來關東益暴政朝廷尊奉之道不相立事ニ付被惱叡慮候時節機密之大小千種少將岩倉少將チ以悉皆若狹守へ相通云々

八月廿日富小路政通岩倉三位中將具度

千種左少將有文辞官落飾蟄居

同廿三日

久我前内大臣　法名　素堂

千種少將　同　自觀

岩倉少將　同　友山

富小路中務少輔　同　敲雲

今般御告之儀去ル午年已來公武御間柄之義取扱振ニ付酒井若狹守奸謀ニ與し候歟或ハ被欺候歟何にニ而も彼是主上之英明ヲ奉汚候次第不容易候頃日惡評增長世上人氣ニ拘リ難被差置候間御告被仰出候旨執柄被命候事

○閏八月廿一日島津三郎の供侍神奈川ニ而異國人ヲ切ル

七月廿四日　島田左近梟首
八月廿一日　本間精一郎同斷
同　廿三日　宇郷玄蕃頭同斷
九月　一日　目明シ文吉同斷
九月廿四日　渡辺金三郎森孫六大河原十藏同斷

（臺本附註朱書）
右酒井履歷三浦七兵衞ゟ書取差出

（臺本朱書）
由緒書扳

一安政六已未年正月廿六日從
御所御內々三幅對御掛物拜領ス

一同年九月朔日從　九條關白殿下眞御太刀一腰定行幷御銀三十枚拜領ス
一萬延元庚申年二月廿四日　主人上京以來御内用筋取扱出精骨折相勤ニ
付奥取次格ニ被申付刀一腰和泉國正清別段從　御手元脇差一腰攝津守忠行恩賜
一文久元辛酉年三月十九日此度奥取次役被申付主人當御役中勤筋御用取
扱ヲモ被申付依之新知百石賜リ外ニ二十石足高都合百二十石高ニ成シ
賜ル
一同年六月七日此度　和宮樣御縁組御用向御多端ニ付爲御用辨桂御所幷
橋本家等へ何時ニ不寄　御沙汰次第罷出候樣廣橋一位殿ゟ御達シ有之
ニ付　御沙汰次第罷出可申旨被申付
一同年十月六日　桂御所ニ而御能有之ニ付七日八日勝手次第　御用ニ付
御同所へ相詰候者拜見可被　仰付旨關出雲守殿ゟ御達之趣加納繁三郎
氏ゟ申來ル仝八日御同所へ相詰御能拜見御料理頂戴之
一同月十七日來ル廿日　和宮樣御發輿ニ付爲御見送罷出候樣　傳奏樣ゟ

御達之趣重役ゟ被談

一同月廿日　和宮樣御發輿ニ付爲御見送　桂御所へ罷出夫ゟ學習所前ニ而御見送リ相濟爲御屆傳奏代正親町三條殿飛鳥井殿へ罷出ル

一同月廿二日此度　和宮樣御下向ニ付　御所向御内用筋有之幷御老中方ヨリも罷下リ候樣被仰越ニ付立帰出府被申付

一同年十一月二日京地出立同十四日着府御老中久世大和守殿へ爲御屆罷出ル

一同月十七日關出雲守殿御宅へ御呼出　桂御所へ罷出　和宮樣御下向御用筋取扱候儀ニ付爲御用辨當分之内當地ニ罷在右筋之御用取扱　清水御屋敷幷堂上方御旅館へも罷出候樣久世大和守殿御達之趣被申渡右ニ付　清水屋敷幷久世大和守殿へ御礼罷出ル

一同年十二月十一日　和宮樣御入城ニ付爲御見送罷出候樣久世大和守殿御達之趣關出雲守殿被仰渡清水御屋敷へ罷出御門前ニ而御見送リ奉申

上候
一同日明十三日四ッ時　御城へ可指出旨內藤紀伊守殿より御達有之候間
罷出候樣重役ゟ被申談
一同月十二日御城へ罷出候處御用筋入精取扱今般和宮樣御下向御用ニ付
而遠路被　召下候ニ付別段之譯ヲ以御序之節　御目見可被　仰付旨於
躑躅間久世大和守殿被　仰渡
一仝日右ニ付御老若樣御側御用人樣へ廻勤ス
一同月十四日明十五日　御目見被　仰付候間五ッ時御城へ可差出旨助御
用番松平豐前守殿より御達有之候間罷出候樣重役ゟ被申談
一同月十五日　御城へ罷出候處於御納戸構
御目見被　仰付御扇子一箱献上ス
一同日右ニ付御老若樣方御側御用人樣御披露之御奏者有馬左兵衛督殿へ
御礼廻勤ス

一同月廿三日今度被　召下御用筋彼是骨折候ニ付御手當旁御銀三十枚被
下之旨久世大和守殿より御達有之候間頂戴何〔可〕仕候様重役ゟ被申談
一右ニ付同日久世大和守殿酒井右京亮殿へ御礼病氣ニ付名代ヲ以廻勤ス
一同月廿九日今般　御目見被　仰付候ニ付爲冥加年始八朔五節句月次御
礼　御城へ罷出候様仕度奉願候處願之通り罷出候様内藤紀伊守殿ゟ御
附札并御書取ヲ以御差圖有之候旨重役ゟ被申談
一仝月晦日右ニ付内藤紀伊守殿へ御礼罷出ル
一文久二壬戌年三月四日明五日四ツ時　御城へ可差出旨久世大和守殿よ
り御達有之候間罷出候様重役被申談
一同月五日　御城へ罷出候處　官武御用筋有之急速被召下永々逗留彼是
骨折候ニ付御時服三御羽織一御銀三十枚被下之旨於檜之間松平豊前守
殿被　仰渡
一同月六日右ニ付御老若様小野出羽守殿へ御礼廻勤ス

一同月十一日御用筋相濟候ニ付江戸表出立同廿四日京着ス
一同月廿五日帰京爲御届傳奏様議奏様ヘ罷出ル
一同月從　九條關白殿下御時服一重御銀十枚拜領ス
一同月廿八日　御臺様御下向ニ付格別御用多之處骨折相勤候ニ付主人よ
り上下一卷銀三枚下賜
一仝年四月十一日　御所向幷　公儀御用有之昨年出府被　仰付候處無滯
相勤　御目見も被　仰付主人滿足被存依之格別之譯ヲ以テ小姓頭格被
申付五十石加增賜リ是迄ノ足高二十石も其侭被指出都合百七十石高ニ
被申付
別段
一昨年出府被申付候処御用向無滯相勤太儀ノ事ニ被存依之慰斗目下賜
一同月晦日別段之譯ヲ以　御所向內外御用筋御沙汰次第相伺候樣可仕旨
御老中方ゟ被

仰越候付　御沙汰次第相伺候樣被申付右ニ付傳奏議奏樣方へ爲御屆罷出ル

一同年五月廿日　御所向御用有之ニ付出府可被申付旨傳奏樣ゟ御達ニ付立帰出府被申付

一右ニ付同日京地出立六月三日着府板倉周防守殿水野和泉守殿酒井右京亮殿へ罷出御用相濟同八日江戸出立同十九日上着仝廿日帰京爲御屆傳奏樣へ罷出ル

文久三亥年三月三日　此度隱居被申付

一慶應四戊辰年正月十日夜京坂不容易騷擾ニ立至從岩倉殿御内命之御次第モ有之危急ノ場合ニ付速ニ出立上京候樣被申付即夜出立早追ニテ罷越同十二日大津驛着候處既ニ若州入京被止候段御達有之旨ニ付同驛御出張御惣督橋本殿柳原殿御本營へ罷出岩倉殿御内命之次第御屆申上御通被下度旨相願候處入京被止候上ハ即御聞屆ケ難相成何分御沙汰有之

迄扣居候様依御差圖同驛藏屋敷ニ扣居候處同十三日曉右御両卿ヨリ御
使ヲ以入京被　免候旨御達有之候間勝手ニ上京可仕様被仰下即刻御本
營ヘ罷出御請御礼申上直ニ上京ス
一同年二月十日京都定詰被申付依之十八扶持下賜
一同年七月十五日在京中年々金十両爲失墜料下賜
一同年十月十二日　忠祿公奥取次役被申付京定詰是迄通リ但し失墜料金
十五両下賜
忠祿公再勤後
一同年二月廿五日此度　主人出府ニ付爲先用出府被申付三月廿六日京地
出立四月八日着府仝年六月廿九日用濟次第京都ヘ帰足被申付七月六日
東京出立同十日着京
一同月十九日此度公用人被申付屋敷奉行ヲモ被申付依之十五人扶持下賜
一同年十二月廿七日直令更ニ月給二十八扶持下賜三等官被申付

（臺本附註朱書）
右三浦七兵衞履歴本人ゟ差出

內書披見候弥堅固被相渡珍重存候然ハ右之一條段々巨細示之趣深く忝次第ニ候實ニ御主人格別御骨折幷其許殿働之條々不容易義嘸々御滿足ニ被爲在候半と有文ニも誠以畏入存候猶只今早々極密可及言上候呉々も御主人ニは宜々御申上可給賴存候先々大畧　思召通ニもまいり候形ニ而悅入候事ニ候猶委細ハ面陳御挨拶可申入候將又一昨日ハ御國產之塩鯛十尾御惠投之旨深く忝存候早速御賞翫申候處殊外美味實ニ格別ニ候猶厚御申上可給候則半ハ久我へ配分候處是又同樣宜く可申入被申付候實ニ每々御到來申計ニ而何共〳〵從是ハ御答礼も不申不本意之至候万々面上可申解候也

二月十四日

千種少將

三浦七兵衛殿

先夜御懇切ニ愚亭部屋人寄之義停止候樣御心添存候早速雜掌共ニ承候處
右有之候趣故早々嚴敷申付停止候尤九條殿ニも止ニ相成候旨承候右ニ付
而ハ其党其余之方へ行向弥外々ハ群集之旨承候自然不宜義ニ候ハヽ近親
方ニハ心添可申哉併迚も仲間ゟり共無緣之方ニハ難申候得共近親之方ニ
心添可致候哉中々九條家此方ボ止ニ相成候を見受外之停止とハまいられ
候条此段御相談申入候事

（臺本附註朱書）
右千種有文手跡

快晴候弥堅固被相渡令賀候抑誠ニ段々御危難之條々も全御主人幷其許殿
依働追々ニ程能相濟實ニ安心悅入候事ニ候右ニ付今日ハ快晴且賀川梅花
盛之由ニ而可行向申越候間未半刻頃ゟ可行向候条何卒用事操合其刻ゟ彼
亭へ引向可給候樣頼入候又々申承度義も有之候条何卒宜く頼候万々面上
可申入候也

二月十五日

〆　　　　　　　　　　　　　　　千種少將

三浦七兵衞殿

連日快晴候弥堅固被相渡令賀候抑毎々乍大儀今日夕方賀川宅へ行向候間入
來頼度候實ハ兼々内話申入置候御品物主人に御傳申度候猶委細ハ面上可

申入候扨又此短刀愚作ニ候甚以乍赤面其許へ慰迄ニ進入申度候呉々夕方待入候也

三月五日

今日ハ馬拜借之事御賴申早速取計忝存候右ニ付午刻後早ゝ賀川へ行向候間午後賀川へ入來ニ而も宜く左候ハヽ其砌御傳可申入候更ニ夕刻一酌相催度候間入來可給其節御主人御受書可給候ハヽ幸甚候哉とも存候何連成共宜く賴入候事

三浦七兵衛殿　千　少

藤田權兵衛いまゝ不面會候間夕方御用閑ニも候ハヽ同道相成間敷哉幸面會候ハヽ大慶候此段申入可給候也

三浦七兵衛様　　　　　　　　柳澤勉次郎

昨日ゟ御剪紙被成下候処折悪敷他行仕貴答不申上帰宅後早速と存候処晩
景ニも相成延引奉恐入候弥御壮健被成御勵勤珍重之御儀奉存候然ゟ根岸
肥前守參府ニ付奈良町一同より當地町奉行ゟ願書差出候ニ付右願書　若
狹守様ゟ進達仕候処右ゟ江戸表ゟ表向御達之筋ニも無御坐候得共奇特之
願ニも有之且肥前守骨折之次第御老中方ゟ入御聞有之候方宜哉と被　思
召候ニ付別紙願書寫二通幷町奉行添番寫一通御差越被下庄次郎を以大和
守殿ゟ申上候而ゟ如何可有御座哉勘考之上宜取計候様委細被仰下候趣承
知仕候右ゟ肥前守儀格別骨折候故之儀と相聞於當人ゟ實ニ規模之儀御老
中ニおいても御安心之事ニ付江戸表ゟ被　仰上候方可然儀と奉存候乍去
仰之通表向　御達ニ可相成ものとも不奉存候間庄次郎より大和守殿ゟ申

上候様可申遣候左様御承知宜被仰上可被下候則御別紙夫々落手仕候右貴
答如斯御座候以上
八月廿七日
猶以昨日之貴答ニ付御返書ハ御免可被下候以上

弥堅固被相渡珍重存候然ハ一昨日ハ好物之海苔澤山預御惠忝存候毎々芳
情不淺存候此旨宜く御申上賴入存候扨一昨日從武傳救助之御沙汰被爲在
候右ニ付面會委細咄申入度候間乍御苦勞晝迄ニ入來賴入度候若し晝前御
用も有之候ハヽ未刻頃迄ニハ必入來賴度候少々火急ニ申入度候義故乍自
由右賴候仍早々如此候也
二月十三日　子　和
両　士に

（臺本附註朱書）
右両士トハ三浦七兵衞藤田權兵衞両人之事以下同

（臺本附箋）
○安政六年

一内書　二通

右返却

一内書　二通　大原書狀 富小路書狀

右内見

弥堅固珍重存候抑別書條々自然御差支ニ不相成筋合ニ候ハヽ何卒宜く勘考之上取持候事偏宜く頼候此肴昨夜富小路ゟ予へ到來候間其許殿一酌之肴ニもと進上申度候決而富小路ゟ被送候ニ而ハ無之候予へ任到來唯々進上候事ニ候一笑可給候ハヽ本懐之至ニ候將先夜尋之翠影之事段々穿鑿之処いまゝ不相分若し書物なれハ内々手跡一覧候へハ直樣分候義ニ候且

翠山　左府公
翠竹　阿野中將

右ニ有之候尙猶此上ハ又精々可承合候へ共勘合可給哉存候併時々ニ名を
替認候人物も有之候間常之号計ニ而ハ難分哉ニも存候猶又手掛も候ハヽ
可申承候仍早々如是候也

十二月十七日　子　和

三　七　殿

令披見候如示雨氣之印ニて涼氣相催候弥堅固被相渡珍重存候然ㇵ又候塩
鰆五十本被下深く忝存候實ニ両度ニも相成殊ニ心外之義何共〱恐入存
候義ニ候併依御蔭祭之晴致芳情不淺〱存候此旨宜く御申上可給候其許
方ニも段々配慮之義是又不淺申謝候

一禁廷へは被進候其外共昨夕武傳へ御達ニ相成候趣定ゐ今日ハ　奏聞ニ
相成御悅と存上候右ニ付九條家其外共之分ハいまゐ表發無之候ニ付弥
以他洩不不ゝ致候樣入念示之趣承候決ゐ〳〵他言不致候間必々安心可給
候

一內々相談申入候
主上ニも近年誠以外夷之事共ニ付御心配のミニ被爲在恐入存候事ニゐ
何ぉ之御慰も無之候然ル処此頃之踊上り候町中之男女之粧內々入御覽
候へハ嘸々御悅と存候乍去　御覽と申義ハ決ゐ難申出候間何卒御築地
外神佛ニなそらへ千度候樣左候ハヽ御脇門ゟ內々　御覽候樣可取計候
則天明七年々代記ニ准例有之候間荒々書拔みを申候此辺之勘考出來候
樣之事ニ候ハヽ內々奉伺　叡慮候併尤呉々御覽なとヽ申儀洩聞候ゐハ
不宜只々流行病氣無之ゐめ奉祈千度候旨ニ候へハ宜く何卒內々取調可
給哉若々不苦樣之義ニて尤下旬之末ニゐ限三日位之事可宜候併六ヶ敷

義ニ候ハヽ決而〳〵強而とハ不申候条内々尋問候義ニ候
一毎々色々之義申兼候へ共　主上塩辛物至而御好被爲在候尤鮎の腸うる
ゐ又子うゐかうにこのわた　いられ黒漬此外何ニ而も惣而塩辛物御好
被爲在候間何そ御國産之品も可有之候間序ニ御取寄御献上ニ相成候樣
取計賴度候先達之酢漬物きつい〳〵御滿足ニ而只今ニ毎々被　仰出御
悦之由ニ候此頃之鮎を二ツ位ニ切酢漬ニ而も致候而も如何哉隨分可宜
哉ニ存候勘考可給候仍差急乱書如此候也
八月十三日　子和
三浦七兵衛殿
(附箋)
○安政六年九月廿一日
九ノ廿九達ス
別紙　(原朱)長野義言書翰

内密

尚々當地も追々御靜謐一昨十九日

公方様御袖留恐悦之御事扨眞實御賢明ニ被爲渡りの名目之とハ同日之論ニ無之其上御才器も被爲勝候御事國家之幸福と奉存候此間も戸川播磨守舌ヲ被卷候由者元來當

公方様ハ御實家ニ被爲在候時ゟ人よ物ヲ被下候事御好ニ而御小姓等ニ而も御前へ出候時者御菓子其外何ニ而も被下候ニ付過日戸川ゟ申上候も物ヲ被下候事者難有併何ニ而も思召ニ叶候働有之候節々其功ニよりて被下候へ者大ニ難有狩可申無左而ハ無功之者も拜領常ニナリ終ニ者何共不奉存様可相成と言上候処尤ニ候間承知いたし候と眞ニ御穩成御答也扨此間播磨守事御前へ唐紙を持參候処御覽分ケ被遊其内一本其方へ遣し候と被仰候ニ付幸ひ此節唐紙拂底之折柄故難有拜領いたし御礼申上御前ヲ退キ候處播磨と御呼ニ付何事哉と立歸り　御前へ候し候へ者唐紙ハとらせ候

へ共何之功も無之よと被　仰戸川も大赤面恐入候と申而笑々退候由扨亦
此度一件ニ付主人方へ御賞之事閣老方より被　仰上　公方様ニも其思召
ニ而不日ニ御沙汰ニも有之哉ニ相聞候ニ付無據田安殿迄主人ゟ被　仰上
候ハ元來賞罰ハ國政之御肝要ニ付勤功有之者ニハ閣老始夫々御賞相願候
事ニ候へ共私家ニも　累代御高恩ヲ蒙り候へ共平日可相勤職務も無之候
へハ此時ニ當り報恩之志願ハ有之候へ共未百分之一も自分之功立候覺無
之候故兼而も御賞之儀ハ御斷申置候事ニ御座候然ル處此度水戸一件ニ付
風聞承之候ハ存外之御事ニ御座候抑水戸ハ御三家之其一ニして
上様ニ取候而ハ格別之御親族ニ有之被對
御先祖御斟酌も可被爲在筈ニ候へ共不得止事右様之御所置ニ被　仰出候
事も實以無據次第ニ依テ也私當職中如何様ニも御詫御挨拶も可申上筈之
処随命右様之取計ニ致し候事も是亦無據次第也然レハ御意内ニハ　御安
心ニ思召候事も可有之候へ共表へ發し此一條ニ付而　大老へ御賞給り候

と申而ハ乍恐　思召違之御事後代迄御失徳ヲ相傳候御事故假令被　仰出
候共御請可仕樣も無之間右樣之御沙汰ハ　御止之方可然と被　仰上候而
其事　田安殿ゟ御側御用人ヲ以内々被　仰上候由之處尤之義と其沙汰ハ
相止候由其節戸川播州も御前ニ候し候哉掃部ハ利ヲ賤メ理ヲ尊む人也と
被　仰候由ニ而此間も戸川御同役ハ之物語ニ　扨々汗顔之至此間唐紙拜
領之節過日言上之事思ひ出候ハヽ重而功アル時ニ拜領仕度と可申上之處
唯々難有存罷退意外之御意ヲ蒙り候と申而恐入被存候由个樣ニ恐入候戸
川も勇士也惣而右樣之御事ハ度々有之其上御政務向ニハ深く御心ヲ被爲
用速ニ御辨別被爲在候由每々相伺候へ共他洩不相成義ニ付不申上候扨々
難有事ニ奉存候吳々内々〱〱〱決々御他漏御無用可被下候以上

壬三ノ八日達ス

壬ハ閏ノ略字ナリ　校訂者識

追日暖和之時節相成候先以
太守樣益御機嫌能被爲成恐悦至極奉存候貴君弥御安泰御勤務之條奉賀
候然ハ去月廿五日之尊翰相達し忝拜見仕候其節被仰越候条々御尤至極
奉存候ニ付右御手紙ニ愚按書添仕早速田公へも入　御覽　公方樣へも
相通し候運ひニ仕候間左樣思召可被下候扨先頃より上方之御模樣深奉
案思候處御手當方御行届　殿下　太守樣御用心追々御嚴重相成候由承
之安悦此事ニ奉存候尚又於伏見表金子孫次郎申口幷去月廿三日大坂ニ
而三人自殺之次第同日両人被召捕夫々申口當地之御吟味申口と符合仕
何れも不容易隱謀今暫其儘ニ被成置候ハヽ猶如何樣之大變ヲ釀し候哉
も難計之処全　太守樣ヲ奉始市尹方幷両御組御手先之人々事馴格別之
働ニ而手易く隱謀之證を被顯御當地ニ而も上方之御行屆御称歎不一通
候尚追々御手當御嚴重ニ相成候事故無程治世之道も開ケ可申と少々安
心仕候折柄此節又々水戸街道長岡宿よて天狗之殘黨集會致し去月三日

同様之乱妨相企有之趣相聞旁以是迄之通御所置方遅〻ニ相成候而ハ片時
も安地ニ難住尙亦當家御役中ニ而ハ惣方ニ御遠慮有之不宜哉ニ而一昨
晦日　思召有之御役御免と被　仰出候間此段御吹聽宜申上可被下候尤
此度之　思召ハ世間普通之譯とハ相違候趣ニ而當日主人廡上下ニ而之
御用召ニ候へ共此節柄御賞ボ之事ニ而手ぬるた御所置相成候而ハ天
下之大事と案思居候処　御英斷ニ而當方ハ前件之通相成且同日水府へ
ハ
於外櫻田及乱妨候者共水戸殿家來之由申立候ニ付當分之內御登　城
御見合被成候様可申上候事
右之通被　仰出候左候へハ水府へ御疑念懸り候事顯然と仕候間此上ハ
須臾も其儘被指置候譯ニハ相成間敷將又當方ニハ同日昨朔日両日閣老
衆ゟ御內使來り內々被申聞候ニハ此度之御役御免ハ御家之御誠忠ニ
對シ如何ニも難忍御所置ニ候へ共實ハ先日來兎角手ぬるた評議ニ相成

櫻田ヘ格別之御賞ヲ被下右ニ而一藩ヲ玄つ兇水府も暴惡之者計召捕其儘相濟候哉ニも被存察スル処樞要之御役方ヘ惡謀より手が廻り候事と被存候間此儘よ而ハ忽一大事之場ニ至可申ニ付無御據今日之通り相成候ヘ共併櫻田之誠忠ハ天下之知ル處公方樣ニハ御身代りニ御立と被思召候實ニ御家之精忠無之時々ハ天下ハ三年以前ニ危く相見ヘ左候ヘハ是迄天下之壽ヲ保候事ハ全く御家之勤功ニ有之間此上ハ
勅諚御催促被　仰出違勅違　命之罪ヲ罰し候而井伊誠忠之跡ヲ繼候樣可致候間一家中之者右之処ハ本懷ニ可有之必倉忽ニ騷立候樣之事無之樣取鎭置御下知ヲ相待候ハ、是迄御勤功之賞ハ追而相分可申との御事ニ付當方より御答ニハ段々厚キ　思召之段難有仕合奉存候乍去主人方底意ハ唯々一命ニ換候而も天下治平御安穩之場ニ至候事ヲ被相願候事ニ付臣下一統其志ヲ繼度之外無之候ヘハ御世泰平之後ハ兎も角も　思召ニ從ひ可申候ヘ共只今之處ニ而聊ニ而も御所置方御猶豫御油斷被爲在候而者實ニ天下之安危者申迄も無之國家之存亡此一事ニ有之自然右樣之時節ニ至候而ハ厚キ　思召ニも更ニ相立申間敷當方ニも折角之御恩賞長く可相保程も無覺束既ニ一昨年來惡謀共當家へ切込　綸旨ヲ申下し候企者唯今ニ至候而ハ其義ハ相成間敷候へ共外國之御所置ヲ惡樣ニ申なし衆人之心ヲ爲迷候ハ他ニあらに京都へ對し忠憤之躰ニ持なし終ニ者内謀之勅諚申下し度との姦計有之夫故是迄外國之御所置方甚六ヶ敷只今惡謀申立之種と相成候事ハ兼而御承知之御事此度亦長岡之集會夷船打拂ヲ名と致し候事一昨年同樣之叛逆眼前ニ及候上者早く億兆之塗炭ヲ可救之御所置有之候樣ニと相願候事ニ御座候右之通之次第ニ付最早不遠内何と欤御所置方御發可相成候間返スく〳〵も京地之処無御油斷御用心偏ニ奉願度奉存候

一安藤對州侯之門番ニ天狗連之内住込居候ニ付昨日より八人と欤番人被附候趣追々惡謀御手ニ入大慶奉存候先者御役御免之御吹聽旁當地之形

勢申上度餘ゟ期後音候以上

閏三月二日　長野義言

三浦君

三浦七兵衛所藏書類

二

昨夜ゟ内書之條々承候彌各方堅固被相渡珍重存候然者巨細極祕被示候條
々承候猶又昨夜直樣參　内候而富小路ヲ以内々申上置候處　主上ニハ昨
日も申入候通段々御理解申上候ニ付御得心相成有之此上者　殿下言上候
ハ、御承知ニ相成候樣段々働置候條廿四日午後必々御返答書御差出可然
存候御返答御文言至極存候乍去御末言之處今少嚴敷御認候而ハ如何哉彼
例之　殿下ニ而先達も不日之二字さへ御已ありかね候程之事故早々御取
計と計ニ而ハ又々御延日ニも可相成哉自然又來月初旬御神事後迄御延置
と申邊も難計存候間甚乍越樽御末言ニ
何卒今度ハ是非被　聞食候樣願度左無之而ハ節角公武御合躰之　叡慮
ニも齟齬仕實ニ乍恐不御宜將被　聞食候上ハ早々兩三日中ニ御取量相
成候樣仕度此段呉々御差含宜く奉願候事
右邊ニ而余程嚴敷被申上候樣何分御手弱き　殿下故呉々御心得候樣ニと

存候尙又此上之處不相濟候ハヽ、勘考可致候宜く御主君へ御申上賴入候也

二月廿三日

三通　一包

四通　一包

右返進

（壅本附註朱書）
右千種有文手跡

（壅本附箋）
〇安政五年

◎西側トハ九條家ノ了

◎賀馬ハ賀川肇ノ了

昨夜ハ段々御苦勞存候扱咄之一條ハ穿鑿候處是ハ全西側之御取違故早々申開御安心ニ相成候樣可被申入旨ニ候將惣躰之條々ハ一勘辨付如何ニも昨夜之咄通ニ可被取計哉右ニ付火急ニ御談申入度儀有之候條今晚面會申度候假令及曉天共不苦故遠方入來ハ氣毒ニ存候間賀馬宅迄入來可給候𠲎

々頼入候若し今晩差支候ハヽ明日晝迄ニ賀宅迄入來頼度候猶今晩何時頃賀宅へ入來給候哉承度候呉々今晩ハ遠方入來斷申度賀宅へ頼候仍早々如此候也

十二月廿二日

讃事ハ昨日直ニ帰來候尤今曉寅剋頃帰來候由候

（臺本附註朱書）
右千種有文手跡

◎昇造ハ岩倉ノ家臣小野昇造

御細書介披見候然者今晩入來之事御斷之旨介承知候昨日与今日且實母所勞之次第彼是繁雜疲勞之事ニ候得共實ハ今晩ハ寛談心事打明可盡懇意存心之處御差支之旨扨々殘懐無措所候明朝之處ハ無據用事有之御斷申入度候尚昇造差出再日可申入候多分夜分ニ頼度存候早々以上

十月四日

尙以昨日者快晴一昨夕之天象とハ格外之相違何共感戴之事ニ候數十羽之鶴南方ゟ舞渡り候事余りなる事ニ而恐悦此事ニ存候不具

三浦七兵衛殿　富　妍

内々啓

此品赤面之事ニ候得共御待申居候印迄ニ差出候於笑留者忝存候也

◎富妍ハ岩倉具視公ノ別号

（臺本附箋）
○萬延元年ナラン

九條殿御家來島田左近事

御緣組御用最初より取扱罷在候趣ニ付御自分家來藤田權兵衛三浦七兵衛之振合ニ而御用之節ハ桂御所ゟ罷出候樣相成候ハヽ御用辨宜有之哉与存候間其筋ゟ御達可然御取計有之候樣奉存候以上

九月六日　久世大和守

酒井若狹守様

今朝者參上御面働恐入候其後早速參　朝久卿ニ面談何も申入候處凡ゟ承知被下候得共只今个様之取計ニハ不參候昨日橋卿御用召ニゟ是迄之次第御尋問之處島田對話之趣意大相違橋卿議眞相違無之旨ニゟ逆鱗邊ハ先々程能參り可申被存候得とも此先如何之事ニ御沙汰可相成哉頓と未タ不相分猶今夕ゟ明朝巨細ニ可申入事ニ候間其上參上可申入と存候仍早々如此候也

十月朔日　　富　　妍

子　和　君

内々

◎子和ハ千種有文ノ字

尙々今日中ニハ可相分哉ニ被申居候何分橋卿二舌哉又島田二舌哉扨々

困候事ニ存候巨細分り次第可申上と存候早々如此候也

三浦七兵衞様　　　　　柳澤勉次郎

御切紙拜見仕候益御勇健奉恐賀候然者從關東御返答之御案之儀出雲守よ
り内談有之候儀ニ付則別紙御案兩通今日之宿次ニ被遊御差立候ニ付清書
相認奉差上候樣仰之趣且心附候儀も御坐候ハヽ申上候樣委細被仰下候趣
奉敬承候出來次第早速持參可仕候右之段宜被仰上可被下候則御答二通落
手仕候右御請宜被仰上可被下候以上

八月六日

猶以若夜分ニ相成御表ヘ罷出兼候ハヽ御通用御門より尊宅へ罷出可申
候間宜御含置可被下候以上

令拜見候昨夜今日等御書令拜見候御安全令恐賀候扨昨日來之儀ハ小子未
半頃ニ被召即參內候處所司代ゟ返事參候ヲ被爲見候夫故昨日直ニ月宮へ
被進候此通りニ而宮無思召且ハ橋本も所勞少々ハ宜邊ニ而此通り之思召
ニ候ハヽ從上ハ何共被仰出義も無之欤矢張初ゟ御願通之方たつて御願ニ
も候ハヽ　御應對も可被遊欤トの事宮へ早々被仰遣候處其御返事只今ニ
參り不申只今いつゝ哉と御案し申居候處ニ候もはや此邊ニ而御やめ可然
と存候事ニ候御返事遲候間又々何と可出候事欤頓〳〵相分不申妖狐ニた
まされ居候樣之心持ニ御坐候定而若州ハもとゟ雲州両士共ニ心配之段察
入候事ニ候何卒風波靜謐祈居候早々如此候也

十月十二日

◎桃源ハ久我建通ノ別號

子和君　　桃源
内啓

三浦七兵衛殿　　岩倉
内啓　　侍従

彌無御障御勤務令賀候然者此頃若し近邊御使等も在之御序も候ハヽ烏渡
内々入來相成間敷哉取留候義ニも無之候得共少々御咄し申試度儀在之候
尤此頃御繁用遠察候間態々と申ニ而ハ決而無之候扨又小子方内献納物之
儀ニ付段々配慮深く忝存候萬事從千種承候不相成事ハ是非も無之猶此上
宜敷御賴申入候要用而已早々如此候也

壬三月廿日　　富妍

三浦七兵衛殿

追申此魚物此頃澤山之品ニ候得とも任到來進入候誠ニ一尾赤面之事ニ存候也

○文久二年カ（臺本附箋）

三浦七兵衛殿　　　　富　妍

内啓

連日難凌大暑候弥堅固御勤仕珍重候誠ニ一昨日入來種々申承凡而都合相成候事共深々忝存候扨御下向一件云々之事大底夫々申入候處八九者御安心と存候

一救助之一件御尤之御咄合是又申入候處彼五拾枚事一昨日被　仰出御治定昨日表向被　仰出候哉ニ候ゆゑ而御咄申入候通御勘考之様存候

橋本義桂御所參入不見苦様との一事是も昨日中卿ゟ雲州ニ咄合有之候

旨ニ候何卒御下向迄之處相應御取扱御坐候樣御賴申入候若秋御下向候ハ盆暮と申樣ニも不參候事一時ニ相應被下度存候宜敷御賴申入候
一謀書一事巨細ハ御咄無之候得とも承候丈申入候而もいヶ樣之間違出來も難計と色々心配致候ニ付此事は一昨日席限り莫言候間急度御心得可被下候一昨日御招申候事ハ無之分ニ御心得可被下候殿下〃之御用便御入來之事ニ御賴申入候早々如此候也
六月廿五日
追申一昨日ハ內外面談吳々も忝存候
併小子色々申入候次第其振合御勘辨ニ而何事も必〱打明御咄し無之樣賴存候何分御下向之事大底彼是有之間敷哉ニ存候扱又救助之事ハ今少し遲ク殘心ニ存候昨日五拾枚とゟ更ニ差出候由右ニ付內々三卿方之御書ニ而御止ニ仕候將又御首途之事殿下武傳と行違之如何之間敷哉（マヽ違カ）不審千萬ニ候御分り御坐候ハヽ御一筆承度候大乱書早々如此

候也

一咋日御出御尤御咄之通ニ申候得共此方ゟ御招申候事ハ無之分ニ頼

存候早々以上

（臺本附箋）
○文久元年

彌堅固珍重存候然者先達來願立置候御手當金之內追借之事今以不被相渡

候間七日頃武傳へ催促一同ゟ願立候處九日武邊ゟ被廻候由返答有之候定

而何とか御返答ニ相成候半と存候宜々賴入候

一和宮今度親王

宣下爲恐悅從關東夫々進獻物幷殿下武傳等へも被下物有之候然ル處惣

而寬政八年之例ヲ以問合有之候而右從武傳返答有之候旨ニ候然ル處中

山ハ當時和宮御世話卿と申候而役人ニ候既過日御祝義獻上之節も於桂

御所武傳同樣ニ東使ニ出會有之候義ニ候左候得ハ此度親王　宣下ニ付

献物并武傳へも被下候物有之候節中山ハ　和宮役人之義故何とゟ從關
東仕向有之候樣ニ致度被存候尤寛政八年之度ハ左樣之人無之故先例ハ
無之候得共今度ハ右之通故御勘考可給候樣宜く可申入桃源可被申候仍
如此候也
三月十三日　子和
両士へ
◎両士ハ三浦藤田ノコト

○万延元年（臺本附箋）
彌堅固珍重存候抑右一條段々三卿格別周旋被申上漸
御氷解ニ相成長橋新大典侍等一昨夕御使
宮へ被進昨日以觀行院御受被仰上彌萬事相調恐悦〳〵大安心候右ニ付東
使來九日被仰出候且外ニ種々書取類も有之候殿下へも昨日被仰入候間定
ゐ殿下ニも御氷解と存候昨夜ニも島田ゟ沙汰有之候哉則昨夜右大將退出

候上富妍被招右被傳候富妍亥刻頃入來種々承候右ニ付急々申入置賴度事
有之則　仰之義ニ而三卿ゟ被申傳候條ニ有之候間甚乍御苦勞今日晝迄ニ
一寸入來賴入候面上委敷可申入候呉々毎々御用繁之中氣之毒ニ存候得共
何卒〳〵晝迄ニ入來之事呉々賴候大急早々如此候也

十月六日　　子　和

両　士へ

（臺本附註朱書）
右両士トハ三浦七兵衛藤田權兵衛両人ノコ也

內書之趣何も承知候今日又々久我中山等被召候條猶又御模様相分り候ハ
ヽ可申入候既被示候通之殿下之御次第ニ候ハヽ先々可御宜存候左候ハヽ

七日後ニハ夫々御方付ニ可相成と存候若又御延引ニも可相成樣之御模樣
聞ゟ候ハヽ早々可申入候得共其御次第あれハ先七日迄御催促ハ御見合之
方と存候將又每々御國產之御肴御惠投實ニ芳情不淺〳〵存候實々一應之
御答禮も不申何共恐懼候併美味不淺宜候御挨拶御申上賴入候且又同樣岩
倉へも配分候旨ニ而賜之猶早々相傳へ可申候唯今對客中麁答如此候也

同時　千　拜

藤　權　殿

三　七　殿

内々返事

（臺本附箋）
○文久元年

以別紙申上候今日飛鳥井殿御行向ニ而久我殿任大臣之義御達有之其節
主上御沙汰之趣ニハ御地之模樣表之御取扱ハ誠ニ結構ニ而堂上向始メ何

レも深く畏りえ由併　和宮様御城入御延引ハ御風邪計りニも無之何ヵ大
奥向採メ有之哉ニ而折角是迄ニ相成候處只今彼是御座候而ハ誠ニ　御心
配被遊候間若狹守ニ何与ヵをらりと濟候様ニ与申せ与の　御内沙汰之由
御傳被成候旨ニ御坐候右之御次第ニ御座候處何分御地之御模様何様之事
哉御承知無之候間貴所様ニ十分ニ御周旋被成關様早川様柳澤様邊へ御伺
被成候而橋本様等ゟ御十分御懸合被成何卒速ニ御祝儀御整ニ相成　主上
御安心被遊候様偏ニ御働被成候様ニ若又余り御手間取ニ而例之御逆鱗相
發し候而ハ如何様之事ニ可相成哉与深く御心配被遊候旨貴所様迄篤与申
上候様被　仰付候間此段分而申上候以上

十二月三日　　　　藤田權兵衛

三浦七兵衛様

春寒難去候處彌堅固被相渡候哉猶又承度候扨子和ニも舊冬ハ無異帰路悦
入候其地逗留中ハ毎々種々世話ニ相成御苦勞之事共存候扨右　御內用一
條も存外御都合ニ相成實ニ其許殿周旋之義ト偏悅入候依之両人御用邊も
相勤殊　叡慮も相立候事猶又帰洛即日於御前備ニ申上其余ハ両三日も打
續參　內追々ニ申上候處深く　御滿足之蒙　御意則十二月廿九日行向候
砌御主人へも厚　御沙汰被爲在候將早速關東幷閣老御主人等へも御挨拶
御沙汰可有之處早春ハ御規式之御用共差集又廿日後ハ　先帝御年忌御佛
事のミニ被爲掛　御心候ニ付二月七日後御沙汰ニ可相成段去十八日態々
子和被召　御前御沙汰被爲在候則一々御主人へ申入置候事ニ候㒵々も其
許殿ニも格別働之段備ニ申上何連も厚　御滿足之御沙汰ニ候扨其後も何
ゟ宰相典侍ゟ申來候云々之事共も有之關東奥向居合不御宜旨ニ而於京師
ハ御所向始下方迄之風聞區々之惡沙汰有之何共〳〵心配成事ニ候併其地

ニ而ハ先御夫婦樣之御中ハ宜旨其許殿書狀并閣老衆ゟも委敷被申越候得
共何分奥向ゟ申來候義證ニ相成候間其許殿被申越候儀相立不申扨々困入
候物ニ候併昨今之内爲御代香上﨟上京候間夫らゟ實意言上ニ相成候得ハ
萬事本んまニ相成候得共若自然右上﨟ゟも不宜義言上ニ相成候ハヽ彌以
御六ヶ敷義ト扨〳〵心配候何分天璋院殿初而　　和宮御對顏之砌天璋院殿
ニハ御茵之上　　和宮ニハ御茵なしニ御對顏夫故　　和宮日々御口惜がり被
遊御泪のミと宰相典侍ゟ申來候ニ付彌宮中奥向人氣不宜尤　　主上ニも御
心配之事夫ニ而ハ　　禁中之御威光丸つぶれと申事ニ相成候而何共〳〵心
配候夫故何卒議奏衆之内被差下萬事御所風之事共も御訊問被遊とゐ此頃
示談ニ相成有之候何卒御主人ゟ早川めしニまいり有之候間早川上京迄と
申上子和力一もい以正三申上願置候併早川ハ御用有之上京斷とゐ過日閣
老ゟ申來候處余人可上京御主人ゟ申まいり候由ニ候何卒萬々程よく御居
合付不申候而者夫〳〵困入候物ニ有之候先達富妍両名之書狀備ニ披見候

扨〳〵其許殿ニも種々心配且長逗留迷惑と察入候島田勘ヶ由ニ上京後岩倉へハ被行向候得共如何致候事哉此方へもいまた入來無之面會不致候是も先日　六位御取立ニ相成候由珍重〳〵存候扨〳〵仕合の能人と存候於其地ハ又々去十五日ハ變事相發扨〳〵不穩事困入候物ニ候嘸々心配と存候呉々ももや〳〵早川之代り上京候ハヽ又々面會ニテ萬事咄合申度両人待〳〵申居候事候呉々も御居合付不申而ハ大變と存候來月十一日ハ御祝義も御内定之旨何卒無滯被爲濟橋卿ニも上京ニ相成候其砌ハ得ト奥向へ居合之邊言上有之候樣致度若其砌御不都合之事のミ帰洛之上被申上候ハハ彌以　主上ニも御心配一同困入候事ニ候既此頃ニ而も此度御縁組ニ携り候物共子和あとモ大不受さん〴〵の事ニ而何共〳〵迷惑〳〵察可給候萬々面上可申入候岩倉ニハ彌實母死去扨〳〵氣毒〳〵存候早速帰洛後以書狀何ゟ可申入候處早春ニ而例事用多上帰京後紛雜之事共實〳〵春來寸暇無之種々差集夫故彼是無沙汰打過宜〳〵斷申入候關雲州井早川野村等

（原朱）文久二年

へも宜〳〵申入可給候巨細可申入之處自然途中恐嫌疑候間態ト　御前邊
之義ハ荒々申入候萬事帰京後咄し申入候仍如此候也

正月廿八日　子　和

三浦七兵衛殿

追申上京之道中大ニ暖氣之方上京之前三日ゟ雪降寒氣强相成且春來追
々余寒强難凌候其地ハ如何隨分〳〵保養專一存候早〳〵帰京待入候也

（臺本附箋）
○文久元年

彌堅固被相渡珍重存候然者昨夜ハ御劬勞存候則今早朝久我家へ行向委曲
申入置候尤殿下へハ格別ニ　叡慮ハ添り不申只々昨夜之御書を御見せニ
相成殿下ニ勘考早々若州へ可示談と計之御書之旨ニ候將又唯今桃卿ゟ文
通ニ而唯今殿下へ被仰入候旨被申越候扨又今昼前橋本家へ行向雜掌面會
宰相中將見舞申入容躰委敷相尋候處決而昨日ゟ不出來之趣ニ而ハ無之何

迚の間違ニ候哉尤一昨日頃ゟ小水も分利ニ相成先々到今朝快方既其雑掌
昨夜も長く側ニ而咄居候處起上り長く對話尤喰事もおかいおゆを貳ツ三
ツヽ被喰候此姿ニ候ハヽ追々可赴快方哉ト申居候然ル處帰掛途中ニ而
此頃專見舞居候大村泰輔出會候間乍途中容躰相尋候處是又右雑掌申振同
様申居候尤一昨日ゟ昨夜へ掛大ニ快方ニ候間此通ニ候ハヽ段々可快哉併
小便通屹度分利と申ニ而も無之候得共壹升ニ壹合ハ自然之通も有之自余
ハ通し付候事ニ而熱も一旦とハ散候間此上ヱキ症ゐとニ成候義ハ有之間
敷と申居格別重クハ不申居候右次第ニ候得ハ昨夜御談申置候通呉々雲州
以達便橋本侍從幷少進等被申解候ハヽ程能まいるへく哉と存候何分橋本
故ニ御延引と被　仰出候而ハ決而橋本養生ニハ不相成候心静ニ養生被
仰付候様橋本ゟ只管被願候様ニ相成候而又少進も取持有之候様呉々雲州
侯辨舌一擧と存候呉々宜く御勘考之處御主人へ御申入可給候昨夜預帰候
雲州書状返却候仍如此候也

十月九日　　　　　　　　子　和

両　士に

（臺本附註朱書）
両士トハ藤田權兵衞三浦七兵衞両人ノ〻以下同

（臺本附箋）
○文久元年

「酉十二月廿五日」　　酉十二月三十日出
戊正月五日達ス

「岩卿に清方」

◎清トハ藤田權兵衞ノ實名

乍恐以書取奉申上候

今朝者參　殿仕候處御目通被　仰付難有仕合奉存候其後倍御機嫌能被遊

御坐恐悅至極奉存候扨罷帰り主人に御沙汰之趣　御下向中萬端御都合宜

御用邊も　事之御障りも不被爲在御濟被成候段申聞候處大ニ安心被致右

者段々御丹精故之御事与被存猶厚く申上候樣被申付候扱來春　御上洛之
儀ニ付別紙之趣幷ニ內々吉信より申越候次第等奉伺候處十三日迄之處ハ
御沙汰之通りニ候得共其後之處ハ御承知不被遊候段被　仰聞候趣申聞候
處主人被申候ニハ　關東之模樣ニ而ハ　和宮樣ニも來春　御上洛御延引
之儀ハ略御納得ニ相成右ニ付而ハ一應　叡慮御伺之上御決定与申事ニ而
於關東も　御上洛之支度ハ一切御閣ヨ相成居候趣之處於當地廣橋殿中山
殿再ヒ關東への御暇等此節被下候樣之御事ニ而ハ東西御不都合之次第ニ
も有之且東西幷ニ街道筋迄下々動搖も可致候間　和宮樣御伺定之御直書
ハ次飛脚奧向より御內儀ゟ之封中ニ可有之哉又ハ中山殿ヵ橋本侍從殿ヵ
持參ニも可相成哉其儀ハ難計候得共何レニも右御直書相達候ハヽ何卒
主上ニも來年御延引与申儀ハ御速ニ被　聞食候段之御返答被　仰出廣橋
殿始メ再東行之御暇ハ先ツ御見合セニ相成候樣被致度儀ニ有之且又別紙
乙印之趣ニ而ハ來々年、之處ハ老中ニも御請合者申候得共下文之趣ニ而ハ

近國領主宿驛之疲弊諸民之難澁不一ト形深く心痛之旨ニ有之右ニ而者來
々年迚も格別御間合も無之儀又々御往返有之候而者如何樣御手輕与申候
而も下民奔命ニ不堪次第ニ可有之迚も御六ヶ敷事与被存候　御年回ニ付
御上洛与申儀も必竟御追福之儀ニ有之候間夫カ爲ニ數萬人之困窮中カニ
者生死ニも拘り候次第ニ至り候而ハ却而御追福御作善与も難申哉ニ付右
之邊を被爲　思召一向此度之御返事ニ先ツ此次之　御年回迄御見合セ被
遊候樣被　仰進候ハヽ誠以下民御撫育之御仁心無此上難有儀ニ可有之与
奉存候右等之邊私を以正親町三條樣迄可被申上哉与被存候得共先ツ
御殿樣迄私より申上御丹誠之程偏ニ御賴ミ申上可然御賢考被遊被下候樣
可奉願旨被申付候間此段乍恐以書取奉申上候可然御勘考之程奉願上候恐
惶拜具

十二月廿五日

○万延元年（臺本附箋）

和宮御方御縁組之御事關東ゟ内々奉願候義ニ付　御返答御趣意之趣御達被成下候付早速關東ゟ可申達候處遠路往復日數も相掛り其上兼而年寄共ゟ申越候趣も御坐候付先ッ私限り御歎願申上候處元來御斷之御趣意　先帝之皇女ニも被爲在候御事故格別　御配慮被遊候御時宜ニも被爲在候間早速關東ゟ相達於關東も篤与　御勘考被爲在候樣猶又御沙汰之趣奉畏候即年寄共ゟ申達且私ゟ御歎願申上候次第も具ニ申遣候處於關東も此度之御一條ハ一時之評議等ヲ以奉願候義ニ而ハ素より無之全く　公武御一和之御次第ハ　國朝人心之向背而已ニも無之外夷迄ゟも相響キ往々御所置之邊ゟも致關係候義ニも御座候間何卒　御一和之義顯然仕候樣与之第一御趣意之邊ニも有之於年寄共も必竟私ゟ御歎願申上候と同意之次第ニ御座候而何卒只管奉願上度其段内々私ゟ尚又　殿下ゟ奉申上候樣以早便申越候義ニ御座候間此段奉申上候右之事情何卒御汲取御勘考被成下候上可

然被　仰上被下度偏ニ奉願候事

六月

（臺本附註朱書）
右三浦七兵衞手跡

（臺本附箋）
○安政六年カ

連翥候彌堅固被相渡珍重存候然者昨日者後園之馬場も出來先々馬場開之形のミ相濟且一同相樂深く忝存候殊ニ外ニ一疋拜借重々辰存候此段厚御申入賴存候扨又此塩小鯛一尾昨日晝之　御膳ニ附候ニ付內々御下富小路ゟ被相廻別紙之通被申越候間內々見せ申候尤一寸　御手被爲附候儘ニ候予ニも一寸拜味試候處實ニ塩ゐらく扨〳〵恐入候事ニ候尤是も伺之御献立ニハ眞ノ若狹小鯛ゐと書付有之候義ニ候實ニ　上ゟ若狹小鯛ト御好ミ出候物ゐらハゐとへ時節ニより少塩ゐらく共差上ねハならぬと申事も有

之候半而から左様ニてハ無之只々目六ニて伺之義と存候左候ヘハ此頃生
魚澤山之折から个様之品　御膳ニ付候事不當之義ニ存候猶又宜く頼入存
候併一寸而から　御手附之事故御主人御頂戴試之跡ハ川へ流し可給候樣
頼入候自余内々御内儀向も穿鑿致居候事も有之候間又々近々面會之事相
頼度候倘面上萬々可申談義有之候間御苦勞頼候仍早々如此候也

五月十三日　　子和

両　士いて

聊朝夕ハ秋氣相增候彌堅固被相渡珍重存候然者過日之極密之下書岩方
へ及内談置候明日者返上可致候扨別紙之通岩方ヨリ被示越候右者召上
り物一件ニ付岩方献上之次第則先夜御臺所向取調之趣も承尤ニ存候間
決而岩幷此方ゟ催促申入候ニ而者無之候得共富小書狀之旨も難默止候

間無據又候尋問候就而ハ此岩書之通彌出來候ニ決定候事ニ候ハヽ　上
にも申上方有之安心候得共自然又殿印御時宜合如何可有之哉ト心配候
事ニ候併龍章ニも無此上丹誠之了簡ニ承候間殿印之邊大凡是ニ而御承
知ニ相成候樣之見込も有之候哉何卒龍章之處從此方一應訊問も申度候
得共夫も差越候義ニ候間何分ニも宜賴入度候實ニ御臺所邊取調も付何
方も都合ニ相成候上ニ而龍章ゟ殿印へ申入ニ相成候砌如何よしても御
不承知と申樣之事ニ而ハ誠以　主上へ申方無之大心配ニ存候右之通度
々御尋も被爲在候事一入察可給候併其方おゐても扱〳〵氣毒ハ十分察
申入候尤如何樣致ても成事ハあるならぬ事ハあらぬニ決候事ニ候得共
兎ま角　上と申物ハ左樣ニまいらに扱扱困入居候何卒宜く賴候事
一此岩書中之內ニ有之候眞如堂之寺中へ水府浪人と申而四五輩まいり候
事風聞是又實否承度候事
一和宮御方御樣子から極々內々決定之處承合候間先方之書取之儘みせ申

候呉々内々申入候間其邊差含可給候事毎々乍面働右條々申入候返事今日ニも不限候間明日ニ而も閑暇之節申越可給候也

七月念六　　子　和

両　士ヘ

「文久二年

戌正月廿五日　　早川様

「二月朔日夜達ス　（長野ヘの二通

宇六　翌三日願出ス」

/上包ニ

新春之御吉慶重疊奉申納候今以餘寒嚴敷御坐候處先以御安泰可被成御滯府于誠御苦勞之御義ニ奉存候扱私義當正月十六日無滯帰京殿下ニモ御滿悦家僕共ニも安心大慶仕候付而ハ在府中ハ萬端無御腹臟御教諭御

引廻し被成下重々難有奉謝上候　殿下ゟも宜敷御挨拶可申入旨被命段ゝ之御蔭ヲ以結構ニ被爲　仰付何共冥加之至生ゝ世ゝ忘却不仕難有奉存候實ニ不一方御懇情ト日々申出し難有奉畏候

一當十五日桔梗下異變之御義荒々奉承知何共驚入奉恐入候猶委敷御次第等御譯り被爲有候ハヽ御序ニ一寸爲御聞被下度奉願候勿論一切無御油斷御用心被下度奉企念候

一私帰京後萬端承合候處詰ル處尊地宰相典侍殿幷ニ宰相中將殿等ゟ御書面ヲ以品ゝ御不足被仰越候邊ゟ於　御所向ハ先ッ無御據品ゝ御心配被爲在昨冬之處ニ而ハ　御老中樣方御召寄可被爲在との御評議ニ御座候處諸卿之御丹誠殿下之御決斷ニて其義ハ　主上思召止ニ相成兩役衆之内御差下シニ可相成旨ニ相成其義モ何トあく殿下御勘考ニて御猶豫ニ相成有之候處此程弥議奏方之内御差下ニ可相成旨傳奏衆ヲ以被仰出候事ニ相成甚御心配被爲在　其主君樣ニも一入御配慮ニて品々藤權君ゟ

御内談も有之依之廣一位殿正三條殿岩倉殿等へ私度〻罷出十分ニ申込詰り二月御年囘濟之處迄ハ此上何共御沙汰不被爲在との事ニ相成猶其間ニハ何トカ御工夫御付ケニて議奏方御東行之義モ御沙汰止ミニ相成候樣被遊度トノ 殿下 思召ニ被爲入候扨夫是御内話之次第モ有之早川氏御上京云々之義被 仰進候次第ニ至り夫ニ付藤權君ゟ委曲被仰越候御事ニ付何事モ尊君樣御承知之通り之御事ニ付文略仕度候左候上ハ此上早川氏御上京御坐候而も左迄御六ケ敷義ハ有御坐間敷哉ト奉存候間深ハ御案思不被成候樣御同人へモ尊君ゟ御申入被下候樣仕度奉存候一右大將殿御役御免任大臣之後ハ尊君御在京中とも少〻相違ニ相成一体堂上方ニも模樣變り候義も御坐候而千種殿岩倉殿等之御周旋モ是迄通り御十分ニも難至哉とも奉存實ニ心配仕罷在候御事ニ御坐候且亦中山殿ニハ十分 主上之御意ニ不相叶哉ニ候へも當時も正三條殿へ十分ニ申上候方至極之義ト奉存候ニ付尙昨日今日早天ニも私義正三印へ罷出

丹誠仕一〻申入置候而何事モ納得被仕候事ニ御坐候付而ハ右大將殿御在勤中とハ相違正三條殿ニモ猶亦　公武御一和筋ハ勿論第一　主上と殿下との御間柄モ此上ニモ益〻水魚之御事ニ被仕度との義且極密　主上も御承知ニて正三條殿ゟ私へ品〻被仰下候御趣意モ有之至極上〻之御都合ニ相成可申ト奉存候間早川氏御上京迄之何トカ御次第付キ候樣仕度心配眞最中ニ御座候此段早川君へ委敷御申入置被下度奉願上候猶又御同君御上京御座候ニ付私義心得方萬端モ是又無御腹臓被仰示被下置候樣奉願上候尤御上京御坐候義ニ至り候ハヽ私十分ニ粉骨碎身之御奉公モ可仕候間此段御安心被成置被下度此義モ被仰入被下候樣奉願候一尊君御上京ハ凡何日比ニ相成可申哉御分り次第早〻被仰越候樣奉願候私歸京懸ケ御言傳之御品〻ハ早速　御內君樣へさし上置候間左樣御承引可被成下候將權君へハ私在府中見聞之次第ハ申ニ不及　尊君御出精之御次第ハ委細申上置候間此段申上置候

一當四日
宮樣御內祝被爲有候哉之趣先以恐悅付而ハ表
御婚禮ハ大抵何月何日と申義相分り不申哉奉伺候
右條〻之外ニ奉申上度義多端ニ御座候へとも帰京後聊不快ニモ有之且
實ニ多忙彼是御不音奉申上候段必〻不惡御用捨被下度奉願候尙御序ニ
尊地之御模樣拜承仕度奉存候尙廿八日便ニ萬〻可申上候早〻以上

戊正月廿五日夜　龍　章

三　七兵衛樣

尙以不順時氣必〻御厭勤專一ニ奉祈念候御家來御一同へも乍憚可然御
傳言奉願候私義一昨日廿三日別札之通蒙
勅許冥加之至奉畏候右ニ付而も前以段〻御配慮被成下候御義難有奉謝
上候尙拜顏之上萬々可申上候以上

（臺本附箋）
○文久二年（上包）「二月十九日御別紙寫」

極内密申試度子ぇ者舊年　和宮御下向御入城等無滯被爲濟於下拙安心忝承候處其後　御下向以前ゟ兼而　和宮御願之ヶ條尤關東ニ所司代ヲ以御懸合有之處久世大和守ゟ若狹守ニ之御請書御願之通濟來リ則關白若州より委細承り書取之儘及言上夫より　和宮ニ被爲仰進候而　和宮御請ニも相成愈關東ニ之御縁組相整候次第之一件定而貴君ニも御承知勿論之事ト存候然ル處御下向等有之於其地供奉之人中山亞相橋本宰相中將等兼而御願通之振合御取扱無之趣宮女房向ゟ承知被致又京都御時宜合も有之甚心配之上御願ヶ條之事相違之邊則兩卿ゟ勘考ヲ以巨細久世大和守ニ直樣被及應接候儀も有之且御迎ニ上京之上﨟を以大樹公奥向ニも示談之儀在之候處一体　宮御願ヶ條之儀一切於奥向ニ不承之返答も在之候所久世ゟ之返答振ト唯不造（譴カ）之意味計ニ而何事も分り兼兩卿も致シ方無之故先々其儘

ニテ各歸洛之上委曲言上又關白ニも承り不審存居候處度〻　和宮供奉之
女房宰相典侍ゟ禁中両局ゟ文通御願之ケ條一ツトして御望之件ニ相違い
たし扱又天璋院殿　和宮ゟ御面會之節之御取扱御座席等之儀甚以御會釋
御禮節も無之只普通之親子同樣之取扱ニ而何とも宮ニも御心外附女中も
恐入候次第都而相違致シ候趣數度申參り逐一ニ入　天聽又關白ニも度〻
承り居扨〻御違約之段恐存候元來老中衆ゟ書取を以御請在之候儀悉ク虛
談ト相成行候時ハ全ク奉對　主上餘り輕卒之御趣意ニも當り候哉內實ハ
御逆鱗兎ャ角御勘考中之處幸　御先帝御年回聖忌ニ付　和宮御代として
上藹　上洛在之段〻篤度御尋も御坐候得ハ宰相典侍又橋本ゟ中參り候事
ともト別ニ相違も無之候間御應接之向不遠內議奏中一人　和宮ゟ御使被
仰出御便宜ニ元來間違之次第御尋於其上ハ臨機應變之御沙汰可有之哉最
宮御入城御婚礼萬端濟せられ候上ニ彼是嚴角ニ被仰進候譯何とも御不都
合他見も如何敷御坐候得共女儀之御事其上宮中ゟ　宮御心中ニ御疑念晴

而も候御様子とも御文通ニ顯ゟ年中御暮シ御不足勝ニ相成候時も誠ニ御
氣毒　主上ニも申上候迄も無之臣下之面々各心外恐入候儀實以御違約ト相
成候而ハ各屈伏不致之譯古語ニも以力服人者非心服以德服人者中心悦而
誠服也ト申義も御坐候最武威ハ御行届今少シ撫育仁義礼加り候様希所候
扱　和宮ニも勿論附之女中ニ至迄如何ニも大樹公之御仁心其外天璋院殿御
初惣女中衆皆々實意之取扱成哉と皆々誠心ゟ咄しニ褒候時も彼是混雑之
次第ニも及申さゞる事ト今愚察候一体初發ゟ　和宮御縁組被申請度肝要ハ
公武御間柄何とかく御不和合之風聞在之仍テ四海萬民ニ至迄左様之御事
ニ而ハ更ニ不被爲在前代未聞之御縁組迄御整之御時節仲々御間柄御合ト
申辺諸國末々迄も自然と可在露顯之御深策之譯ニも有之候故既有栖川家
ニハ御縁組御治定之處ヲ御破談關東ゟ只管御懇望之義故於　上ニ天下靜謐
治世之筋ニも可相成之趣難默止被　思召御縁御治定ニも相成御入城無滯
被爲濟追々目出度御場合之處唯今ニ至り御違約ニも相成候時ハ無據　聖

慮ヲ被惱彼是表立御懸引ニも被及候ハヽ必定世上之人望種〻樣〻疑論を
生し左候ハヽ今度眼目之趣意も水之泡共相成可申哉殘念之至り何卒前顯
之始末能〻御賢考を給り　公武穩ニ相成此上眞實御和合之時ニ至り候テ
於愚拙も深畏入申候且御入城ゟ天璋院殿　和宮江御面會之御樣子女房衆
ゟ左之通り申來り候者

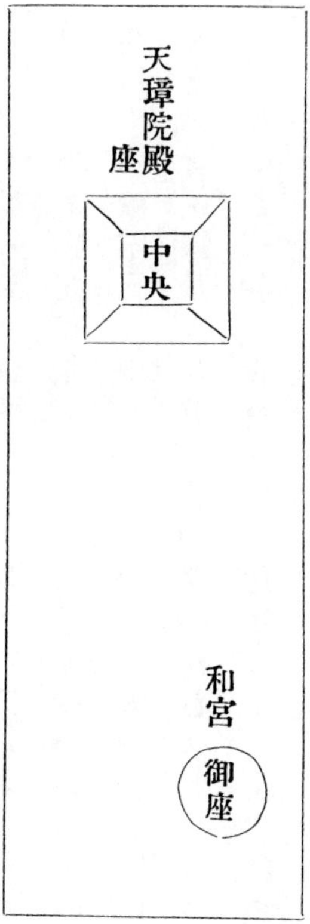

右之通ニテも御直宮之御礼も頓ト無之存候
譬ゐ御咄し申時ハ御所之御定　御父ハ仙洞　御子も　天子也若仙洞禁中

ハ御幸御對顔之砌も　天子ニ而も仙洞御父御事故御對座ニ相成申候尤
両　御所共御褥被爲成候御事ニ候臣下ニ而も子關白父前關白坐席も父ニ
而も前關白下席之夫故子之身ニ而父公下﨟ニも相成御事故矢張對坐ニ成
申候事尤褥有之砌も両人とも有之候右等之准據を以申候時ハ譬大樹公之
御母儀ニても　和宮内親王左候ハヽ天璋院殿御母儀之御事故御對坐ニテ
御褥も御同様と存候然ル處大樹公御同座之節御母儀之御事故是迄天璋院
殿計御褥と申儀ナラハ　和宮御同坐之砌皆〻御褥ハ不被設候ハヽ無難候
故呉々も禮義正シク備り候様冀所ニ候其外京風之義も宮初附女中も尤武
家之風儀是等之事共彼是混雜ニ相成候而も　禁中ハ御心配之種ニも御座
候間　公武穏ニ成様愚拙ニも實ニ御心配之餘り貴卿迄無腹臟御頼申入候
間幾重ニも御熟覽之上大樹公ハ宜敷御申述只管關白奉願候間偏ニ御憐察
之上早々天璋院殿ニも御納得被成萬〻御和談之上御設ニも改御座候様呉
々も奉希候事

二月

三浦七兵衛殿　千種少將

昨冬來內〻若州殿へ御傳達又當春之一條呉々
御滿足之事於有文も畏入候事ニ候段〻丹誠之事猶又向後宜〻賴候也
春雨徒然候彌堅固珍重存候抑此御掛物三幅對一箱極密格別之
叡慮之趣ニテ賜候由從右大將被傳候間早〻傳達候則右大將書狀相添候呉
々內〻之辺被差含候樣ニト存候仍如是候也

正月廿六日　敬

三浦七兵衛殿

千種少將殿　　建通

内啓

春雨濛然候爾來倍御清適恭喜候陳も此三幅對一箱右も昨日參　朝之節拙
被召　御前内々　御沙汰ニハ先達而以來種々之義三浦ヘ内談之事ニ付實
ニ　御異心不被爲在之辺若州ヘ通し呉候由尊君拙等取計ト深々　御滿足
ニ被爲在候右ニ付而も何事も三浦骨折氣毒被思召此御品極密從拙尊君へ
申入三浦ヘ被下度旨ニテ　御手つゟ授賜候表立而ハ御差支ニも可相成
間程能右之次第御差含ニ而本人へ宜々御通達可有之呉々不表立樣可心得
御沙汰ニ候間其辺宜く御申入可給候則御品差出候御落握可給候不乙

正月廿六日

追申急大乱書可被爲免給候也

千種少將殿　　建通

御掛物　左 芳野花
　　　　中 富士
　　　　右 龍田紅葉　三幅

御掛物三幅對一箱極密格別之
叡慮之趣ニテ家來之者へ拜戴被　仰付候由右大將殿ゟ御達傳之旨家來之者へ
御内々御渡被下候旨申聞候於忠義冥誠以難有畏入候事ニ御坐候御禮之儀
右大將殿迄宜樣御申給度御賴申候以上

正月廿七日　忠義

千種少將殿

薄暑相催候彌御多祥令恐賀候然者向日ゟ御庭樹從三浦献上從尊君御傳献
ニ相成早速被栽之處至極御詠めとも宜敷
御滿足之旨

御沙汰相伺候宜敷申セトノ御事ニ御坐候右宜ミ先方ヘ内ミ御申聞之事願
入候呉々御庭之風情も一入宜相見ヘ實ニ
御滿足之御事ニ候仍早ミ右申入度如是候也
四月十七日　　　　　　建　通
追而乍例大乱毫可被爲免給候也
千種羽林君
〆
右松ヲ七兵衞松と被称候趣七兵衞ゟ傳承
（臺本附註朱書）

頁

三民大學用書 羅孟浩著

三浦七兵衛所藏書類

三

○萬延元年

上包
「極密御内披
「三ノ十八達ス」」

内〻申上候去三日狼藉致し候而直様惡謀之内三人上京致候趣ニ相聞申候間何卒御手當方御嚴重ニ被爲在度
太守樣ニも御用心奉願候尤
殿下御參
内之間ハ九門共〆切相成候樣ニも相成間しくや御當地も櫻田竹橋田安等御門〻も通行不相成昨十一日尾紀御両家下總樣ヲ被爲召夫〻御警衛被仰出仙臺鍋島等も御出立御さし留ニて會津をも急ニ御用召相成候右樣御手當方御嚴重相成候上ならてハ惡黨之討手も難被指出ト申事ニ御座候此上も唯〻京都之處又〻起り不申樣是のミ御心配思召候此段も乍内〻貴君迄一寸申上置候已上

三月十二日　義言

○萬延元年

追日秋冷相成候へ共
太守様益御機〻ん能被爲成恐悅至極奉存候
貴館御揃弥御安泰之條奉賀候然處水老も七月上旬ゟ御不例之由之處去十
五日俄ニ衝心ニて御大切ニ付存生中御愼御免相成候様當中納言殿ゟ被願
候處愼御免ト申事ハ御沙汰無之容体次第城内外等へ被罷出候義も不苦旨
被　仰出尚又當中納言殿對面之上存生之内看病も被致度段被相願候處無
御據義ニ付水戸表へ御越少も御快節も早ゝ御參　府被成候様ニとの御沙
汰昨十八日被　仰出候得とも今朝ニ至り未御屆も無之御出立ハ御止メニ
相成候哉ニ相聞へ申候一説ニハ忠臣之者ゟ一服爲糸候哉ニも相聞へ候其

内事實相分候ハヽ可申上候昨日之事故今日御承知ニも可有之ト奉存候へ
共聞込之儘不取敢申上候先ニも右之由迄早々如斯ニ御座候已上

八月十九日

義　言

三　浦　君

乍末筆藤權君へも宜しく御傳聲希上候已上

○萬延元年

「壬三月
十四日達ス」

時氣暖和相成候先以
太守樣益御機嫌克被爲成恐悦至極奉存候
貴家弥御安康之条奉賀候
然ニも主人方御役御免ニ付内紀候ゟ御内意も有之尙又

太守様へも御用部屋より可被　仰進趣ニ付其由先便申上候事ニ御坐候然
ル處今月朔日久世侯御再出松永半六ハ箱館調役へ相轉し昨五日ニハ藥師
寺筑前守殿御用御取次御免相成又唯今川住市左衛門より申越候趣ニゐも
松平泉州侯も御腫物長引候ニ付御役御免御願被成候様御誘之由抑一時ニ
如前件御役替等有之候ハ不得其意殊ニ寄候ハヽ不日ニ大變可生も難計ト
一統心配仕候併加州細川へ討手被　仰付御両家ゟ御請之次第ヲ以相考候
へも主人漸被建直候御政事向ヲ悉皆被相改候ト计ニも相見へ不申又内紀
侯ゟ段〻被　仰越候事實支ニ候ハヽ強テ可申上程之事も有之間しく候へ
とも自然當藩を舌頭ニテ押置手ぬるた御所置相成候様ニテハ
公方様御身も危候ハんと乍恐一統御案思申上居候事ニ御坐候今日田公御
登　城
公方様へ御直話之義も有之候間其模様ニより天下之安危も豫め相分り可
申其外共専探索中ニ候間今一應申上候迄御驚キハ被下間しく奉存候へ共

先前件之次第不取敢申上候尚委しき事ハ期重便候早々以上

閏月六日　義　言

三　浦　君

尚以去月二十八日附之御狀相達し忝拜見仕候京都ニ而も御働不一通義ニ有之右も公方樣へ不殘申上有之候哉否手近ク當方ゟ田公へ迄右御書附指上候筈ニ仕候何も重便可申上候以上

（上包）
「萬延元年
閏月廿九日付
四月七日達ス」

以書付申上候追〻薄暑相催候先以太守樣益御機嫌克被爲成恐悅至極奉存候　貴君弥御安泰可被成御坐珍重奉賀候然ハ

和宮様御縁談之義此間閣老衆より
太守様へ御内問被　仰進候右御都合宜御報御坐候へも弥表向被仰進候御
都合ニ相成居候間何卒一日も早ク御調議奉祈候事ニ御坐候右等之運ひも
主人御病中ニテ何事も其儘ニ相成居候處
公方様御急之義ニ付右様運ひ相付難有事ニ御坐候
一九殿御領地之事此度御内〻被仰進候ハヽ
太守様ゟ閣老衆へ右ハ追〻運ひも付有之候處主人方病氣彼是ニて其儘
ニ相成居候ニ付右攝州よ而御望之地ヲ被進候様ニと御頼之御口上も被
爲添早〻被　仰越候ハヽ、其内運ひも付可申と奉存候此節柄之義ニ付右
等之義も無子細御承知可相成と奉存候へとも主人病中泉州侯引込何も
委敷承知之方無之聞傳位之事ニ而ハ誰レも身ニし兌御心配も被成兼候
様子ニ付右之段御含宜しく言上可被成下候
一御當地も去二十四日水戸へ惡黨共悉召捕御指出可被成旨之御催促又〻

被　仰出候いつ迄水戸ゟ召捕御さし出と申運ひニハ相成間しく左候へハ　公辺より捕手御さし向可相成右様之運ひニさへ相成候ハヽ其内ニハ埒明可申と奉存候

一紀州ゟも御下知次第人數可差出場所之義御伺相成候所其節先半藏御門外ニ屯致居候而御下知ヲ御待被成候樣ニトの御沙汰ニ相成申候惣而水府ヲ敵ニ取有之候事右之通ニ候上ハ行〻御所置付可申と奉存候此段御心得迄ニ申上候

一主人方も毎〻御懇之御尋被下候處寂早御大切ニ相成今日御奏者堀田豊前守様上使として御入來相成候間明日も御六ヶ敷ト奉存候此段も言上も被成上可被下候右ハ大混雜中任幸便申上度餘も期重便候早々以上

閏月廿九日　　長野主膳

三　七兵衛様

○萬延元年

上包「義言書狀

「三　印」

春暖之節

太守様益御機嫌克被爲成恐悦至極奉存候

貴君弥御安泰之条奉賀候

然ㇵ去三日主人御登　城之於途中水府惡黨共及狼藉此方供廻リ之者不意

ヲ討レ即死四人續而貮人都合六人死亡手負十五人惡黨共ハ七人即死手負

七八人存生之者細川家へ御預ケニ相成今日より五家へ御預ケ替ニ相成候主

人も痛手ヲ被負心痛此事ニ奉存候

公方様御英斷ニ而此間も仙台鍋島交代之處此度之大變鎮リ候迄ハ御用向

も可有之ニ付滯留と被　仰出其外大國之向も皆滯留ニ相成可申いつれ其

内ニハ治世之道開ケ可申ト奉存候又らの狼藉者共去月十七八日於水戸表

◎林志ハ綸旨ノ隠語カ

同藩之内當中納言殿附之者ヲ及殺害是も大變ヲいたし其外處〻ニ而及乱妨候次第ハ追〻御聞ニも相成候ハん御當方も御役中ト申且一昨年來之通り林志申受行〻御本丸乘取り候手段も可有之由ニ付不容易次第一時ニも難取扱前代未聞之大變ト相成申候併追〻御所置ニ可相成候へハ當地之義ハ宜候へ共京都ニ而も嘸色々虚言等申立又々動揺いたさせ候ハんト深心配仕候何卒夫々一昨年之通御手配相成候樣御用部屋より両度被　仰進候義ニ付是よりハ御無沙汰打過キ申候色〻申上度候へ共大混雜何も追々可申上候

一和宮様一件も被仰下右ハ少〻遲ク候共行々御都合よろしく相成候樣奉頼候いつれも御當地今暫いたし候ハヽ鎮リ可申左候ハヽ又々可申上と奉存候先御取込中さつと申上度如此ニ御坐候已上

三月九日　義言

三浦君

尚〻小長君ゟ御手紙被下候へ共今便も御返事不申上候間宜しく御申上

可被下候已上

上包
「長野書狀
「三月廿五達ス」」

去十二日出之飛脚到着貴翰忝拜見仕候春暖相催候へ共兎角不順之氣候先
以
太守樣益御機〻ん克被爲成恐悅至極奉存候
貴館御揃弥御安泰御奉仕之條奉賀候
然ㇵ去三日大變ニ付閣老方ゟ被仰進早速
帝都幷口々御警衛御手當向等夫々御行屆之事被仰付於主人も第一御安心
全ク
太守樣之御働ニテ上方之事も御安心相成候条御手紙其儘御側衆之方へも
御廻し田公始へ申上ニ相成候事ニ御坐候扨亦當地其後之模樣相變候義も

無之候へ共水戸表ニてハ籠城いたし專ら浪人躰之者共も召抱ニ相成候趣
又當地惡黨共も以今徘徊いたし候哉ニ而十四日夜ニも生麥辺トカニ夜分
二十人計も飛道具持候而怪しき者有之趣早速八州廻リ駈付候へ共手ニ入
不申十六日ニハ田安御門内へ二三人も入込候哉ニ而田公御退出暫ク御見
合セニ相成候位之事故追〻御手當嚴重ニ被仰出候へ共未タ何とも見留付
不申唯今之處ニ而ハ郭內御警衞御手當專らニ御坐候扨先月十八日水戸海
道長岡ト申處ニ天狗連之二男三男迄其外野武士躰之者惣而二百人計集り
往來を妨強盜同樣之振舞致候ニ付水戸ゟ二百人計討手出候へ共討手之內
百人計ハ天狗之同志之者ニ而是も捕損し其後も種々之惡黨非道ヲ働候樣
子ニ付いつきニも自滅ハ可致候得とも右樣之次第ニ付市中さハら敷候處
昨今ニ相成少〻落付候樣子ニ御坐候右樣之始末ニ付御當地之義も不及力
其內ニハ何と欤
御沙汰ニ可相成と皆〻手ヲ揃相待候樣子當家も上方御守護も有之候ニ付

彥根表〻ハ格別之人數ハ出不申候得共夫ニ而も木俣清左衞門長野伊豆始
人數も餘程出府當領分佐野〻も千人餘も出府いさし候位之事諸家樣も同
樣カト奉存候左候へハ方今
帝都ヲ始上方之御取締專一之御事ト奉存候折柄右御狀拜見一統安悅難有
奉存候事ニ御坐候
一右ニ付先日申上候
和宮樣之一条其翌日ニも閣老方〻可被仰進筈之處其日より泉州侯類疔
ニ而御引込以今御出勤無之餘り遲々相成候ニ付泉州侯御出勤不相成候
共早々御評議一決被仰進候樣可被遊之旨田公〻も御沙汰ニ候間一日も
早くかの御緣組御取極相成候樣ニと奉存候いろ〳〵申上度候得共只今
又々出殿之旨申來候間餘ハ後便可申上候以上
三月十九日　　　　　　　　　　義　言
三　浦　君

尙〻藤權君へも宜しく奉願候每〻う六へ御傳言被下申聞候處尙亦宜敷
申上候樣中出候已上

上包
「萬延元年
「三ノ廿四日達ス」」

以剪紙啓上仕候然者昨冬　御休息へ主人方を被爲召
上意ニも如前々
公武之間眞實御睦敷被遊度依之折〻御機嫌をも御伺被遊且從御手許御內
〻被進度御品も被爲在候折柄幸ひ當家ハ九殿と格別之由緒も有之段被
聞食主人方ゟ可然執計候樣被
仰出候ニ付其節御直書ヲ以被申上
殿下も御承知相成居候事も先達而委敷申上候事ニ候扨其後も申上候通り
右御品先月中ニ御出來相成實ハ當月上旬ニ而拙者持參上京之手筈ニ仕居

候處去三日之大變ニ而何處ニても無之漸〻此節右御品其儘ニ被成置候譯ニも不相成御内間も御混雑ニ候へ共表御用向も片時も等閑難相成別而是も
公方樣御深情ゟ被
仰出候事ニ付須臾も難差置筋ニ有之間主人乍病中御品物も急〻
殿下御手許迄指上御執計いゝ御願被成度御評決相成兩三日之内ニも閣老方より
太守樣へ向ケ御贈可相成筈ニ御坐候右京着仕候ハヽ
殿下へ御熟談被下置自然此節之儀ニ付時宜御見計之事も有之候ハヽ御品物ハ
殿下御手許ニ而も
太守樣御手許ニ而も御預リ置被遊候而御都合宜節御執計被下置候樣御賴
思召候此旨貴君迄可申上旨被仰付候間可然御取繕言上可被成下候先も不

取敢右之段申上度書餘期重便之時候恐懼謹言

三月二十日

長野主膳

三浦七兵衛様

上包

「萬延元年

三月十八日達ス」

春暖相催候處先以

太守様益御機〻ん克被爲成恐悦至極奉存候

貴君彌御安泰御勤務之條奉賀候然ハ

公方様御年齢ニも被爲成候ニ付テハ是迄御先規も被爲在候事故

皇女之内御申下シ

御緣組被遊度主人始御老中方ニも御懇願ニ御坐候折柄此度惡黨共及狼藉

市中爲致動搖不容易御時節ニ至リ實ニ一昨年來

公武之間ヲ妨ヶ候手段ニも及懸候處厚キ
叡慮ヲ以公武倍〻御一和之旨被
仰出天下安堵之地ニ住し候處又〻惡謀共此度之如ク蜂起いさし種〻虛說
も流布致候趣ニ候へとも早ク天下之疑惑ヲ散し不申而も不相成付テハ
皇女之內ニも御年長ニ被爲在候
和宮ヲ御申下し
御緣組被遊候ハヽ御國內とも勿論諸夷迄も弥
公武御一和之義ヲ存第一御國躰之御爲ニも可相成候へハ何卒右樣之運ひ
ニ相成候樣被遊度候尤
和宮御方ハ有栖川師宮ニ御緣談被
仰出候由之處有栖川宮ニとも御薄祿ニテ右
和宮樣ヲ御申請ニ而とも忽チ御賄何角ニ御迷惑之趣內實ハ
和宮樣丙午之御年ニ被爲在候故中務卿宮ニも深く御恐怖之由相聞候へハ

いつれ右御緣談も相成間しく由内々風聞も有之左候へも
和宮樣ヲ御申下シト相成候ハヽ御惣方共御都合之御事歟と　思召候併右
樣之次第も被承込候事故先御內〻　殿下へ被　仰上御厚談之上可然御
取計ひ被成進候樣ニと思召候此事御老中樣方〻も被　仰進候筈ニテ猶主
人〻も御直書ヲ以被　仰進度思召候へとも此節御不快中ニ付先拙子〻貴
君迄申上候樣被　仰付候間宜被　仰上何卒一日も早ク
御緣組御整被爲在候樣御心配之儀偏ニ御賴思召候
右不取敢申上度餘も期重便候恐〻謹言

三月十二日　　　　長野主膳

三浦七兵衛樣

乍末筆藤權君へも宜御傳聲奉希候以上

○文久元年カ

「藤田高木両名ゟ」
「十一月廿九日達ス」

一筆啓上仕候追日寒氣相募申候處愈御安榮可被成御坐ト奉賀上候定而御
日積り之通御着府今程も嘸〻御用繁ニ可被爲在ト遠察仕候扨貴所樣迄申
上候樣
御沙汰之趣左ニ申上候
一日光御門主來四月御上京之趣ニ御坐候處兼テ御承知之通御門主抔も御
參　內有之候得も御內儀迄ニ而被出彼青蓮院抔既ニ
御前ニ於而御酒抔も被下候而色〻御雜話も申上候樣之事故日光御門主
ニ而御上京之上も
御前ニテ定而御雜話も可有之哉遠境之御方故珍敷御地之事とも
御尋可被遊哉ニ而難計其節御地ニ而夷人徘徊混雜等之御咄大増ニ有之候
テハ以之外之義ニテ若左樣之事より又〻

御逆鱗起り若狹守も不存義ニ可有之右樣之事ニ而も其儘ニ難差置候間
是非老中之内上京爲致可申抔ト申樣之事相發し候而も又一騷キニ相成
候間日門上京之義も無之方宜候へ共併左樣ニも難參義ニ可有之候間右
之意味合早川庄二郎樣トトクト御話被成日門上京前大和守樣ゟ寺社奉
行になりとも篤と御含寺社奉行ゟ上野執當になりとも篤と御談ニ而外
夷之事ニ付テハ假令
主上ゟ御尋被爲在候而も一向如何樣之模樣ニ候哉御存無之位之御積ニ
無之候而ハ纔之御雜話より不測之難事を引起可申哉も難計と御心配被
遊候併右樣兼而廻し置候ト申儀萬一
御所向へ響候而も猶更大事之義ニ付庄二郎樣ニも篤ト御勘考被成下何
分可然御取計被下候樣精々貴所樣より御申上被下候樣仕度奉存候兼テ
之年限ニ至候節も何れ一論有之儀ニも候得とも夫迄之處可相成丈鎮靜
ニ被成度右之段貴所樣御在府中ニ庄二郎樣ニ御直話有之候へハ御行屆

ニ可相成候間此段差急申上候樣被
仰付候付申上候義ニ御坐候不文萬〻御推覽奉願候已上

十一月廿一日　　高木作左衛門
　　　　　　　　藤田權兵衛

三浦七兵衛樣

猶以
御上益御機嫌克明日も知恩院養源院ゟ御參詣被遊候段被　仰出候位ニ
御座候間御安心可被成候尊宅御內君樣御安全被爲在候間御休意可被成
候小藤も無異日〻御待申候模樣ニ承り申候書餘後音萬〻頓首

「萬延壬三月八日達」
「彥根長野書狀」

追日暖和之時節ニ相成候先以

太守様益御機嫌克被爲成恐悅至極奉存候貴君弥御安康御勤務之条奉賀候
然者去月廿五日之尊翰相達し忝拜見仕候其節被仰越候条〻御尤至極奉存
候ニ付右御手紙ニ愚案書添仕早速田公へも入
御覽
公方様へも相通し候運ひニ仕候間左様思召可被下候
扨先頃ゟ上方之御摸様深奉案思候處御手當方御行屆
殿下
太守様御用心追〻御嚴重相成候由承之安悅此事ニ奉存候尚又於伏見表金
子孫次郎中口幷去月二十三日大坂ニテ三人自殺之次第同日両人被召捕夫
々申口當地之御吟味申口ト符合仕何れも不容易隱謀今暫其儘ニ被成置候
ハヽ猶如何之大變ヲ釀し候哉も難計之處全
太守様ヲ奉始市尹方幷両口組御手先之人々事馴格別之働ニ而手易ク隱謀
之證を被顯御當地ニ而も上方之御行屆御稱歎不一通候尚追々御手當御嚴

重ニ相成候事故無程治世之道も開け可申ト少〻安心仕候折柄此節又〻水戸街道長岡宿ニ而天狗之殘黨參會致し去月三日同樣之乱妨相企有之趣相聞旁以是迄之通御所置方遲々相成候而ハ片時も安地ニ難住尙又當家御役中ニ而も惣方ニ御遠慮有之不宜哉ニ而一昨晦日

思召有之御役御免ト

被仰出候間此段御吹聽宜申上可被下候尤此度之　思召ハ世間普通之譯とハ相違候趣ニ而當日主人麻上下ニ而之　御用召ニ候へ共此節柄御賞等の事ニ而手ぬるき御所置相成候而も天下之大事と案思居候處

御英斷ニテ當方ハ前件之通相成且同日水府ゟも

於外櫻田及乱妨候者共水戸殿家來之由申立候ニ付當分之內御登

城御見合被成候樣可申上事

右之通被　仰出候趣左候へも水府ゟ御疑念かゝり候事顯然と仕候間此上も須臾も其儘被差置候譯ニも相成間しく將又當方へハ同日昨朔日共両日

閣老衆ゟ御内使來り内〻被申聞候ニも此度之御役御免も御家之御誠忠ニ對し如何ニ茂難忍御所置ニ候へ共實も先日來兎角手ぬるき評議ニ相成櫻田へ格別之御賞を被下右ニテ一藩をきつめ水府も暴惡之者計召捕其儘相濟候哉ニも被存察スル處樞要之御役方へ惡謀より手が廻り候事と被存候間此儘ニ而ハ忽一大事之場ニ至り可申ト存し無御據今日之通り相成候へ共併櫻田之誠忠天下ニ知ル處

公方様ニも御身代りニ御立セ被

思召候實ニ御家之精忠無之時も天下ハ三年以前ニ危ク相見ゆ左候へハ是迄天下之壽を保候事ハ全ク御家之勤功ニ有之候間此上も

勅諚御催促被

仰出違　勅違　命之罪を罰し而井伊誠忠之跡ヲ繼候様可致候間一家中之者右之處ハ本懷ニ可有之必粗忽ニ騷立候様之事無之様取鎮置

御下知ヲ相待候ハヽ是迄御勤功之御賞ハ追テ相分可申上の御事ニ付當方

ゟ御答ニも段々厚キ
思召之段難有仕合奉存候乍去主人方底意ハ唯今一命ニ換候而も天下治平
御安穩之場ニ至候事ヲ被相願候事ニ付臣下一同其志ヲ繼度之外無之候へ
共御世泰平之後ハ兎モ角も
思召ニ從ひ可申候へ共只今之處ニテ聊ニ而も御所置方御猶豫御油斷被爲
在候而ハ實ニ天下之安危ハ申迄も無之國家之存亡此一事ニ有之自然右樣
之時節ニ至候而ハ厚キ
思召も更ニ相立申間しく當方ニも折角之
御恩賞長ク可相保程も無覺束既ニ一昨年來惡謀共當家へ切込
綸旨ヲ申下し候企ハ唯今ニ至候而ハ其儀ハ相成間しく候へ共外國之御所
置ヲ惡候樣ニ申なし衆人之心ヲ爲迷候ハ他ニあられ京都へ對シ忠憤之体
ニ持なし終ニハ内謀之
勅諚申下シ度トノ姦計有之夫故是迄外國之御所置方甚六ケ敷只今惡謀申

立之種ト相成候事ハ兼テ御承知之御事此度又長岡之集會夷船打拂ヲ名ト
致し候事一昨年同樣之叛逆眼前ニ及候上ハ早ク億兆之塗炭ヲ可救之御所
置有之候樣ニと相願候事ニ御座候右之通之次第ニ付最早不遠内何と欤御
所置方御發し可相成候間返ス〳〵も京地之處無御油斷御用心偏ニ奉願度
奉存候

一安藤對州侯之門番ニ天狗連之内住込居候ニ付昨日ゟ八人と欤番人被附
候趣追〻惡謀者御手ニ入大慶奉存候

先ヽ御役御免之御吹聽旁當地の形勢申上度餘も期後音候以上

閏三月二日　長野義言

三浦君

○文久元年（臺本附箋）

十月二十一日大津驛岩倉少將旅館ニ而

三浦七兵衛所藏書類

勅諚御傳云〻

一御譲位御一条之事若狭守様ゟ言上之趣も有之
御満足被　思召候由猶遠江守殿ゟも可申聞トノ
勅命之趣被仰聞候御老中方よりも御請書請取られ帰洛被致候様ニとの
勅諚之旨をも被仰聞候事
此儀も決テ無之御事虚説ニテ被悩
叡慮候御義も甚以恐入候御事ニ御坐候遠江守殿命ニ換御請合被成候
旨御請被申上候處殊之外安心被致候由被申聞候御老中方ゟ證書御請
取被成度トノ御儀ハいつきニも周旋可被成旨をも被申上候處誠ニ被
歡御体ニ相見申候事
一若州両士之内一人出府之事全若州名代と被
思召御安心之事
此義も營中ニテ御老中方へ両卿御内話出來候然其御席ゟ可連との義

も如何可有御坐哉尤著府之上周旋ハ可被成候得共御請合も難相成尤御老中方御宅抔ゟ罷出御内談等申上候義も苦ヶ間敷哉ト被存候旨御挨拶有之候処尤之様ニも被聞取候様子ニ御坐候事

一精々久世安藤ゟ面談之様
思召候得共段々若州言上之旨も有之候事故遠州両朝臣和州對州中使ニテも不苦
思召候事
此義も
和宮様御下向別段之御續柄ニも被爲成候ニ付テハ先格ヲ可論筋ニも有之間敷哉御先例も無之
御入輿之御義ニも有之
公武御合体御一和之義ヲ第一ニ可存トノ由御内話ニ付右も別段之御儀ニ付着府之上何トカ周旋可相成旨御答被申上候事

一御國体之事夷狄之事ニ付而も伺定欲列藩三五人評定衆之辺熟談之事不
可然与若州言上之旨尤ト被
聞食候ニ付是迄御不審之義如何哉平和ニ其手續ヲ承り帰候様之事
此義も遠江守殿御役間も無之外夷御所置振等之義何共御答被成兼候
尤右之段御老中方ヘ可被　仰達趣被申上候處尤之答之様ニ被聞取候
様子ニ相見申候事
但私限ニ内〻可承との趣ニテ御内話有之候も下總守殿上京之節被仰
上候五ケ國之外フロイス条約御取結之譯柄幷
公方様御遊亭之地濱御殿ヲ外國人ヘ御貸渡し可被成旨被　仰出候處
外夷ゟ御斷申上代りニ御殿山ヲ外國人居留場ニ御貸渡相成候譯且又
交易御開相成候以後諸物價高直ニ相成候迄ニテ諸民及窮迫而已ニ有
之御國益ニも相成候ハヽ又可也ニ候得共左様之義も無之諸民申唱候
ニハ關東ニテ外國人を如親族御愛し被成御國民之難澁をも御搆ひ無

之様との口氣も有之御救助筋之義
勅命有之候得共其儘ニ被成置候抔トノ議論も少〻出候得共伺候計ニ
而何共御請も不仕候將又七八年乃至十ヶ年ニ外夷御拒絶トノ儀も如
何樣之御所置ニ而御拒絶ニ可相成候哉トノ趣をも內々被咄候得とも
是又御請も不仕候尤時勢無餘儀事も其段無御腹藏御答相成候樣被致
度由被申聞候
和宮樣御下向後ハ御名之和之文字通り
公武御一和ニ相成紙一枚も御隔意無之天下一ニ帰候樣被遊度との
叡慮之山吳〻も被申聞候義ニ御坐候江戶表着之上御老中方御逢ニ相
成御不審之廉御尋被成候節も必右樣之廉〻を御尋相成候義も恐察仕
候此義も着府之上早速御老中方ゟ可申上と奉存候事
一兵庫之事昨日被　仰落候ニ付別紙被添置候事
右同斷御答被申達候事

但私限ニ御内話有之候ゟ
和宮様御下向以後間もなく兵庫港御開相成候様ニ而も諸民惑乱可致
抔との趣も噂御坐候事
一昨廿一日千種少將殿岩倉少將殿へ別段
勅諚有之披封拜見被致候迄ハ甚被驚候由之處右御主意も關東下向之上
千種ニも打合御熟和相整候上三ヶ条之趣可申達トノ
勅諚ニテ安心被致候旨内話ニ御坐候
一ヶ條
若狹守様當御役永く御勤被遊御轉役等之義不被爲在候様被成度トノ
御事
二ヶ條
貴所様幷七兵衞殿
御所向御用御勤ニ相成議奏衆ニ御面談相成候様両士共精忠

公武御合体之儀ヲ周旋被成候ニ付右之通相成候得とも御都合宜敷トの
御事

三ヶ條

加納繁三郎義精忠

公武御合体之義を厚く心掛候由ニ付身分町奉行与力ニ而も輕ク候間

御取立之事

右之通相成候様被遊度トノ

叡慮之由密〻御咄有之候事

十月廿二日

○安政五年

八月廿日水府之衞士ゟ被渡候達

相達之覺

物頭已上幷
御役方之面〻

此度
公辺之御爲重き被爲蒙
勅諚を御家中之面々別而敬愼御奉公大切可相心得旨内達いたし置候樣ニ
との御事ニ候

七月六日越前侯家中へ直達書
中將樣御直書
今般被　仰出候一件ニ付定而一統不服之向も可有之候得とも我等義從來
丹誠相盡し候ハ畢竟御家門之身故只管
公辺御爲筋存詰候義ニ而一身之義吉凶禍福を厭候所存聊以て無之事ニ候
殊更今般家督之義無相違日向守ゟ被下置候上ハ益　御國内之御治平も

不及申　公辺永久之御榮誓而神明ニ可致聞〻祈存居候間家來ともニ於て
も心得違不致各其職分相守我等同様日向守へも忠勤相勵候事肝要ニ候萬
一感憤ニ堪かね不平之所爲等有之候ハヽ其心假令忠義ニ候とも我等存意
ニ相叶不申候間何分我等從來之趣意柄篤と相心得　公邊之御義麁略ニ
不可存者也

安政五年七月六日

中　　将花押

有栖川一品太宰帥熾仁親王

今般亞異一條從關東言上相成即今廟堂之議ニ不預候得とも藩邸之末
を辱し先國家之大事を不忍坐視ニ顧（不脫カ）恐不顧惶言上仕候事
頻年醜夷東海ニ濫入し誘ふニ交易之道をもつてし次ニ合衆國との和親を
勸む尤も少くも其請ふ處を拒む時ハ羣夷連結して大炮軍艦ヲ以テ來り侵

さんといふニ誑惑せられて無智属吏とも利欲ニ眼闇と虚喝戰慄し皇國之大耻辱なるニ不心付辟易逡巡するより乘して終ニ登營して謁見し數條之盟約ヲ結ふ中ニ甲幹を日本數ヶ所ニ在留せし免恣ニ横行して邪宗之制禁を毀等之數件全ク彼ら奸謀ニ陥る事終ニ達
天聽衆議ヲ建白し
宸襟を悩するニ至る恐懼千萬最不便之至也抑弘安文永之度武夫とも戰爭ニ心を盡シ防禦數度ニおよひ
神明之威風以て西海ニ沈滅をし免訖中頃將軍家天下ニ命令し西洋之邪宗を嚴禁をり今條約を結ふ是邪毒之た免ニ骨肉ニ入るに若今是を拒絶をずんハ蕩〻たる神國永ク彼ら属と成清潔なる國土腥臭之穢地トならん事鏡よかけくみるが如く且踏繪之法毀時ハ邪宗門大ニ流行し皇國古來の神道廢をられ人倫の道を棄ん國内人心乱離しく實地衰ひ神怒り人怨ミ天變地妖交〻臻るといへとも属吏とも魂魄を奪ハれ醜夷ニ信服しく邪毒を流布

し皇國を穢す事實ニ盃賊憎むへきの大なるもの之且醜夷應接ニ拘る者ともを黜け外寇を拒絶をずんむ西戎北狄漸ゝ蟻附し皇國之膏腴を毀盡し犬羊ト部伍をなし士民塗炭ニ苦まん事歎くへく憂へし仰願くハ一刻も早ク勅を征夷府ニ賜ふく外賊を征伐し四海無事ならんとを且地之利ハ人の和ニ忝らず努力嚴誠を万國ニ照輝し永世不易之浩（洪イ）基を保護せしめん事奉願

熾仁謹言

三月廿日越中守殿御渡

黒　川　左　仲

箱館表おゐて外國人ニ地所貸渡方之儀箱館奉行申談可成丈住居之場所藏地共一纏ニ相成候様精々力を盡し及應接候様可被致候尤差急キ候義ニ付旅裝等も格別省略致支配向も人數少々召連候積可被心得候事

三月二十日　間部下總守

領分越前之國之內壹萬石村替被
仰付候別段此度京都御使之義も御用柄格別心勞致長々之在京難義之趣達
御聽候然處越前之國之義も至ゐ薄地之場所ニゐ取納少之趣被　聞召候付
勤柄格別之以　思召今度村替之御沙汰ニ被及候
右於奥備後守相達之

御刀
備中國守次
御脇指
備前國盛重
同
備前國兼定

右も御指故何ゟ代金無御座候乍併元も五拾枚ッヽ之御品之由當時之處
ニ而も何ゟ百金以上之御品之由承リ申候
（以下二行朱書）
右御達書之外ニ別段御懸之
上意御座候趣承知仕候ニ付色々聞合候得共何分相分リ不申候

近衛殿老女
村岡　七十四才

三條家〻來
丹羽豊前守　三十三才

御藏小舍人
安藝守悴
山科出雲守　五十才

封廻狀

一通ヽ尋之上松平丹波守
家來ゟ預差返ス

一通尋之上加藤出羽守
家來へ預差返ス

久我家〻來
　春日讃岐守　四十九才

三條家〻來
　富田織部　四十五才

大覺寺門跡家來
　六物空萬　五十九才

一通尋之上岡部筑前守家來ら預差返ス

一通尋之上伊東修理大夫家來へ預差返ス

右於評定所松平伯耆守久貝因幡守池田播磨守石谷因幡守松平久之丞立合伯耆守因幡守播磨守申渡之

三月廿日

一去ル日失念仕候長崎唐人屋敷燒失之由承リ申候

三月廿一日御下部屋御咄合寫

掃部頭今日登　城被致候處大老職被　仰付候以來御用向格別多端ニ候處
日々登　城ニ付而も彼是格外物入多ニも相聞可爲難義と
思召候依之御手元金之内貳万両拜借被
仰付難有奉存候事

三月廿五日

封廻狀

一條殿家來　入江雅樂頭　四十一才

三條家ミ來　森寺因幡守　六十九才

一條殿家來　若松杢權頭

一通尋之上岡部筑前守家來へ預差返ス

一通り尋之上加藤出羽守家來へ預差返ス

三浦七兵衛所藏書類

尋之上預ヶ差返ス

一通尋之上生駒徳太郎
家來へ預差返ス

一通尋之上牢内へ
差返ス

近衛殿老女　村岡

奥州岩城盤前郡
住吉村
遍照院役僧　長善院知順　二十六才

常州茨城郡中大村
百姓甚右衛門事
當時變名　奥田隼人　二十六才

行方郡矢畑村
百姓　峯十　五十二才

右於評定所松平伯耆守久貝因幡守池田播磨守石谷因幡守松平久之丞
立合伯耆守播磨守因幡守申渡之

一二月中ゟ乗馬
上覽可被　仰出去ル卯年之通俄ニ可被
仰出と申評判ニ而其後三月十五日ニも多分可被仰出沙汰ニ御座候処今
日ニ未何之被仰出も無御座候

三月廿四日
一諸侯樣方御遠馬之一條ニ付先御差留之御達御座候得共是も表ゟ可申上
と奉存候間別段不奉申上候

島田左兵衛權大尉

御用向
三浦於恒樣

一翰致啓上候餘寒之砌先以無御滯御留主宅御勇健之条珍重奉恭賀候然ㇾ
七兵衛樣御留主中爲御尋從　關白殿御手元白銀拾枚被下之候且亦別段
思食ヲ以別紙目錄之通御內々御前樣へ被下之度との　御沙汰ニ付則御達
し申入候尤上﨟共ゟ御達し可申入之處拙者ゟ可申入旨申聞候ニ付左樣御
心得可被成候先ハ可得貴意如斯御座候早々已上

三月四日

尙以御前樣へ被下候御品ハ跡ゟ御廻し可申入候間是又左ニ御承引可被下
候已上

(原朱)
右一紙

一眞御太刀　御傳來御秘藏之內　一腰

右昨年上京以來
公武深密御用向格別出精被相務候条深御感之御事ニ被爲
思食御褒美として書顯之御物可被　下置

台命之事

陶化殿下御使

島田龍章奉之

未九月朔日

三浦七兵衛殿

(原朱)右一紙

目録

一時服　一重

一肴　一折

以上

(原朱)右一紙

「千種殿御書取」

今度万里小路前大納言武家傳奏御役辭退之事無據次第扨〻氣之毒成儀ニ

候扨昨年極內々從閣老衆被申越候水府之儀尤両卿限ト ノ事ニ候得共時之
殿下之事ニ候得も內々御心得迄ニ申上置候處又外公ゟ爲被申上候義如何
之風聞在之實ニ當惑被致候此儀も其比陽明殿以下御評定ニテ水府黃門ゟ
直
勅諚可被爲在ト之御時宜有之右ハ是迄三家衆ゟ直
勅有之候例無之不容易御事　公武之御間柄ニも拘リ可申哉ト實ニ寢食不
安何卒致シ此義御止メ被申上度肝膽をくたられ候得共無致方當惑心痛之
餘リ彼陽明殿ニハ不外成御門流之事故內々申上置候得も又御勘考之一助
とも相成自然御直達辺御止ニも可相成哉ト被存極密被申上候處不存寄御
次第ニ相成私心邪曲之心底ニも相聞へ候得共毛頭左樣之次第ニテハ無之
只々
公武御隔ニ相成候而ハ實々御一大事ト被存候義ケ樣ニ成行候事ニ候且又
將軍

宣下之事も實も彼是と諸臣言上之方も有之候得共是迄通ﾘ速ニ
勅許無之而ハ是又
公武御隔絶ヶ間敷相成何共不御宜被存候より正親町三條中納言ニも段々
被申合候而實ニ擲身命被相働候ニ付如先規將軍
宣下被
仰出候次第乍去何分不容易御時節段々入もつき不忠之至と相聞へ御役辞
退ニ相成誠ニ不運と恐懼歎息被致居候併如此被申候テハ自負ヶ間敷相あ
さり候間彼卿ニハ決心被致居候得とも實々氣毒見るニ不忍儀候間責テ之
儀九牛之一毛ながら內々其筋へ右躰相聞へ候ハヽ彼卿之聊本懷ト存候ニ
付荒增書取候事

正月廿三日

原書右三浦手跡之（臺本附註朱書）

〔富小路殿書狀〕

今朝も光車畏入存候弥御安泰令賀候然ハ早速參
朝於
御前申上候處大ニ〳〵御滿足先日來無之程之御樣子大御安心之御事實ニ
若州之心底大御悅ニテ被爲在猶宜しく可申入との
御沙汰ニ候則本紙令返上候正御落手可給候扨又一件早速殿下へ如別紙御
書添ニ而被遣候處又別書御返答有之候故內〻尊公迄被遣被下候樣被　仰
下候先方へ宜く御通置可給候どうら承候へも明日未刻比ニハ何之御用欤
不存候へ共若州殿下へ參入候事有之ト申居候よし今朝武傳行向之砌申居
候よしニ候間同クハ夫迄ニ御通達可給哉若シ間部ノ返答ニ候ハヽ押へ置
候て先若州參入ニ相成候ハヽ都合宜しき欤何分如別紙殿下迄ハ參リ有之
候左思召可給候仍早〻內〻御沙汰之邊申入候也謹言

二月十日夜半　　　　　　　　　　　　敬　直

千種少將殿

勅諚書

先般墨夷仮條約無餘儀次第ニ而於神奈川調印使節ニ被渡候儀猶亦委細間部下總守上京之趣候得共先達而

勅答諸大名衆議被

聞食度被　仰出候詮ぎ無之誠　皇國重大之儀調印之後言上　大樹公

叡慮御伺之御趣意不相立尤

勅答之御次節ニ相背輕卒之取計　大樹公賢明之處有司心得如何ト御不審被

思食候右樣之次第ニ而も蠻夷之儀ハ御差置方今御國內之治乱如何ト更深被惱

叡慮候何卒　公武御實情を被盡御合躰永久安全之樣ニと偏ニ被

思召候三家或大老上京被
仰出候處水戸尾張両家愼中之趣被
聞食且亦其餘宗室之向ニも同樣御沙汰之由も被
聞食及候右ㇾ何等之罪狀ニ候哉難被計候得共柳營羽翼之面々當今外夷追
ゝ入津不容易之時節旣人心之帰向ニも可相拘旁被惱
宸衷候兼ゐ三家以下諸大名衆議被
聞召度被
仰出候者全永世安全
公武御合躰ニテ被安
叡慮候樣被
思食候儀外虜計之儀ニも無之内憂有之候ゐㇾ殊更深被惱
宸襟候彼是國家之大事ニ候間大老閣老其他三家三卿家門列藩譜代共一同
群議評定有之誠心之心を以得と相正シ國内治平

公武御合体弥御長久之様徳川御家を扶助有之内ヲ整外夷之侮ヲ不受様ニ
ト被
思食候早々可致商議
勅諚之事

別紙

勅諚之趣被　仰進候右ハ國家之大事ŧ勿論徳川家ヲ御扶助之
思召候間會議在之御安全之様可有勘考旨以出格之
思食被
仰出候間猶同列之方々三卿家門之衆以上隱居ニ至迄列藩一同ニも御趣意
相心得候様向々ゟも傳達可有之被
仰出候已上

「江戸詰
　成田氏來狀」

一翰奉拜呈候追日冷氣相增候處益御安泰被成御勤仕珍重御儀奉存候然ㇵ水府樣一條去月廿七日御濟許も御座候世上ニも安心致し候哉人心も穩ニ相成候哉ニ奉存候右一件認方如何敷御座候得とも指急キ下書之儘さし上候間宜敷被　仰上被下度奉賴上候

一水戸家
上使松平左兵衛督樣御越之處大門ヲ閉一時半計不開其間ニ如何敷浪人体之者追〻聚り
上意之趣如何可有御座候哉と御駕籠之脇ㇾ參り下駄をはきならら相伺候者も有之中ニも御駕籠へ手ヲ懸ヶ候者も御坐候哉ニ相聞五分月代之浪人体之者御門內へ大勢聚り
上意之趣如何と云きりニ尋候得共左兵衛督樣ニも少シも御取合無之一

時半计御門前ニ被成御待候趣ニ御座候至極御評判も御宜其節御立戻り
右之御始末被　仰上候而又上塗を致し候事ニも相成上使御無禮之御ヶ
條ニも不相成穏ニ相濟候事ニ御座候夫々
上意之趣御達ニ相成候處中々以御家老御請書不指出余程之間致漸々御
請書指上無滯御帰りニ相成候
上意之趣被　仰渡候迄ハ御家屋内外誠ニ動揺いたし候處被
仰渡候而安心致し候者哉一時ニ靜ニ相成候趣ニ御座候
一御所様ニも去月廿九日夜九ッ時之御供揃ニテ御發駕之處御遲刻ニ相成
翌朔日六比御立ニ相成御同勢も夥敷御國此迄御出立之節ニ伊達道具無
き计ニテ御駕籠脇抔も別而御人數多之由出張之人數抔もみの笠ニ而御
供仕候者夥御坐候由不從何事惣而御不饗之体ニ相聞御出立之時分も中
々御穏便ニ御出立ト申事ニも無御座候人之制抔も平常ゟも別而嚴敷様
子ニ御座候

一太田様ニも又〻御愼被　仰付世上ニ而も案外之事之様ニ申候説ニも
田安様櫻田様取のけ水府一條調直しニ致し候積り之處及露見候抔申説
ニ御座候
一別帳ニ申上候内奥平小倉阿部三家も　御府内ニ手宛ニ御座候町奉行ニ
而も同心廿人与力五騎ツ、御役宅ニ定詰ニテ手宛ニ相成申候土屋始六
家之分も御領分之御手宛ニ御坐候由御達シ振ニても一様之様ニ相見へ
候得共類役ゟ承り候ハ、（ヘカ）少々行違之由ニ御座候奥平様始大体一番手丈
急速ニ御さし出ニ相成候様御手筈ニ相成何レも火事具武器類も不目立
様御用意ニ相成出張之節も可成たけ飛道具不相用様穏ニ取鎮候様尚又
御達御坐候由
一六郷様石河様未タ何之事も不承候
一小笠原様始御預ケ人御濟許（マヽ）之御坐候分も町奉行手へ引渡シ相成候得共
其余之分も未タ其儘御坐候小笠原様へ御預ケ之内藤井但馬守梅田源二

郎右両人も脚氣ニて迚全快も不致殊ニ梅田も今明日六ヶ敷様ニ御座候

昨日小倉預役より直ニ承り申候

右之外先相替り候儀も不承候尚又重便可申上候要用計如此御座候已上

九月二日　成田作右衛門

七兵衛様

尚以時候折角御厭被成候様存候乱筆御免し被下候本文之趣御序之砌被

仰上被下度奉願上候

大原三位

去ル五月下坂之事甚不容易義嚴重之沙汰ニ可及處於此度之義ニ而ハ厚

叡慮有之候間格別之以

御憐愍被宥恕御咎不被　仰付已後無心得違可守制度之旨被　仰出候事

演説

厚
叡慮犯制之義ハ不容易候得共於事情ハ自忠實之志起亡身命破禁候段
神州
叡慮被　思召候旁寛宥候事

大原三位

下坂之一條以
思食不被咎候旨被
仰下候ニ付差扣伺可相成候處不及其義之旨被
仰出候事
右之条〻加勢三條中納言被申渡候仍而申入候之
七月五日

橋本宰相中將

正親町三位との

是等之實事御坐候哉いつ迚も不及御返却ニ候

（上包）
「義言書狀
十一ノ廿八達ス」

十日之御書付忝拜見仕候向寒之時節
太守樣益御機嫌克被爲成恐悅至極奉存候
貴君弥御安泰之条奉賀候
然ㇾ過日
若殿樣御馬一件且御拜領物之義ニ付御丁寧ニ被仰下尙主人方へも申上置
候
一殿下も以今御達例ニ被爲在御參　内も被遊兼候趣恐入候次第ニ奉存候
右ニ付而ㇾ水
勅御取戾之一件も無御據御延引相成候段御尤之御義ニ奉存候然ル處御

當方ニ而も水殘黨小天狗共之御仕置
公邊ニ而も又ハ水戸御内間ニ而も夫々被仰付候義ニ付右
勅諚御取戻し之機會ヲ外シ候而も不宜ニ付何卒此節御書付下り候様被
遊度ニ付自然此比ニも
殿下御參　内被遊兼候ハヽ何と歟被　仰上候而急々御沙汰相成候様ニ
も相成間敷哉
太守様此上御配慮之段貴君迄内ミ申上候様被申付候尤先頃又々
勅諚之次第も有之旁
殿下御參　内ニ無之而も御整兼被遊候義も可有之自然右様之義ニ而無
御據日間取候譯ニ有之候ハヽ又機會も有之候故御當方ニ而何と歟御工
風も不被遊而ハ不相成尤先便も申上候通素直々返上相成候ハヽ無子細
候へとも自然六ヶ敷相成候時ハ無據表向之御沙汰ニ不相成而ハ濟不申
義も難計左候時も右様他家へ

勅諚被下候様不容易義御巧ミ被成候御方々ハ水老方も却而罪重ク可相成旁容易成義ニも無之事故何分御穏當之思召ニ而御願被仰上候義ニ付此段篤ト御賢考被下早々　御沙汰相成候樣御周旋被下置度　思召候呉々も弥御六ヶしく此上御延引ニ相成候樣子ニ候ハヽ早々被仰越候様仕度且表向御沙汰ニ相成候節自然右様之義御巧ミ被成候御方々御所置方之義も心配仕候ニ付京都之御模様御見込之程も内ミ被仰越候様仕度右等決而御好不被在義ニも候得共何分其期ニ至り無據節も御政事之儀ニ付御意外之義も難計と深痛心仕候いつをニも御同前心ヲ合シ不都合不相成様所祈候間此段宜御賢察可被下候以上

十一月廿二日　　長野主膳

三浦七兵衞様

追而毎便うつ木へも御傳言被下一々申通候處同人方も宜しく申上呉候様申聞候事ニ御坐候已上

○安政六年

上包
「十二月廿二暮達ス」
「義言書狀
内密」

別紙申上候每〻御懇書被成下候處是よりハ大御無沙汰仕恐入奉存候水
勅御取戻之一件も被仰進候御趣意通りニ御書取相成誠御安悅之御事ニ御
坐候
太守樣格別御骨折之儀と思召候条貴君迄宜しく申上へき旨被仰付候間宜
御披露可被下候右ニ付水ノ方へも又〻今日安藤家御行向ニ相成候間定ゐ
何と欤可相成義ト乇奉存候へ共内實乇中納言殿へ乇御指出被成度思召由
ニ候へ共水戸國方ニテハ甚六ヶ敷弥御取戻しと相成候ハヽ一揆可相催之
由内〻中納言殿ゟ被仰上之次第も在之候ニ付斯迄御憐愍之
御趣意も忘却いたし弥右之通不敬之次第ニも及候ハヽ此度ハ自業自得致

し方も無之候間何國迄も御取戻之
思召ニ被爲成今日之模樣ニより候而も夫々御手當方ハ勿論餘程六ヶしく
可相成と奉存候此次第も十九日カ廿二日便ニ可申上と存候へとも先不取
敢御請迄申上候每便之御狀一々御返事も可申上筈ニ候へ共實ハ其度〻主
人御手元へさし上置末タ一通も下り不申候ニ付何も重便と申殘し候以上

十二月十六日

過日被爲見候密書二通返進候条入手可給候將久我家ゟ御送物之義彼是
御手數ニ相成甚以氣毒存候殊ニ其許御苦勞之由併彼方ニハ本懷千万喜
悅之事ニ候扨去十五日ハ不計右大將被行向候處御間柄之辺ニテ格外內
外打明御咄申被承候旨昨夜極〻密話承候尤右大將ニも誠ニ大万悅不過
之趣ニ候猶此上之義宜しく可申入被申候尤向後度〻御內談可被申義有

之へく其砌も有文ヲ以可被申入御約諾被申置候由就ゟ者是迄も他言ハ
堅誓約致置候得共以來も殊更之義故堅固ニ被申付則咋夜誓約狀血判等
致帰候義猶此条も宜しく可申入置被申付候且大原三位義内ミ御咄被申
入置候由然ル處先止ニ相成候段被示候条御安心可給併又何時蜂起候哉
難計候ニ付精ミ御心付可給候先ミ被思止候哉ニ候猶又此方ニも心らけ
居其様子有之候ハヽ早ミ可申入候則彼三位書狀内ミみせ申候尤右大將
いえ來書ニも主人御一覽後御返し可給候併御燒捨可給候ゟも宜しく候
此段も可申入被申付候
一富小路家來縫殿過日呼出しニ相成被召止候旨ニテ彼主人二位ゟ段ミ歎
願書被差越候ニ付内々みを申候右人体之義咋夜も久我家ニゟも噂有之
彼ハ元久我ニも勤仕候者ニゟ全体愚物ニテ何等之義仕出し候程之者ニ
ゟも無之由ニ候又有文も從來懇意ニゟ實ニ老人寒氣之折甚氣之毒存候
其上六物之續柄ニテ

主上ニ而被　聞食御配慮之旨別段内〻従羽林内侍も申越甚以恐入存候
事ニ候何卒可相成も主人願意通ニ主人へ預ケとカ町預ケとかニ相成候
様ニ格別御取計相成間敷哉此段伏而頼入度候事

十二月十七日　　　　子和

内々申談候鷹司家牧式ア少輔此比所労之由承候殊ニ余寒之砌ニも候得共
大ニ氣毒ニも存候右ニ付其筋へ歎願候節ハ速ニ諸司代ニテ御取量給主人
預トカ宿預トカニ相成保養候義相成間しく哉又寺町にニ而も御沙汰給候
而御取計給間敷哉内〻若州殿へ伺可給候事
先日萬里小路之書取内〻相廻候右ハ程能從若州殿寺町に御申解給候哉實
ニ萬卿悲歎氣毒存候何卒寺町氷解候義候ハヽ莫大之義併氷解候とも後日
之望ハ無之只々責而内存相分候へハ大得心此上之大慶之由ニ候自然御申

解給候義從其許殿書取ニ而承候樣之事ニ相成候ハヽ有文ニも大ニ忝存候
此段偏宜敷賴度候事
二月朔日　有　文
過日來殿下御不參候今日も大方御參
內ト存候左候ハヽ右御取戻之一条被仰上候間最早弥今明日ニハ可相濟
存候事
今明日ハ初卯ニ付神事候間難面會候間何卒先両条共ニ以書取乍面倒早
ヽ返事承度存候事

上包
「安政六年正月廿三日」
「千種有文卿書狀」

先夜も入來且其後ハ書面之趣辱存候則極密從殿下被仰御遣候次第右大
將へ申聞候處實以御氣毒被存候右ハ過日も申入候通何卒早ヽ取計暫時

ゟも早ク御引戻相成候樣との存心ニゟ
御前邊も取繕內〻申上旣被承
仰別帋も出來候事ニゟ表向從殿下言上ニ相成候上も右別書
勅書殿下へ賜早々取計被
仰付候樣被致置之處今ニ從殿下言上無之節角早々との依賴內分被取計
之處等閑扨〻殘懷ニ被存候旣今日も東使京着廿五日ハ參　內も被　仰
出彼是御取込ニも相成弥以御延引ニ可相成被存候間何卒今一應御催促
ニゟも被申上候方可然哉左無之ハいつ迄間取可申哉難計實ニ節角
御前辺之處御都合候處殘念被存候則別書內〻みせ申候先条之通是ハ內
〻右大將被承
仰於
御前被認候寫ニ候是等之振合內〻咄申入置候事
一從中山右大將へ文通ニゟ

太閤ハ　常磐井
左府ハ　藥師山
右府ハ　御室辺
右辺へ左迁ニ可相成旨蜒ト致候風聞被承候而被尋候處右大將ニハ毛頭不被存候義ニ候何そ右辺此比取調有之候事哉承度候
此比內密間部なト申而內々取調有之候由寶暦之度御咎ハ從關東御咎出候哉之事
一正三大凡何日計被引籠候而宜哉是又內〻尋申度候事
何卒面會候而又〻先条之義御談申度候得共此比東使上京旁御用繁と存先〻以書取御談申入候呉々過日行違之義ニ而若狹守殿御配慮御斷被差出候義呉々御氣之毒被存候宜しく御挨拶申入候樣右大將被申付候猶又右御返事面會ニテ承候而宜しく候ハヽ此方ハ何日ニ而も不苦候
繰合セ賀川へニ而も可行向候条可示給候又書取ニ而も相分候義ニ候

ハヽ乍面倒書取頼候事

正月廿三日　　　　　　　　　　子　和

（上包）「内々

言上」

先便奉申上候當月六七日頃堂上方集會御評儀（マヽ）之上

叡慮御伺之上別帋之趣同十二日比ニ御地へ申参候由尤御附様より御老

中様方へ御進達之義ト奉察候先便奉申上候通り兎角

禁裏ニハ不被爲安

叡慮御逆鱗之御様子右御集會之節ハ九條様臨期御所労御不参ニ付別紙

之趣ハ傳奏様九條様へ毎々御参殿詰り關白様ヲ不經達

叡聞ニ

勅諚之趣被　　仰出候儀ニ御座候由右ニ付近衛様初三公御進退之義迄も

御伺之上被　仰出候事ニ御座候由

一右關東ゟ被仰進候

勅諚之趣御書付水戸樣京地御留守居鵜飼吉左衛門と申者ヲ傳奏樣御亭ゟ極內〻御招ニテ別帋之通關東へ被　仰遣候由被仰含御書付御渡しニ相成申候由極密承知仕實ニ不容易御時体ニ御坐候水戸家御用達之方へ內〻探索爲仕候處右吉左衛門ハ病身ニ付悴某急ニ出府此度ハ再會も無覺束由ニテ家內共暇乞出立何事か大混雜仕候ト御用達町人共申居候趣ニ御坐候

右御書付關東へ參り候處又候御披露無之而ハ不相成義ニ付爲心得御三家方等ゟ御內達之御事ニ可有御坐ト乍恐奉存候

一近衛家ハ仙臺薩广等御由緒も御坐候義何レニ列侯之內內奏御坐候哉ト風聞仕候只今之左大臣樣ニハ御寛裕御英智ニ而此節專ら衆議御裁判被成候由此度之一條ニ付而も御家門御末葉之外地下たりとも御會談可被

成旨被仰出候由關白樣ニも御短氣御隨意之御生質却而御評判此節近衞
樣之方宜候由九條樣ハ大ニ御工合惡敷全投文之邊ゟ之事哉ト申事ニ御
坐候
一京地彼是風聞ニハ水尾越三家等急〻被召登多人數ニて近〻御上京抔と
申候由誠以此御時体恐入候事ニ御坐候
御前御發駕御延引被遊候ニ付而色々異說申唱自然御評判ニも被爲及候
哉京地御築地內抔ニテモ御上京被遊間しく哉抔申出甚以心配仕候義私
共迄も恐入奉存候急〻
御發駕被仰出候樣仕度左候ハヽ人口も塞キ御威光茂相立且
御所向も自然御穩ニ可被爲在哉當時不穩弥
禁裏逆鱗之御樣子ニ而ハ御一大事之御義急〻御上京被遊無餘義次第一
先被
仰達候ハヽ打着も可仕哉何分此度之

勅諚之趣關東ゟ御返事振ニより候而ハ御大事ニ可被爲及候哉ト深恐察
仕候義ニ御坐候右水府御留守居へ御内達之義ハ秘中之義ニ御坐候ニ付
此義ハ堂上方迚も一樣ニ御承知ハ不被爲在候事ニ御坐候ニ付
御前御胸中ニ御含藏被遊被下候樣奉願上候
右虛實取交奉申上候ニ付急〻被遊
御上京
御所向一先御打著ニ相成候樣奉希候事ニ御坐候差急奉申上恐入候義も
御坐候ニ付此義ハ御宥免被遊被下度奉願上候已上
八月十四日
上

○安政六年カ

上包

義言

水勅一件

内密御返事

水勅御取戻之一件ニ付過日以書取申上候處其節拙子も大混雜中ニテ文言不爲意殊ニ肝心之要を不申上候ニ付其趣意御分り被成兼候間今一應申上候樣との御事尤御趣意御分り相成候ハヽ

御所向之処も如何樣ニも御取計被遊

關東之御都合宜樣御心配可被遊との　思召之段被仰下乍恐御尤之御事早速御手紙其儘及披露候處於主人も御安悦之御事ニ而段〻之御精勤御心配之条御挨拶宜申上候旨被仰付候夫ニ付御當方之事實荒增申上候

一當二月傳奏衆ヲ以其

太守樣へ被仰出候御書付も

公儀へ之と水戸へ之と一帋ニ御書込ニ相成居殊ニ

公儀へ被
仰進候分ヲ御取戻之御趣意重ニ相成居却而水戸へ之方も附タル御文言
之様ニ有之候ニ付改テ此度同御文言ニ而も水戸之方計御取戻之御文言
ニ被成下度トの思召ニ御坐候
其子細ハ凡
公儀へ之
勅諚も御例之上別而りの時之ハ唯水戸へ云〻相達シ候との爲御知迄ニ
而廉立候
勅諚ニ而も無之候へも
公儀へも御沙汰止と申御達しのミまても相濟可申儀之處改而御取戻と
被
仰出候而も素〻爲御知迄之義も却而廉立終ニも
朝廷之御失策ヲ世間へ可相顯之道理ニも相當り宜狩間しきとの御見込
ニ有之

又水戸之方も元來雖御三家
公儀之外へ
勅諚被下候事ハ實以不容易義ニ付既ニ御氷解御一和被爲在候上も水戸
へ被　仰下候
勅諚書暫時も其儘ニも難被指置勿論之義又水戸家も御沙汰無之とも御
自分ゟ返上可被成筈之処左も無之
尤當二月被　仰出候御書付を其儘水戸へ拜見被　仰付候ハヽ
公儀へ之も同樣之義ニ付御取戻之方も御心易く可有之思召候へとも前
件申上候通
公儀へ之
勅諚御取戻と申事ハ宜狩間しく加之
公儀へ之
勅諚と水戸へ之

勅諚と同樣之御沙汰ニも難相成旁御指間之廉有之故御役方ニ而承伏不
仕候
右之次第故二月被
仰出候御書付も水戸へ拜見難被　　　仰付候ニ付是迄も唯〻御內間なるの
勅諚書ハ返上被成候方可然之旨御論有之候へ共水戸ニ而もかの
勅諚書ヲ諸侯ね相達候樣之異心も決而無之候へ共唯當家へ被下候
勅諚書御沙汰ニても有之候上ハ格別左も無之返上と申事も恐入候間何
卒其儘ニ被成置度之旨達而被相願候趣其內意も
勅諚書ヲ頂戴いたし候事も水戸家莫太之規模之樣ニのミ被存込候哉ニ
候實も
勅諚之御趣意ニ從ひ候ト申ニ而もなく徒ニ留置候迚何之所詮もなく却
而恐入候義ニ有之候へ共其處ニ御心付も無之兎角出シ惜被致候趣
扱又右返上之儀

公辺ゟ嚴重ニ被　仰出候事ハ無子細義ニ候ヘトモ萬一其節彼是被仰立
被背
台命ニ候時ハ無據御法通之御所置ニ不相成而も御政道も相立不申義ニ
付仮令一家之大事ニ及候とも返上爲致候事ハ勿論ニ候ヘ共併京都ゟ御
取戻し御書付も未相達之中右樣之義有之候而も理不盡之譯ニも相當り
殊ニ是迄段〻之御心配ニテ漸無事故穩ニ相治り候義今此一条ニ付而又
〻不穩義出來候而ハ不宜と深御心配ニテ又〻被　仰進候義ニ有之候間
何卒其旨御汲取被下候而此度相改メ第一
朝廷之御瑕瑾ニも不相成樣乍御手數程よく御書替相成候樣御心配被下
置度　思召候条拙子ゟ申上候樣被　仰付候猶御趣意之案文も別紙ニ申
上候間宜しく御賢考之上可然御書取被下候樣御賴被　仰進候右ヲ以水
戸へ御沙汰ニ相成候ハヽ決而違背可被申立筋ニも無之自然夫ニテも彼
是被申立候時も違

勅ニも相當り候ニ付其節も不及是非
公儀御法通之御所置方ニ可相成之外有之間しく奉存候島田へも此通申
遣置候間左様御承知可被下候以上
十月

「九ノ十七日達ス返事廿三日出ス」

以書付得御意候秋冷之節
太守様益御機嫌能被爲成恐悅至極御同意奉存候二ニ貴君弥御安泰之条
奉賀候然も昨年來每〻御懇情ニ被　仰進殊ニ御珍器等被贈進且京地之
事ニ付ゐも何角と御配慮之条厚忝思召候早速以御直翰萬端御禮御挨拶
被　仰進度思召候へ共先頃ゟ御賢察も被爲在候ハん一件御始末等ニ付
ゐハ實ニ御多忙無御寸暇御意外之御無沙汰被成候条其內御直翰ニゐ可

被　仰進候へ共余り等閑ニ打過候段先不取敢小子より御挨拶申上置候
様被　仰付候此段貴君宜御取繕言上被成下度奉存候右得御意度如此ニ
御座候以上
九月八日　　長野主膳
三浦七兵衛様

去月廿七日一件御落着之後御府内御靜謐御同慶不過之奉存候尤當日水
門ニ而　御上使へ不禮之次第も有之候へ共左兵衛督樣言上振宜別ニ御
指間ニも不相成由ニ候處彼天狗共も追〻恐入候樣子ニ而出張之一連も
大躰引取水主も御愼方宜趣ニ相聞へ申候老卿之御仕置ハ衆人案外之仕
合併御國へ被遣候ニ而一同目ヲ覺し候樣子ニ候營中ニ而も重キ御法會
濟之期ヲ待如此相成候ニ而是迄遲〻相成候次第も粗相察世間ニ而も老

◎加繁渡金トハ京都組與力加納繁三郎渡辺金三郎ノヿ之

卿御國へ被遣候ニ而全御當人ヲ御氣遣被成候儀も無之輕キ御所置ニ相成も唯ゝ　公邊ヲ重ニ被遊且も是迄之次第張本とゝハ乍申　勅定之次第等ニ至候事申さハ京より御腰押被成候道理旁以無據御手輕ニ相成候事も

天朝ヲ御尊敬之廉ニも可有之と此節ニ而も一同讃歎而已之樣子ニ相聞ハ先以安悅此事ニ奉存候別紙被　仰渡書ハ何分寫居候暇無之ニ付此度後閑弥太郎ゟ御廻し申上候樣申遣候間御覽可被下候尤御仕置申渡云ゝ之末ハ世間へ出不申義ニ付小子ゟ相廻り候と申事ハ不宜候間御含置可被下候定而

太守樣御手許ニも可有之候へ共是亦世間へも御出し被遊兼候はんと奉存候ニ付此度貴君御手許迄差上候間御一覽後加繁渡金へハ内ゝ爲御見可被下候色々申上度山々ュ候へ共何分大取込且乍内ゝ昨日主人ヲ營中御休息へ被召今度之一件　殿下格別御骨折之故被爲安　叡慮候場ニ至

り候段追〻被爲　聞召候ニ付幸ひ主家ニ　殿下へ深由緒も有之間此旨
相達し候樣且自
御手許　料紙硯箱
但龍虎とき出し蒔繪裏高蒔繪
御掛物　牧溪筆　山水
右殿下へ被進度　思召候ニ付主人家より可然執計候樣ニと被　仰出候
由ニ而昨日右之品下り候ニ付今日飛脚被指立候併此義ニ島印より御噂
ニ而も可有之候へ共小子より申上候と申事ハ極密ニ被成置被下候樣奉
存候右大取込中萬〻畧之候早々以上
(臺本附註朱書)
右長野主膳書狀
以書付得御意候然ニ此度被進金井堂上御一同御救助金都合二万五千被

仰上之通相成且又　殿下へ之御加增御職中年〻五百俵等ニ至迄無滯相濟恐悅至極難有奉存候右御達し振も只々國家之御爲第一朝廷へ御精忠被遊候廉ヲ以被　仰出寔以難有奉存候實〻かの四公ヲ始主上ヲ被僞御惑ハ〆奉られ候処　殿下之御正道ニより邪正分明之場ニ至終ニ

公武御合躰之元ニ帰し候事實〻國家之御爲　朝廷へ之御精忠無比類御事顯然ト仕御同前難有奉存候　殿下ナカリセハ　朝廷ハ闇ト可相成時節ニ至り候事ニ御座候島田も此度御時服拜領ト相成是亦精忠被盡候事天下へ顯レ御同意難有奉存候右　殿下之御精忠之義ハ全ク　朝廷之御爲國家之御爲ニ有之故　關東ゟ　御褒賞被爲在候事〻御尤次第然ルニ何之弁も無之方々ハ唯關東之御爲ニ御心配之御事と計被存候樣子ニ御座候

一内豊侯之一件云々憾ニ着拜見御尤之御事ニ奉存候然ル所右ハ最早御用

召前ニ何欤御趣向も有之候事哉主家思召計ニも及兼候様子ニ候へ共尚
被　仰越候趣精〻相含何と欤様子相分候ハヽ早〻可申上候右書状ハ昨
夜着仕候先ハ是のみ早〻如此ニ御座候以上

八月六日　　　　　　　長野主膳

三浦七兵衛様

本文相認候處去月廿五日附之御狀着黍拜見仕候被　仰越之趣一々承知
仕候扨水ノ御所置候方一件右も存外之次第も有之候其譯ハ水臣ゟ手入
候ニ付而ハ太田印第一之弱氣之処間印ニも御同意被成水老ヲハ一旦嚴
敷爲愼其上ニ而御免相成候様ことの御見込御用部屋ニ被申候處昨年京
地ニ而岡崎三郎殿駿河大納言殿等之御物談とハ表裏反覆之御趣意第一

四公へ之御つり合も有之事故左様ニハ不相成依之御任セニ不相成候處
水臣等へ大印ハふくミ居輕博ニ不相成被申實ヨ不容易趣ニ相聞驚入候
併太田印御退と相成候上ハ最早格別之事も有間敷早々御場合ニ可相成
と奉存候尙委敷ハ後便可申上候以上
八月四日夜

追啓
極密々
御覽後御火中
(臺本附註朱書)
右長野書狀

追日春色增長候弥堅固珍重存候然も過日來沙汰有之候御取戾之一条漸

一昨日　殿下御參ニ而被申上弥御取戻御決斷御都合ニ相成候尤右大將廣橋等示談ニ而可取量　殿下被命右ニ付今日ハ弥表向從武傳被申渡候半と存候書取之處先日みせ置候とハ少〻相違ニ相成今一段ザットニ相成候ニ付極密みせ置候樣右大將被申候ニ付御書付進入候扨又三公之辺間部ゟ返答出候由大分嚴重六ヶ敷御次第ニ而　殿下右大將ニも殆ト心配之旨ニ候猶又内談可申義も可有之候間宜〻頼入存候仍右申入度如此候也

二月四日
右千種有文書狀
(臺本附註朱書)

一昨夜ハ段〻御苦勞ニ存候夜中ト申何等之設も無之甚以氣毒千萬存候扨其砌ゟ之事共段々懇切之事共厚〳〵忝存候讃印事取調候處尤何時而

も沙汰次第出頭可致覺悟ニ候將先方之書狀ハ殘置候而ハ不用之品と存當時ハ無之旨ニ候聊有論ヶ間敷義ハ無之惣而明白可申開由ニ有之候猶又此上宜く賴入存候

◎梨木町トハ三條坂ノ丁之東側トハ鷹司家ノ丁

一昨夜比〻梨木町落餝之事始有之候尤其方へ相談ニ遣し有之との義ニ候又堺東側義も何かもや付有之由風聞承候弥此比夫〻こそぐりかけニ相成候事や左候ハヽ又〻其心得有之候條承置度候梨木丁其方へ相談之旨其返答ハ如何被申入候義ニや承度候

右條〻面會申承候処例之人被申付候得共每々面倒と存候間差扣書通申尋候猶又面會候而宜候ハヽ、何時ニ而も入來可給哉又ハ西之宅へ行向候而も宜候間何樣ニ而も都合次第賴入候決而〳〵此方勞ハ不厭候間都合宜樣賴入候又書取ニ而相分候義ニ候ハヽ、一筆可給候事

十二月廿日

（臺本附註朱書）
右千種有文書狀

○安政五年

追申今日ハ法中參　内ニ付辰半刻惣詰參仕掛大急早〻乱書なから

申入候也

弥堅固珍重存候抑先夜ハ入來別ゟ風雨之折一入〻〻大儀ニ存候其砌噂之義則間部參　内之節　言上之次第内〻伺取置候間何時ニゟも極密内話可申入候三浦加納等面會申度候併嫌疑も有之候間其方宅ニゟ面會可申哉三浦事ハ弥困ニ候ハヽ加納計面會可申候併なから過日も申入候通決ゟ〳〵若州ニも緣家之義ニ候得ハ必迚も爲ニ不宜義ハ他言不致候条安心可給候此義両人へ宜く申傳可給候急〻面會申度明廿九日夜ニ致度候此義も相談頼候過日ハ從加納不存寄重寶之反物惠投芳情忝存候併其方迄再三辭退申入候通何共心濟不致候乍去其上ハ格別芳志之義却ゟ辭

候も如何先申受置候何卒宜く挨拶申入可給候實ニ不存寄義ニ候厚忝存

候旨申傳頼候也

十月廿八日　　敬白

賀川一馬殿

極ミ内ミ

雨下濛ミ敷候弥堅固珍重存候然も一昨夜ハ入來之處何之風情も無之氣

毒存候其砌も見事之鯉ニ尾預御惠厚忝存候早速申付拜味候處格別之美

味不淺賞翫候此段厚御挨拶御申入可給候外ニ珍敷御國產目さし御惠是

又實ニ珍物頓ト是迄不存品早速右大將へも配分候處大ニ被悅候尚宜く

申上頼候

一御伺之御劔御金具之處右之辺ニ而頓ト　思食無之毎ミ入念候義宜く可

申入　御沙汰ニ候仍草稿返却候事
一先達而内〻前左府公御帰殿之義相尋候處則一昨日比御門流之辺ニ而従
廣橋尋問被致候半と存候最早従御主人御返答ニ相成候哉若〻御返答相
濟候ハヽ何卒御返答振一寸御聞せ可給候様頼入候若まゐ御返事不出候
様之義ニ候ハヽ何卒程能御帰殿相成候様ニ御返答被成候様頼入候實ハ
責而於本殿落餝ニ相成候様との　叡慮ニも被爲在　御心配之由ニ候呉
々其邊主人ニも御差含宜〻頼入存候此段可申入右大將被申候事
一昨日極密従賀川肇咄申入置候義關東へ
姫宮入城之事内沙汰有之候事哉實否承度候實〻内〻　關東ニも其噂も
有之候義ニ候ハヽ幸之事實〻公武御合躰之弥一ニ相成恐悦ニ存候間御
取持も中度ものと存候間極密關東内沙汰承度候事

四月廿八日　有文

兩　士に

（臺本附註朱書）
右両士トハ三浦藤田両人ノ事下同

落飭隱居之処各差止永ク出仕計差止之事

左大臣

內大臣

右自身より遠慮十日計引篭之事

二條大納言

若年之儀强而父之次第モ雷同無之存候間咎之義總而宥免之事

近衛大納言

退役願書出否哉同役迄申述不及其儀ト申位之事

廣橋前大納言

萬里小路前大納言

右既退役後之事故三十日計愼位之事

右大將

右一旦心得違モ有之哉乍既久々引籠退役出願差留ニモ相成其後精勤之儀ニモ有之候事故此度之処自身より五日程引籠位之事

徳大寺大納言

中山大納言

坊城中納言

裏松大藏卿

右役辺ニ而一通斷申上計之事

三條中納言

願之上辭官之趣乍既ニ加勢斷自身當時引篭モ居候事故辭官無之十日程更ニ愼位之事

大原三位

下坂一條後シカリ丈ニ而急度後來之儀敎諭申附置其後元忠憤之處褒詞モ申渡候事故今度落餝嚴重沙汰無之五十日程自分遠慮引篭之事

靑門之御姦計眞實之御意内も
主上御讓位を御勸申　敏宮を御位ニ即御自身ニ而　桂宮ヘ移轉之御積之由
但
御讓位之御手段而外夷打拂之義强而
主上ヘ御勸め關東ゟ如何樣被　仰進候とも御承知不被遊樣ニ仕懸詰り而何分
叡慮之御趣意不相立上も　御讓位可然と申場ニおとし候御たくみの

よし

（臺本附註朱書）
右本書奉書半切ニ認探索方ゟ差出モノカ

右願之上辞官隱居之趣ニ候落餝願　御聞届之儀過日若狹守下總守より

申候趣も有之候得共旣ニ關東ゟ茂右之通り申來候義ニ付落餝願者被擯

永ク出仕ハ　御差止ニ而可然様ニ存候

近衛左大臣

一條内大臣

二條大納言

右自身より遠慮十日程も引込候位ニ而相濟候様致度候

近衛大納言

右若年之義父之次第も不弁事ニも可有之咎之儀ハ都而　御宥免有之度事

廣橋前大納言

右同役迄退役可相願哉之旨申述坊城より伺候而不及其儀ト中位ニ致度候

萬里小路前大納言

右既ニ退役も願之上相濟候事故三十日程之愼ニ致度候

久我右大將

右一旦聊心得違も有之哉既ニ久ヽ引篭退役願迄差出候處再三　御沙汰を以致出仕候義其後精勤之儀ニも有之候併此度之處ニ而改而自身より五日程も遠慮引篭位ニ而相濟候樣致度候

德大寺大納言

中山大納言

坊城中納言
裏松大藏卿
正親町三条中納言

右御役中不穩之廉一通リ御斷申上候事ニ而相濟候樣致度候
願之上辞官之趣ニ候得共既ニ議奏加勢も致辞退其上自身引籠居候事故
辞官ニ不及十日程之愼ニ致度候

大原三位

右下坂一条ハ既ニ一旦御咎相濟候義尙又　御內沙汰も申候而も二重之
事ニ相成甚御不都合ニ付此度ハ自身より五十日程遠慮引籠ニ而相濟候
樣致度此後若又不行跡之儀有之候ハヽ其節ハ急度〻〻落飭之　御內沙
汰ニも可相成候

○安政五年

一先達而より
禁裏思食之通何事茂不被行全御不德と
思食詰リ此儘ニ而ハ
仙洞御所ゟ可被爲成哉又ハ泉涌寺ゟ　御幸可被遊候哉　叡慮之趣一ツ
として御取用ひ無御坐次第殊之外　逆鱗ニ而九條關白樣ヲ被爲召段々
勅諚被爲在候内ニも不被爲任　叡慮候ハ御不德且關白樣ニも御行屆無
之故と彼是御問答被爲在候由然ニ關白樣元來御短氣御癇氣ニ障リ候哉
其後御參　内無御座仍而　禁裏ニも深被惱　御心ヲ別段ニ召候而全御
重職ヲ被爲輕候御取扱之由御宥言御座候而先關白樣ハ御承服ニ被爲在
候由
一兎角堂上之内三十五六人計御義言御忠志之御方御座候而鷹司太閤樣之
御不正之義坊城家之不忠ヲ被　仰立仍而存意十分ニ被　仰上候樣被
仰出候由ニ而風聞虛實共ニ被　仰立候由

一太閤様ニハ内覽被止
勅問御省キ被　仰出御參　内之義ハ先御指扣被成候様九條殿より被
仰遣候付御隱居御同様之御㕝ニ御座候由
一此頃ニ至リ九條様久我様中山様大ニ御義論も御指扣ニ相成八十八人之
連中も段〻御招都而御見合ニ相成只今義言强キ御方ハ三十五六人と申
事ニ承知仕候右ハ全く江戸表より御手入御座候故と申事ニ相聞へ申候
一中山家ノ女ハ
當今皇子祐〔サチ〕宮御母ニ而不遠立太子之上ハ行々中山家繁榮之基遠キ慮ニ
而中山様ニも一旦より御穩ニ御座候由何をニ仕此節ニ至リ大ニ穩ニ相
聞へ候様ニ奉存候三條様ニも日々御參　内御坐候得共万㕝一旦之御勢
ニ無御座候世間御見合之御様子ニ取沙汰仕候
一此度左之趣堂上有志之御方御門内へ投文仕候由則左ニ認申上候
卷上ニ

必他見不許

謹而奉申上候抑井伊掃部頭家來長義言（ヨシトキ）ト申者七月下旬江戸發足此頃御當地へ着致シ候其子細ハ近日間部下總守上京ニ付第一九条殿下ヲ取繕ヒ其外処々へ取入リ程克ク相計候樣下總守親敷相賴候ニ付上京致シ候義分明ニ御座候同人叓當春以來都テ三ヶ度出京致シ島田左近ト相計リ外夷ト條約調判之叓抔ハ内　勅之旨ヲ以テ押張所存申立候有志大名ノ建白ハ不取用且一橋君ヲ拒ミ幼年之君ヲ西城ニ取極メ尾水ノ二家井越前ヲ壓倒シ候叓共ハ紀臣水野土佐守ト相計候次第皆義言カ所爲ニ有之又此度モ以テ其上ヲ繕ハセ更ニ久我卿中山卿ヲ始其外處々へ取入リ密計可施結構有之趣ニ候得ハ御油斷難相成奉存候右義言ナル者ハ邪智ノ小人專ラ阿諛・佞（辯脱カ）ヲ以テ近來掃部頭ノ寵遇ヲ得テ出頭致シ種々謀計ヲ廻シ遂ニ將軍家ノ所置及違　勅候樣ノ基ヲ開キ恐多クモ　叡慮奉惱候次第言語同斷實ニ　神州一之大逆此上有ベカラザル者ニ候右此件々當時

在江戸同志之者ヨリ密使指登シ左近ヨリ義言へ差越候密書殿下御直書被進トノ語ナト有之候書簡ノ寫迄モ指登シ候是等ノ𠀋ハ義言カ謀計ニテ僞作ヲセシモ難計候得共何分不容易𠀋共故御當地ニ於テ有志面々相談之上奉言上候猶御賢考之上早〻御配慮被爲在度奉冀候頓首誠謹言

安政五年八月　　大日本國有志中謹上再拜

八條宰相樣閣下

一右之文油紙ニ包堂上方御銘〻御門内ヱ投入御座候由則八條家ハ蛤門内新在家西側ニ而石山家隣家ニ御座候処夜中門違ニテ石山家へ投入レ御座候由右家ニ而開封八條家へ御贈相成申候由ニ承知仕候

一右投文德大寺樣御持參於　禁中關白樣ヱ被入御披見候由島田左近ハ九條家御家司之由ニ御座候

一去ル六日於　禁中大寄合御座候由九條樣ニハ御不參ニ付傳奏樣三四度

而　御所ヨリ御往返御相談之由右御用談ハ一昨日ニ移リ取レ兼候由ニ
承知仕候

一江戸表　營中之風說而取々仕候內
上樣御實母當時尼將軍樣と唱大奥女中ニ紀州樣御家臣水野土佐守女相
勤罷在右緣ヲ以段々申上
西丸御養君被　仰出候旨仍而尾水越ノ御三家一橋家御登　城御義論終
ニ
上樣御癇氣御發シ被遊御血昇之御次第ニ被爲及候由全右御登　城之御
方々御銘々之御昇進ヲ思食候故斯ル御次第ニ相成候且ハ外樣ヨリ
西丸御養君被爲入候而ハ尼將軍御威勢ニモ相響候故紀州家ヨリ被爲入
候尤土佐守御本丸ニ御附添申上御加判列ニモ可被　仰付目論見等之旨
御築地內取沙汰仕候段一昨九日風說承知仕候
右夫々虛實之程難計誠ニ風說ニ御座候得共今日之模樣奉申上候以上

八月十一日

上

一昨夜ハ忝面會候其砌ハ種〻不存寄馳走ニ預リ扨〳〵忝存候併氣毒〳〵
存候厚申謝候扨段〻御懇切之御次第言上候處別書之通昨夜申來候条各寫
取みせ申候呉〻御滿足之御事ニ候此上宜賴入候大方早〻從殿下通達可有
之存候何分此上之御都合賴被思召候事ニ候尤一大事之義故面會可申通候
處大急之義故手越ニ相成後手ニ相成候而ハ殘念存候間格別腹心之以雜掌
共賀川へ遣候夫故約束申置候義も有之候へ共御書付も任序返却候呉〻ゑ
宜く御申上賴入存候也

二月十一日

大急乱書無正躰推覽可給候也

書付寫　三通
外ニ壹通返上候

千　少

三　七　殿

「八ノ廿八達ス」

再度之芳翰忝拜見仕候如貴命秋冷相催候處太守様益御機嫌能被爲成恐悅至極奉存候
貴君彌安泰御勤務之条奉賀候然ㇾ御書中御懇篤之次第一々入御覽候処御滿足之御氣色ニ而尙宜申上之旨被申付候扱內藤侯之一條も京地之振合段〻思召も有之是迄御心盡シニ而漸〻是ゟ御爲方ニも可相成運ニ趣候折柄かの御用召ニ相成右ハ致方も無之候へ共京都御取締向此儘ニ相

成候而ハ不宜之旨も申上候處其辺之処ハ兼而　思召付も有之候由ニ候
へ共何分一旦御評決相成候義ニ付先般御役御免ニ相成恐入次第ニ候其
後追々御沙汰も有之外ゝへハ一切他行御留守中ニ候へ共兼而之次第も
有之候事故申上候而去十八日極内ゝよて神田御屋敷迄參緩ゝ御趣意も
伺取其由申上候事ニ候何分此上も早ゝ御出勤相成候樣所祈ニ御座候實
ニ昨年來被蒙　仰候儘ニ御働之事ニ而更ニ別条ハ無之候へハ早ゝ御內
沙汰ニも相成候樣ニと奉存候

一淺備より砂健へ之書狀之內哥仙卷御贈被下承知仕候右ハ是迄太田大宗
匠へ取人右辺之周旋も專ら御役方ニも御承知之事ニ而今更可驚事ニも
無之候へ共併其

太守樣之御事抔右樣惡樣ニ申なし剩組ノ方へ被申遣候と申ハ智アル先
生ニも不似合千万之事と奉存候右之內不容易廉も相見へ一本之帆柱折
レ候と申も太田大匠之事ニして極殿下チサス大宗匠之御意ニ入しサルキ、ものと

◎京都與力砂川健二郎ノ了

申ハ島の事其後ノ巻ニ極大宗匠（大老）と京へのほられ候大宗匠（間部侯）ともめ合の事
抔ハ皆内間の事共ニ候就中常水連ノ一条抔ハ不容易事ニて其事ハ既ニ
當節水ノ重臣追〻申出候事共ニ御座候其趣意ハ老卿ヲ此儘ニ被差置遲
延相成候而ハ天狗連騷立追〻押寄候抔とおとし詞も有之右ニ被驚候太
田大宗匠一寸も早く御愼解ニも被成度より間部大宗匠ヲ引入御自分方
ニ而懸り候ハ、早々埒明候抔と專ら申され候事ニ候併
公儀ニハ天狗連之騷立候位ニ御頓着も無之候へ共公然と訴出候事ニ付
右御仕置方御發し之前ニも御手當等も被爲在候欤之風聞も有之候事内
〻拜見仕候御文躰もこの頃思ひ當り候事共有之候併元〻太大宗匠之仕
込ト申計ニ而内心より出來候大宗匠（京行）之思召ニも無之樣子ニ付大ニ安心
仕候
一壽滿宮御方之件〻も一〻言上仕置候間田公御相談之上模樣相分候ハ、
可申上奉存候今便ハ大取込何も大乱筆御推覽可被下候書餘期後便候頓

首謹言

八月廿二日　　義言

三浦君

乍憚藤權先生へ宜奉頼候以上

（上包）
「千種少將殿書狀」

極密以書取申入候去ル二十四日御差出ニ相成候御返答書幷入江若松等之申口等一昨日殿下より以一封言上ニ相成倘又昨日殿下漸御參ニテ委細被　仰上候處左府公之處ハ右兩人之申口ニテ何れも得心歎息之至ニ候尤過日來申入候通

主上ニハ兼而御承知被爲在候處故弥以御得心被遊候然ル處中山事言上ニハ左公之處ハ最早致方無之早〻落餝被

聞食篭居ニテ頓ト御宜なから何分鷹両公三條等ハ是非水府裁許付候迄
ハ不被聞食樣强而被申上候ニ付只今ニ而ハ
上ニも誠ニ御困被爲在候事候實過日來申入候通
上之處ハ段々骨折申上候ニ付惣而御承知ニ相成有之候得共何分强く言
上候人有之候ニ付大ニ障ニ相成候而扨〳〵困入心配候將亦殿下ニハ例
之御埒明不申旣ニ今日も言上ニハ尙又御神事後迄御延し置ニテ御宜な
と被申上候其通りゆへ　御神事後ト申をハ中比迄延し候事ハ受合ニ候
併從右大將殿下へ御催促申候事ハ決而難相成右大將ニも殆心配ニ候何
卒此上ハ今日ニ而も又々諸司代ゟ嚴敷御催促被申上候ハヽ宜哉尤　御
神事中ニ而も　御內慮被
仰出候邊ハ御差支ニ不相成且又　御神事前今明日之中ニ隨分御取量も
出來候事ト存候何分兎ニ角從若州殿御催促被仰上候方御宜ト存候左無
之ハ中々急速ニ埒明不申候此段呉々內々可申入右大將被申候事

二月廿八日　　　　　　　　　　千　少

藤　権殿

三　七殿

極々秘

上包「間部下總守殿書状」

去ル十一日小笠原長門守罷越同人組同心今井小平太義出精相勤候ニ付五拾俵高ニ御足高被下上下着用御免相成候趣御礼申聞候然ル處其後右御賞之義ニ付両組之者共甚不平申唱殆惑乱いたし候由風聞承込候右小平太義も如何樣之勤功有之御賞相成候事ニ候哉両組不平之義も風聞之通相違無之事ニ候哉此節柄大切之吟味物も有之候處萬一組内不平ニ而御役所等ニ不居合義も有之候而も自然候御用弁ニも拘り以之外之儀ニ付

小平太御取立之御願書幷事實之次第等も委細承知いたし度右御願書御寫も被遣候樣奉存候此段申進候以上

正月十四日　下總守

若狹守樣

○安政六年

「九ノ十九達ス　返事廿三日出ス」

「極密御答」

內密御報申上候內豐侯御歸府之節被　仰出候　勅命尊奉之儀ニ付被仰越候条々御尤之次第右も其節拙子も在京中ニ而承知仕居候ニ付早速主人へ申上候へ共實ハ是迄京地之事も大躰西丸下へ被　仰越候ニ付自然西丸下御一人御引請之樣ニ御取扱相成其上水印一件御用繁之折柄其後之樣子深御懸念も不被爲在候哉ニ而旋と可申上程之樣子も相分不申

ニ付篤と愚考仕候處右も此方ニ而伺候共表向ニも難相成候間少〻日間取御迷惑ニも可有御座候ヘ共早々西丸下ヘ御相談被仰越候方可然奉存候左候ハヽ彼方より御相談も可有之ニ付其節も精〻御迷惑不相成樣御指含も可被爲在と奉存候呉々も西丸下ヘ一應被　仰越候方と奉存候

極密御心得迄ニ申上候

一西丸下ニも御活達ニ而非常ニも宜候ヘ共尋常ニも惣而前後左耳御考もなく御計ひ之樣子ニ而役方一致相成兼候欤先頃島田御賞之一件又此度御領地之儀江州日野八幡之内ニ而御望之事右も拙子より八幡も御指問有之旨ヲ申入日野之事も相考候處果而是も御指問有之候樣子ニ付今般山丹攝河泉之内ニ而土地御撰之方可然と島田ヘ迄申遣し候事ニ候然ル處西丸下ニ而も例之安請合ニ而御内相談も無之御列席ニ而被　仰出候故御役方甚不服之樣子ニ而過候島左之事迄も申出同人之勤功も其主人ゟ可賞當然之處格別之御沙汰ニ相成候ヘも　殿下より嫌疑有之御請難

被成旨御斷ニ相成御斷かと存候へも家來之身分　公儀ニ而永世安堵之
樣御賴有之惣而御勝手之儀ニも嫌疑も無之欤御紙中表裏御無理之被
仰立方又今般御加增も格別之御事ニ被思召之處地所等之望閣老方へ御
直懸合とハ余り勝手過之御我儘抔と事實不弁御役方ニ而もかの被進金
さへ不承知申立候位之事ニ付さん／＼誹傍（謗カ）仕候事主人御耳ニ迄も入候
ニ付此上右樣之取沙汰　上向へ相聞候而も折角　公方樣と　殿下之御
間古來無其例御親と相成既ニ此度も御當方へ向ケ御品ゝ御贈ニ相成候
位之処其詮なく第一　殿下之御爲ニも不相成と深御心配被成候事ニ御
座候
一扱又島左内願之義ハ迚も出來可申筋ニ無之候へ共かの　御紋服ニ而も
被下置候ハ是より公用ニも可被相用階梯と深キ思召有之候御事ハ廻り
遠く直ニ町奉行ニも可取立と被仰出候方ハ誹謗之媒と相成事ニも心付
無之夫を眞實と被存候欤ニ而折ゝ之ぬけかけ扱ゝ困入候事ニ御座候何

も御一咲御覽後夏虫可被成候以上

（臺本附註朱書）
右長野主膳書狀

十二ノ廿八達ス

追日嚴寒ニ候へ共

太守樣益御機嫌能被爲成恐悅至極奉存候

貴君彌御安泰御勤務之条奉賀候然モ先便被仰越候西下樣へ被　仰進候

一条も實ハ御引後之事ニ付直ニ於　營中御開封相成候由よ而夫ゝ御承

知モ被爲在候へとも猶寫し御廻し被下候ニ付直ニ御手許へ指上候處御

見合ニも相成御滿悅ニ思召候其節被　仰進候入道両公御愼御免之事外

ニ両卿退ノ字ノ事も御趣意通ニ御評決相成候趣不遠御沙汰ニも可相成

と奉存候

一島左御賞之御品一件も實も甚六ヶ敷心配仕居候折柄　太守樣御見込之
御趣意書被　仰進候ニ付幸ひ右ニ元付御趣意通ニ被　仰進候樣ニ漸ミ
御評決ニ相成於拙子も千萬難有奉存候
一拜領仕候大小身も主人方へ入御覽候処折角之思召ヲ以被下置候ニ付早
ミ造り付候樣ニと被申付則大ノ方ハ寸も延ひ有之候ニ付太刀造ニいふ
し小ノ方ハ脇差ニと存候折柄内實主人より金龍ノ三処同小柄幷つばふ
ち共大小分頂戴仕候ニ付大ノ方太刀造ヲ見合大小ニ可仕と申上候処折
角出來ノ品又ミ作替も無用之義ニ付然らハ小ノ身ニ對し候大ノ身遣し
候旨被　仰則大ノ身も内ミ頂戴直樣拵申付候處今日出來參り候
太守樣之御蔭ヲ以無心配大小と太刀まて出來扱ミ難有奉存候右今晩爲
申上出　殿之心得ニ候間則御吹聽申上候宜敷御礼申上可被下候尤右之
頂戴ハ前件之通ニ付極内ニ候へ共貴君限ニ申上候左樣思召可被下候以
上

十二月廿二日　　　　　　　　　　長野主膳

三浦君

乍憚藤権君へも宜奉頼候

「從殿下　勅答之寫」

忝給

宸翰謹奉拜承候益御機嫌克被爲成恐悦不斜奉存候抑昨鳥も御沙汰之趣

敬承則今朝ゟ乍恐否奉待候則只今も巨細蒙　仰奉敬承候直様所司代招

寄候覺悟ニ候へ共何分武家之義故先方差支候時ハ明日之覺悟ニ候乍恐

別ニ遲速ニ而成就ト申義ニ而も無之奉存候篤度熟談肝要之事ニ奉存候

何分唯今可申上筋ニ而も無之候得共愚才短慮仲〻不都合已心配致恐縮

仕候猶又深勘考仕可奉願義も御座候何分ニも　御沙汰之別紙之趣も早

〻若狹守ニ可申聞義ニ候甚輕卒御請之段　御憐察奉願候誠恐〻〻頓首

謹言上

二月十日　尚忠

三頭御中へ

御返事早〻

○安政六年

上包「長野書狀

九ノ廿二達ス同廿五返

「事出ス」

秋冷之節

太守様益御機嫌克被爲成恐悦至極御同意奉存候

貴君弥御安泰御勤務之条奉賀候然ハ今般水戶中納言殿同前中納言殿一

橋殿ヲ始夫々　御沙汰被
仰出候右ニ不容易事件對
公儀御後闇キ次第も有之候ニ付急度も可被
仰出之處此度重キ御法會も被爲濟候事故格別御憐恕之
思召ヲ以中納言殿御指扣前中納言殿於御在所永蟄居一橋殿御隱居被
仰付候依之於京都御自縛被成候御方々ヲ始是迄御心得違被成候方々も
御挨拶且御沙汰も被　仰進御埒濟相成候方可然と
思召候趣ニ候得共去年八月八日水戸へ被
仰出候
勅諚書之儀ハ
公武御隔執之基源國家之災害後代之一大事實ニ不容易義ニ而其儘被差
置候而ハ御政道も難相立程之事ニ有之候處素々內實ハ水老御手先之者
共之依懇願被

仰出候
勅諚書之義ニ付
公邊ゟ被　仰出方甚六ゟしく元來雖爲　御親族離軒ヽ之門へ右樣之
勅諚書可被　仰出道理無之全ク其節御政務主職之方々御心得違之義ニ
候へも今如斯
御氷解御一和相成候上も
朝廷ゟ被　仰出御取戻ニ可相成義當理ニも候へ共昨年來之運ひも有之
且
殿下御辭職ニも可相成場ニ及候節ゟの一条ヲ以中解之種とも被致候辺
も有之旁
殿下ゟ被　仰出候譯ニも難相成次第も御承知之御事故
公邊ゟ水戸家へ右
勅諚書返上相成候樣ニとのれ當春之御書取之通り被

仰出候趣ニ候へ共水戸ニ而ハ
朝廷ゟ
思召ヲ以被下候
勅諚書ニ候へも
公儀へ被指出候事不本意ニ思召候哉例之御承知無之由右ニ付而も不見
、之御方ニも六ヶ敷事と汁思召候へ共主人方ニ者左樣ニも不思召唯前後
ヲ深御案思被成候も水戸家御一分之義ニ候ハヽ強情被申募御趣意ヲ御
用ひ無之時も水家之御不爲も自業自得之事故
公儀より急度御沙汰之被
仰出方も可有之候得とも左樣相成候而も無據京都へも御沙汰無之而も
難相成場合ニ至り可申左候而も御一
朝政之御瑕瑾も不及申又々一騷相成
公武之御不爲ニ付最早氷解御一和之場ニ至候事故ゟの水戸へ被下候

勅諚書ても御失策ニテ國家之御爲甚不可然義と
思召被爲付候ハヽ何卒
京都ゟ傳奏衆ヲ以御取戻之御沙汰被
仰出候樣ニても相成間しく哉其上ニも水家ニ而彼是被申候ハヽ非禮之義
無據次第ニ付
公儀之
思召も可有之候間此旨　貴君迄申入　御賢慮之趣相伺候樣ニと被仰付
候此間西丸下ゟ被仰遣候筈ニ御坐候御深意ても前文之御含ニ御坐候事ニ
付尚小子ゟも事實委申入候樣トノ御事ニ御坐候宜言上被成下何卒傳奏
衆より書取ヲ以
太守樣迄被　仰出候樣仕度奉存候以上
九月十六日　長野主膳
三浦七兵衛樣

（以下二行原朱）
左ノ誓詞文酒井若狹守所司代在勤中公用人相勤候某日記中ゟ拔出
到來

武家傳奏ハ古キヿニテ足利ノ世觀應二年ノ東寺古文書ニ武家執奏勸修寺一品同家祖芝山內大臣經顯ト見ユ於德川家傳奏被仰付候ヘハ於二條所司代御役亭誓詞有之禁裏御附侍座アリ

誓詞文

就傳奏之役儀勤仕公家武家御爲聊以疎略存間敷候公武御用之儀ニ付ゟ相役中惡不仕諸事申合依怙贔負無之糺善惡正路ニ可致沙汰之次御用之儀各被相尋子細有之節不貽心底可申者也

右於違背者可蒙梵天帝釋四大天王總ゟ日本國中大小神祇御罰者也

年号月日　　實　名血記

老中
連名殿
所司代

一御用之節ハ所司代御役宅へ招之於小書院對話ナリ御役料米五百俵關東参
向中ハ議奏ニテ代勤有之

三浦七兵衛所藏書類

一有文卿御端書　貳通
一小笠原長州直書　四通
一義言書狀　六通
一成田作右衞門書狀　四通
一龍章書狀　壹通
一同役共ゟ書面　壹通
一休成書面　壹通
一山本彥三郎書面　壹通
一
〆貳拾壹通
一勅書之御寫　壹通

○萬延元年

（上包）「長野書狀
「閏三月廿日達」」

追〻暖和之候先以
大守様益御機嫌克被爲成恐悅至極奉存候
貴君彌御安泰御勤務之条奉賀候
然者水藩廿九人出奔致シ候趣一昨八日水戸ゟ御屆相成候事昨夜深更ニ承
り候間此段申上候右出奔致し候も何故ト申事相分不申候へ共一ニハ此間
水戸去年二月之
勅諚御取戻し之御催促被仰出候間右ヲ途中ニテ奪取候手段歟又ハ先日來
京都へ入込新ニ
勅諚ヲ申請度所存之處自由不相成處ゟ上方へ駈登り
殿下と

太守様へ乱妨致シ其騒キニ
勅諚申下シ之手段可致トノ手立歟又ハ人數半分ハ横濱ニ而夷人ヲ爲騒其
勢ひニ
勅諚ヲ申下し度所存歟右三ヶ条之内ヲ離レ候而ハ此節
勅諚御取戻シ之御催促ヲ被成候御役方ヲ恨ミ候歟其外ニハ兼テ遺恨ニ存
シ居候讃州侯ヲ始メ夫々へ乱妨可致歟と存候へ共右等之小事ニ心ヲ懸ケ
候ニ而ハ有間しくとも奉存候左候得ハいつ迄ニ於ても此節右様之義も全
く
京都へ心さし候故之義ト奉存候呉々御如才ハ有之間敷候へ共此上御大事
ニ奉願度既ニ去月
京都之張紙ニも
太守様之御名ハ出居候事と奉存候間何卒御用心奉願候
右之通り之次第ニ付方今之急務ハ京都之事ト存候間一両日之内ニハ當方

ゟ重役三浦内膳上京可仕其上何事も御相談可然と奉存候前件指急キ申上
度餘ゟも期後便候早〻以上

閏月十三日　　　　　　　長野主膳

三　七兵衛様

尚〻藤權君へも宜敷奉願已上

○萬延元年

上包「極密」

「閏三月廿日達ス」

當地之模様ハ先何事も改元年號之字之通リ扨〻困入候併水へ
勅諚御催促も先日被
仰出右ニ付廿九人出奔居も有之彼是追〻手始ト相成候故いつ迄ニも御所
置方も付可申内紀候ゟハ随分强キ御見込も被仰候へ共兎角ゟあ〳〵しら

られ久大侯ハ両端ニ相聞今暫く相立不申而も聢ト相分り兼候尾公ハ始より貴君被仰越候同様之御見込ニ而大ニ宜しく此節柄徳川之武名ヲ汚シ候而ハ不相成ト御心配之御事ニ御坐候紀公ハ勿論之事唯々芙蓉間御役人之内ニ者身構而已ニテ傍觀之方多ク其響ニテ中以下ニテハ天氣待扨ゝ不怪事ト申沙汰仕候

一二三日前御同姓兵部侯へ捨訴致候是ハ水天狗之所爲ト相見へ候處一昨年之如ク幼君之沙汰等ハ更ニ無之阿ア侯堀田侯之夷人之所置ヲ皆主人ニ負セ惡黨共乱妨之申譯ト相聞へ申ル其中ニ本家ヲ鎮め候樣ニト申事も有之察スル處惡謀共外櫻田ニテ乱妨いたし候上ハ右ニテ京都ハ騷キ可申其擧ニ乘シ

勅諚ニテも申下シ度手段之處段ゝ上方之御取締相付望ハ更ニ相立不申より今ニてハ水家ヲ案思少ゝ恐怖之氣さしニやと被存候御當地ニテ乱妨いたし候者共之内御吟味之節々京都よ大變ハナキヤ何欤申而ハ不來

哉と每〻尋候由コレハ去月三日乱妨いたし迯不得者ハ閣老方へ這入
公儀ニ恨無之由申立御預ケニても相成候內ニハ京ゟ
勅諚下り自分〳〵も御免ニテ水戸へ御預ケニ而も可相成ト存詰候故之
義ト申事ニ御坐候返ス〳〵も京都之御行屆天下之幸福ト難有奉存候
公方樣ニハ甚敷御憤ニ而候処例之腰拔連共之心ニハあまり嚴敷被　仰
出候而ハ却而御爲ニ不相成ト申處ゟ嚴しき方ニ申上候藥師寺等ハ當分
表へ出し候位之事ニ御坐候併是ハ何も案思候譯ニテハ無之ト申事ニ御
坐候然ル處右之次第ニ付芙蓉間役人之內ニハ櫻田樞機之人ヲ被除候事
と存候哉當方へハ音信も不仕只〻默して忙（惘カ）果居候由大笑止之事共ニ御
坐候此上ハ不遠晴天白日ヲ見候計ヲ樂申居候右之次第ニ付何分今暫ら
く御用心被下置
京地之御取締方偏ニ奉願候事ニ御坐候此段內〻申上候已上

義　言

三浦　君

(三字原朱)見返し　別紙風聞書

(原朱)九ノ廿二達ス九ノ廿五返事出ス

一當時名代之贋(ニセ)水天狗連此節迄も出張之人數相殘り居中納言殿御登城相成候迄ハ引取不申旨申居候趣御時節柄不穩所行ニ付御沙汰ニ相成候處漸一昨十四日水ノ老臣ゟ十八日迄ニハ不殘爲引取可申夫迄御猶豫相願候由同日被仰渡候ニハ若其日ニ至於不引取者最早不被及御沙汰討手ヲ被指遣候間其旨可相心得之旨御達しニ相成直ニ両御奉行へ自然十八日迄ニ不引取候ハヽ不殘召捕候樣尚又多人數ニ而手勢不足之分ハ其期ニ至　思召之旨も有之由其手當嚴敷被仰付候然ル處昨日之書上ケニ今晩中ニ不殘引取之樣子ト申上有之候古へ蝦夷之叛も如此有樣ニ有之哉と思ひ出候

一昨十五日神田祭り當年者格別賑敷風聞ニ而も有之候哉夷人共拜見ニ出

度由達而申立無據外國奉行ゟ其旨申上候處夷人祭礼拜見之義ハ御指止ニ相成候ニ付外國奉行も殆當惑いたし是迄段々申聞候へ共承知不仕此上者如何申諭指止可然哉と御內意相伺候節被仰渡候ニ者日本ハ神國ニ而神者獸肉ヲ食シ候者ヲ御嫌ひ被成候故强而罷出候時者必祟有之依之御指止ニ被仰出候旨申聞候樣ニとの御事ニ付右樣さつと淺もゐ成申方ハ是迄ニ無之迚も承伏ハ致間敷と外御役方も意內ニハ被存居候趣ニ候へ共右樣申聞候樣ニと被仰付候事故無據外國奉行ゟ其旨夷人共へ申聞候處尤ニ承伏いたし昨日祭礼ニ者一人も出不申候由扨右樣さつとしたる被仰出方ト申も是迄惣方理屈詰計之應接ニ付右樣被仰出夫ニ而も聞入不申罷出不敬ニ而もいたし候節ハ切捨候共後々彼より申分無之樣との御意內ニも可有之處夷人共早く恐察いたし一言ニ而承伏いたし候歟僅成事ニ者候へ共此節之形勢歎息ニ不堪候處一ニ而も御國風ヲ以御示ニ相成候御趣意相立候事愈快之至ニ付申上候以上

右長野義言書狀（墨本附註朱書）

○安政六年

上包
「十ノ廿三夜達」
「同廿四日返書出」

寒冷之節

大守樣益御機嫌能被爲成恐悅至極御同意奉存候貴館御揃彌御安泰之條奉存候然ハ昨十七日中刻出火

御本丸不殘燒失仕絕言語恐入奉存候尤子刻鎭火ニ相成風も無之天氣ニ付類燒ハ無之

公方樣一旦吹上へ御立退ニテ同夜西丸へ御移ニ相成候日之中之炎上ニ付大切之御道具類ハ大抵取出シ御奥女中向も銘々所持之品ハ大方持出し候

趣右之次第ニ付男女共怪我ハ一人も無之先〻此中ニ而も恐悦安堵之御事ニ御坐候寔ニ昨夜之混雑無申计主人も御退出間も無之直ニ御登

城先

公方様御立退場ゟ諸御役方之指揮被致當方御供方も平日と違ひ不殘御召連ニ而候處御先格之由ニ而一人も消防之方へも御差加へ無之人數不殘西丸大手之固メ被仰付其段御役方へも御達シ右ニ順シ諸御役方ニも第一夫々取締方被仰出候而又當屋敷ニても門内之警固其嚴重如此候ハヽ假令如何様之事出來候共少シも氣遣ひ有之間敷ト存候事ニ御坐候抑此炎上昨年之今頃ニ候ハヽ天下之大變御同前如何相成候事哉其義も申出候事ニ御坐候昨日者殊ニ風もなきニ火之手之廻り甚速ニ而候処一人も怪我無之實ニ不思義之御事ニ御坐候依之倩氣運を相考候へ者近年天下之大厄難

公儀ニおいても一大事此時ニ迫り候位之処

太守様も中上候迄も無之貴君ニも格別之御精忠ヲ被竭御同前ニ初而治平

◎朱書ノ分掛ケ紙

之地ニ居し寢食をも安ク致レ折柄右樣迄之大厄難ハ遁レ候而も其氣何國ニ欤殘り有之候哉左候へハ此度之炎上ハ則大祓ニテ此後之御繁榮其基原（朱書）終ニ大拂ニ相成候ニも候欤と存候何分大混雜中委ハ後便可申上先不取敢爲御知迄早々如此ニ御坐候已上

十月十八日　長野主膳

三浦七兵衛樣

乍憚小笠原長州君へ此度ハ別段不呈書狀候間貴君ゟ此旨宜御傳被下度願上候藤權君へも宜しく奉願候已上

○萬延元年

上包「四月朔日達ス」

去十六日附之尊翰相達忝拜見仕候先以

太守様益御機嫌克被爲成恐悅至極奉存候然ㇾ主人方御役御免ニ付
太守様格別御配慮被成進其餘水府之御所置方ヲモ深　御案思被
思召候糸不始于今御懇篤之御事難有奉存候早速若殿へも申上重役へも申
達候事深難有尙宜申上之旨被申付候
一水府之一件も先便申上候通り悪黨共悉召捕早々御指出可被成之旨御達
シ有之其後御返事も無之様子乍去右様運ひ相付候上ㇵ何ㇾニハ片付可
申此節承候へハ水府天狗之主謀と相聞候武田修理事御國表ニテ御咎メ
被仰付有之候處此節内〻出府小石川御屋形内ニ罷在候趣ニ付探索候処
彌相違も無之哉ニ相聞申候左候ハヽ先比當中納言殿ヲ殺害之風聞も實
說欤と中沙汰有之此節探索中之由ニ御坐ㇾ右實否相分候ハヽ早〻可申
上候
一松泉州侯之御側御用人川住市左衞門事先日急〻在所へ被遣候右者先日
來内紀侯久大侯等へ參水戶御所置方手ぬるたる方ニ勸メ罷在右ハ泉州侯

之思召ト計被致候処左ニ無之泉州侯ニ者嚴之方ニ御居り候處全く川住
候臆病ヨリ右之通り申上有之候事及露顯候故御内沙汰ニ而在所へ被遣
候右市左衛門ハ平日懇意ニ罷在候處按外之事ニ而驚入候
一御指下相成候金子孫二郎始も川留ニ而漸〻昨二十四日着府致候由御當
地ニても追〻御手當嚴敷相成召捕も有之候へ共主謀たる者一向御手ニ
入不申候
一此節天狗共之所行ト相見候形も無之事ヲ種々申ふらし疏ニ實否ハ可相
分事まて僞り人心を爲迷候事甚敷右ハ一時之興と而已も不被存候ニ付
愚考仕候處又〻右之動乱ニ乘シ諸人ヲ馴付ケ
勅諚可申下之手段ニ而も可有之歟ト深御案思奉申上候先只今之處ニ而
ハ何も可申上程之事も無之殊ニ今日ハ主人病氣爲　御尋御奥醫師大膳
亮章庵方ヲ被下甚取込居候間御請迄委敷も後便可申上候已上
閏三月廿五日　義　言

三浦尊君

尚々藤權君へもよろしく奉願候う六ゟも宜申上之旨申聞候

已上

○萬延元年

上包

「申九月三日達」

秋冷之節

太守様益御機嫌克被爲成恐悦至極奉存候

貴館御揃彌御安泰之条奉賀候然ㇵ主人事昨廿五日御用召ニ而今朝五ッ時

御登城被成候処出格之

思召を以掃アアア頭少將ニ被任候全く故主人忠勤を盡し候と申被仰渡重々難

有奉存候表ゟも御吹聽可申上候得共不取敢此段申上度宜敷言上被下候

一水老も今日御大切屆彌明日ゟ御發シニ相成候との事當中納言殿今朝五時水府へ御發途ニ相成候
一和宮樣一件も太守樣格別之御配慮ハ勿論殿下不相變不一方御骨折ニ而十分之場ニ至候趣恐悅至極難有御事ニ御坐候色々申上度候へ共昨夜ゟ大取込主人も廻勤濟八半時只今御帰ニ相成候位之事故不取敢如此ニ御坐候已上

八月廿六日　義言

三浦君

乍末藤權君へも宜しく奉願候已上

○安政五年七月カ

西洋之義近來航海之道打開候ゟ貿易最大ニ被行歐羅巴各國同盟之國ト相

成世界中和親貿易之道ヲ可開見込ニ而存意通不應國も右各國代ニ戰爭ヲ仕懸終ニハ奔命ニ勞レ國力之不及処ヨリ和親ヲ乞ひ其節ハ存分ニ港々ヲ開地を奪戰爭之入費迄爲償既ニ清國道光年中鴉片之儀より事起英吉利ト及戰爭和睦之節香港厦門寧波上海定海等ニ英國ゟ商館を建交易之地トいたし戰爭幷鴉片之費金二千万両余ヲ清國ゟ出シ夫々條約取結候処其後も兎角蔑如いたし應對之礼節其外尊大ニ構ひ再戰爭ト相成英佛力ヲ合セ昨年迄ニ十分之勝利を得清國ゟ和ヲ乞ひ以後ミニストル等之官人も其家眷ヲ牽ひ首府ニ第宅を建勝手ニ居住いたし其官人之内英吉利國王之名代ハ支那之王ト礼義崇敬同等ニいたし或ハ英國政府ゟ北京ニ家屋を建地ヲ求幷同國人員ヲ待するためニ家屋ヲ借事を許しコンシユルハ都府ニ居留いたし基利斯敎法ヲ自由ニ勸誘いたし英吉利之小民遊樂又ハ賣買之ため關符ヲ取國内之諸部ヲ旅行其餘開キたる港より百里ニ至らは五十日ゟ過さる期限之旅行ニ關符ヲ用ひも勝手ニいたし前書道光年間相開きし港之外

猶新ニ九港ヲ開き英國王之名代ハ其臣僕および侍者ヲ清人之内ニテ撰以來夷ト云支那字ハ異國政府及ひ臣民ニ向く支那之官牒ニ不用積等都合五十六ヶ條十分之條約ヲ取結ひ右爲も今般渡來之魯西亞使節ゟ差出候儀ニテ其上再度戰爭之費用ハ支那ゟ英佛へ償ひ或ハ西洋道程七百里程之清地を英佛へ差出兩國之所領トいたし候趣ニハ右戰爭相濟候得も　御國江戸近海へ英佛ゟ數艘之軍艦を差向支那同樣之條約を結否候節ハ直ニ戰爭ニおよひ候聞慥ニ有之亞米利加英佛も富國强兵魯西亞も世界中之大國方今之形勢强而鎖國之舊典を御立被遊候へ共忽歐羅巴之敵國ト相成終ニ衆寡不可敵節ハ目前支那之覆轍ニ付昨年以來當春迄亞國官吏と條約及對話彼レ申立之内後患ニ可相成廉ハ日夜力ヲ極說得および爲取除談判相整候上ニテ以後西洋各國ト條約取結候とも亞國ヲ以基礎といたし此上外國より如何樣申聞候共右條約ゟ不動段官吏ゟ申聞於彼も外國ゟ右則ヲ起〔超カ〕し中立候ハヽ扱ニ立入說得可致旨證狀迄爲差出調判之義も

叡慮之御旨も有之見合置候內下田表ニ魯西亞亞米利加兩國之蒸氣軍艦渡來いたし右ハ支那香港より相廻候船ニ而無程英佛二十艘以上之軍艦ヲ江戶近海へ差向ケ候由ニテ夫々用意之体香港ニテ見受候趣兩國之もの申口も符合いたし亞國官吏ハ右次第及承英佛渡來以前條約調判相整不申候而も兼而申立置候通兩國說得方ニも差支詰リ

御國之御爲ニ不相成由ヲ以下田へ渡來之亞國軍艦を以神奈川沖迄罷越夫々差向候事實申立時刻ヲ相延候へハ英佛も渡來いたし彼レ暴ニ出候節も

被免間敷義迄差免候樣相成候而も

御國力之輕重自然万世界ニ響居候筋ニ付いつ迄ニも亞國條約を基トいたし候ニハ調判不仕候而も難相成候間右條約ニ調判いたし其後魯西亞英吉利も亞米利加之振合ニテ談判相整是又調判仕候義ニ有之亞國ニ調判いたし外國調判難差拒次第も同國ト安政元申年於神奈川取結ひ候条約幷魯西亞ト同年同樣之条約ニ向後他國へゆるす處之諸件ハ更ニ思慮を須さく速

ょ可差許ト有之候間今般も亞國調判濟之上も魯英も同様ニ不仕候而も難相成義ニ御坐候事

○安政五年十二月二十八日

讃印事存外嚴重之取計ニ相成右大將有文共ニ大ニ心配候猶宜賴入奉存候事

昨朝も總州ゟ之御返答出候趣左候ハヽ弥宜御次第ニ相成候哉ニ令察候事

今晩若々手透ニ候ハヽ賀川方にテ面會賴度候每々乍御苦勞宜賴度候否勝手承度候事

有　文

唯今ハ細書之旨承知候讃印事昨夜二更比沙汰有之則今日午刻被差出候義

ニ候右ニ付テハ何卒程克早〻被差返候樣致度尤本家ニも大心配之旨ニ而
從今朝も文通有之可相成ハ面會委細賴呉候樣被申越候義ニテ何卒〳〵此
上之處昨日も申入候通明白之廉ヲ以速ニ被返候樣被差含取計賴候事候呉
々も宜賴入候
一賀馬不存寄義出來扨〻氣毒存候何卒養生叶候樣ニと祈入候事ニ候猶又
是も宜心掛賴候事候
廿一日　　　有　文

◎賀川肇ノ一

上包
「小笠原長門守書狀
四通」

愈御安清珍重存候只今御心付ケ之儀貴答も夫々申進候得共尙爲念申上候
獅子印之義組之者早速呼出申談候處上邊出役之組之者同所手當向も差心

得精〻心付居其外水府筋關係之向ハ所〻手當致し有之候間先御放慮可被下候併此上ニも尙無油斷心配可致候東方ニても加繁等ゟ右等之邊心付居候趣ニ御坐候且淀川筋之義も大津邊又ハ關宿等ニて手配致し有之候間多分懸念ハ無之候得共西國筋ゟ入込之者共之御懸念等御坐候ハヽ尙又其心得ニて手當も可致此段も申進置候將又獅子印之義御內沙汰も有之左ナク共手配いたし有之候事故拙者共職事文之義ハ精〻心配致し候得共御所向ニ付候御身柄之義故御身分之異變ハ御附ニテモ職分當然之取締も心得居可申筈ト存候得共尙一應御沙汰等御坐候てハ如何哉拙ゟ申上候筋ニハ無之候得共任御懇意一寸申進置候匆〻已上

三月八日　長門守

七兵衛樣

內用

御書面謹讀候愈御安泰珍重存候然を如示外櫻田一条實ニ驚歎之次第御坐候就而口々手當方之義夫ゝ輕重手配も爲致置候得共尚淀川筋等も自然廻り遠場所故手緩ニも相成勝ト存候間精ゝ心付候樣可仕如示右樣之場所却而大切之事ニ御坐候段ゝ御心付難有奉存候將又桂芳軒獅子印之義是又御配慮御尤至極奉存候工風いたし不目立樣何トカ所置方も可有之早速組之者へ申談候樣可仕候先も貴答迄畧之(吳ゝイ)両条御心付難有御礼申述候宜しく被仰上可被下候早ゝ已上

三月八日

長門守

貴答

○安政五年

過刻も御書面ヲ以御內話折節不在御答延引いたし候先以愈御無異珍重存候然を被御申越候書類九條殿江尚又御差出相成候ハヽ其前一寸御下ヶ相

成候様いたし度三國大學ヲ一應取調見可申ト存候且又少〻御内話いたし
度義も御坐候間明日御屋敷へ參上
若狭守様御逢も御坐候得ハ其序申上へく候得共若御逢無御坐候ら又ハ両
人へ御逢ニも相成候得ハ申上兼候間明夕御繰合御出來被成候ハヽ御出被
下候様いたし度存候ハ先者過刻之貴答迄早々以上
十一月十八日　長門守
七兵衛様
尙〻本文書類若明夕御出も候ハヽ其序御持參可被下候

愈御安寧珍重存候然ハ三國大學ゟ爲認候手跡別紙差進候宜御披露可被下
候其外伊丹藏人ゟ引合梅田山本之文通或ハ日記取調候處別紙之通御坐候
山田勘ケ由ト申者も同宮家來ニテ伊丹ト同様之者ト相見候是ハ如何可仕

哉同等之者一人殘候も如何ニ存候間御内談ニ及候併伊丹计先呼出候方ト

之義ニ候ハヽ左樣可仕

若狹守樣思召御伺被仰越候樣願候明日御用伺參上ハ仕候得共御逢之程も

難計候間一寸相伺置候

一粟田祈禱之義今日妙滿寺〻も取調之御沙汰御坐候乍序申上置候大乱筆

匆〻已上

十一月二十四日　長門守

七兵衛樣

別帋二包添

○萬延元年

上包「閏三月」

「十八達」

一翰奉拜呈候暖和之節御御坐候處爾後益御安康被成御勤仕珍重御義御坐候
然も櫻田騷モ先格段相替り候義も無御坐候所々之浮説も夥敷御坐候容易
ニ難申上説已ニ御坐候此上ゟ御裁許之上ならてハ井伊家之方ニも追々之
御諭ニ付動搖致候事も有御坐間敷候其後余黨之者壹人召捕ニ相成候者も
無御坐候鍋嶋侯も御差留ニ相成居候處去六日御發足ニ相成申候夫迄ニ一
度内藤樣ニ爲御逢被爲入御十分被仰立候得共侯之思召程ニも不參哉御出
立之義御願ニ相成候処被　仰出候義も御坐候間一度登　城之上御出立可
被成旨被　仰出候得共御登　城御坐候義ハ不承候此度之一条ニハ余程之
御腹立ニ而御出立も御見合ニ相成可申位之処内藤樣へ御逢後ハ何ら思召
不相叶処も御坐候哉早〻御出立之思召ニ被爲成五万石位之量見ニ而迚も
咄合ハ不相成殊ニ久世抔引出迚も〳〵ト咄ニハ不相成自分ハ大切之御場
所預り居候間早〻出立致し候ト俄ノ思召立ニ而御發足ニ相成申候高松樣
へも毎々鍋嶋侯ゟ御文通被爲在以後之處殊之外御歎息被爲在候御樣子ニ

御坐候櫻田様之御跡ヲ繼御嚴重之御取調ト申様ニハ迚も參申間敷最早ソロ〳〵ト御老中方之思召も相替り掃部頭様ニも誠犬死ト申者ニ而氣之毒千万此節之模様ニ而も迚も嚴重之事ニも參間敷水府老公ゟ高松様ニ御自筆之御文通幷御家來之者も日々參り候得共其以後ト申者一度無之却而可有之筈之處無御坐候播磨守様ニも御老公ゟ之御文通御家來之者毎〻罷出候様子水府之方ニも穩ト御取扱ニ相成候事も自然ト相響先年中ゟ御役替等之仕置相成候向も追〻首ヲ揚松伯耆守様被除板倉抔再勤ト申事ニ相成候而も此度之一条夫切ト申者井伊家ニ而御在所ゟ夥敷出府別紙申上候位も出府致し今日ニ而も唯なため〳〵致し居やり日やり送り後〻却而六ケ敷大事ニ相成候事をも不顧唯〻今日之穩〳〵と申事ニ落入候様子ニ被相伺掃部頭様御在勤中トハ御役人方之思召大相違後〻如何成行候者哉ト高松様ニも殊之外御案思被成右ニ付而も京地之処も尚更御案思被成今迄通之思召ニテ不相替御勤ニテ大相違ニ御坐候間無屹度三稅（祝イ）ゟ申上候様ニ

トノ御噂ニ付極密ニテ私ゟ申上吳候樣申聞候榮德ゟも同樣之義申聞候自然ト速ニ御大老も出來不申久世樣御再勤直ニ御勝手掛御普請も御掛りト申事ニ相成世上も櫻田之惡口夥敷自然ト櫻田方水府方ト申樣ニ咄も立合候趣ニ御坐候甚以可恐事ニ御坐候

一高松樣ニも此節ニ而も老公ゟ之御文通も無御坐候水府御家來之者共以來壹人不出申却而御樂ニ被爲成當年中ニも御隱居之思召之処ふらさ致し迚も引込せ候事ニも參間敷候間先ゝ隱居之御沙汰も御止ニ相成候趣三稅(祝イ)迄御咄も被爲在唯ゝ御役人方之思召之替り就而も自然ト水府之方相響此迄京地御骨折只今之所ニ而とをかう有御坐間敷候得共右之處も御心得も御坐候哉ニ候得共折角之骨折莫大之御物入却而御無益ニ相成候哉ト御案思被成候右之義も御如才も無御坐候得共三稅(祝イ)ゟも申上候樣ニトノ義ニ付私ゟ程能申上吳候樣賴申候乍併隨分右樣之義ニも可有御坐候得共今分之處ニ而も愚按何とも難申候追ゝ世上之模樣相考

田安様抔ニも探索相掛尙又可申上候樣仕候

一井伊様ニも思召有之候間御役御免直ニ御指扣御伺之処不及其義同日和泉守様紀伊守様ゟ別而被仰含其上公用人壹人御用番內藤様へ御呼出ニ付六之丞被罷出候處別段被仰含御坐候趣ニも候得共御書取も無御坐候只口上而已ニ而之被仰含之事之由右を高松様殊之外御案思被成後々之證據ニも不相成其內ニハ役人も相替り口上之意味合替り候事ニも相成證跡之無之事ハ後之役ニも不相立御案思被成候由ニ御坐候高松様ゟ何様之被仰含ト申事御尋御坐候得共右者何分ニも難申と申事ニ御坐候

一櫻田矦之首論も兎角水府相廻し候と申事多申者も御坐候既三日ニ隅田川堤通り人足指出ノ様申付早加籠ニテ水府ニ參り候者三人計も有之哉ニ相聞右人夫ニ罷出候者共此節召捕ニ相成候其節首様之包持居候趣右も其所者咄直ニ承り申候如何之者哉難相分右實説ニ御坐候何分ニも井伊家此末治り兼候哉ニも奉存候先只今之処ニ而も一同穩ニ而

公邊へ御任セ申候事ト被察候何樣ニ成行候者哉我等之愚前者迄も御案思申上候事ニ御坐候當所ニても京地評判取・〔〻脱カ〕ニテ御案思申上候事御坐候委敷義爲御聞被下度奉賴候

一此度十七八之申立書付祕物ニハ御坐候得共此度之御便ニも寫取兼併最早

公邊方も相廻り候事と奉存候尚後可申上候

一松和泉守樣も御評判不御宜何レ近日御免ニも相成可申哉之事

右之段申上候間御序之節宜御願申上候以上

後三月十一日

作右衛門

七兵衛樣

尚以時候折角御厭被成候樣奉存候此度之一条ニ付而當節噂〻御繁多別して御心配御苦勞之義ト奉存候

御上ニも嘸々御心配奉恐察候何卒委敷御模様御聞取被下度奉
願候已上

○安政六年
一翰啓上仕候暖和之候御座候處益御安泰被成御勤仕珍重之至奉存候次ニ
私無異罷在候間乍憚御休意可被下候然ハ去十三日宇津木六之丞方へ出會
尚又先日指出候御書付之一条篤ト相頼候處承知御坐候其節　御上ゟ掃部
頭様ニ　御直書毎々被進御返書御認置ニ相成候處京地之御模様少々ツヽ
替り候事も御坐候ニ付又御認替ニ相成未御返事も不被成幷宇津木氏ゟモ
同様にてつい〳〵延引ニ相成近日ニハ御返事も可被成候間右之段別て尊
君様迄御斷申上呉候様頼御坐候間無叱度
御上ニも被　仰上被下度奉頼上候當地も先相替り候義無御坐候昨日も公
家衆御着ニ相成候ニ付先日御下シ相成候囚人左之通御預ケ相成候乍序申

上候

三月十日到着御引渡之由

右御吟味中岡部筑前守家來へ御預ケ

右同斷伊東修理大夫家來へ御預ケ

右同斷松平丹波守家來ゟ御預ケ

久我家ゝ來　春日讃岐守

三条家ゝ來　森寺因幡守

一條殿家來　入江雅樂頭

大覺寺門跡家來　療病院

六物空萬

三條家ゝ來　富田織部

近衛殿老女　村岡

御藏小舍人　山科出雲守

三條家〻來　丹羽豊前守
一條殿家來　若松木工權頭

右同斷加藤出羽守家來へ御預ヶ

一此前小笠原始御預相成候分モ御吟味壹両人ツヽ町奉行ニテ七度计も御坐候先相替候評判も無御坐候

右之段申上度如斯御坐候余ハ重便可申上候以上

三月廿日

成田作右衛門

三浦七兵衛様

尙以時候折角御厭被成候樣奉存候也

○安政六年

一翰啓上仕ル向暑之節御坐候処彌御安康被成御勤仕珍重御義奉存候然ハ

當所も先相替り候義ハ承り不申候水府一条も先〻靜謐之趣ニハ御坐候得共帰參之者も只當人へ申宥候计ニ而八人计も入牢致候處誠ニ名目计ニ而締りも無御坐候位之事ニ相聞何時表發致候も難計哉ニも申居候も御坐候油斷之不成御時体ニ御坐候異人一条ち先〻相替り候義も不承候昨年馬ヲ買入本國ゟ參り候途中ニテ七分通落チ大困窮致候様子ニ御坐候爲指儀も不承候得共任幸便申上候早々以上

五月十四日　　作右衛門

七兵衛様

尚以時候折角御厭被成候様奉存候當所ち入梅之日ゟ殊之外暑サも强今日迄一日も降不申寒暖計ニ而日々八十六七度位之暑サニ御座候御地ち如何御坐候夫故少之濕も無御坐候此様子ニ而土用入ニ而ち如何御坐候哉何卒不潰様致し度者御坐候當地隨身之御用等無御遠慮仰可被下候以上

○萬延元年

一翰啓上仕候追日冷氣相増候處彌御安康被成御勤仕珍重御義奉存候然者當地先相替候義不承候得共薩州江參候浪人三十七人未其侭ニテ御預ニ相成候由水戸江御引渡ニ相成候哉ニ御坐候外ニ両人跡ゟ參可申哉之申立も御坐候得共未參申當時ニテハ三十七人計ニ御坐候水戸様ニも御國へ被爲入候處未タ御帰府不被爲在候水戸表先〻靜謐ト相見別段取沙汰も不承申候

一老公御存生中被仰置候ニハ自分死去後ニ相成候ハヽ當中納言様之御氣不入者夥敷有之哉ニ付其節ハ千葉周作ニ圍ひ呉候様ニトノ御頼御坐候ニ付御逝去後千葉稽古所へ四十人計も參居候趣ニ承り尚探索致候處右様之義ハ無之事ニ御候候右老公ゟ周作へ御頼之一条ハ松平播广守様ゟ咄合御坐候而慥なる義ニハ御坐候得共周作方江右様ニハ不參申趣ニ御坐候先ハ

右之段申上度如斯御坐候已上
九月十八日　成田作右衛門
三浦七兵衛様
尚以時候折角御厭被成候様奉存候嘸〻御繁用御察申上候

○安政六年
昨夜も御紙表拜誦仕候其砌　御前伺公
御對面中詰所へ引取候節ハ最早亥半刻過ニテ御使御帰り後故無據失敬ニ
相成畏縮之至奉存候然者水　勅御取戻し一条爲御挨拶御書取御差出被成
昨朝及披露置猶一昨夜御内話申承置候通人手ヲ經候而も胡乱之懸念無之
ニもあられ候ニ付御直言上仕度則御人拂御對面之義相願候處黄昏過　御
座ノ間へ被爲召候ニ付則取戻一条ニ付テハ惣而御周旋之爲急事ヨリ少〻
行違ニ相成素〻　御沙汰之節ニハ御速ニ御决斷有之度トノ義若狹守様之

御考量ニテ久印殿へ極内ミ被　仰込少シニても　殿下之御苦労少キ方ニ
トノ　思召ヵ出候事其余萬条千緒之次第呉々具ニ言上厚ク御斷申上候ニ
付余程御打解之御模様ニハ御坐候へ共今一段之處是迄之如ク十分之場ニ
至兼候夫ニ付ゐも少ミ御懸念被思召候廉モ有御坐哉ニも相伺候其外御咄
シ之条件ハ期拜謁不申テハ諸事難盡拙筆尤只ノ一度ニテハ言上盡兼候ニ
付今晩明朝之間ニ今一應言上候ハヽ速ニ御聞分可被爲在哉ニ奉存候乍併
深重之御案しニも及申間敷哉ニ奉存候誠ニ　御上京以來此ヶ条程困入候
義ハ更ニ覺不申御憐察可被下候尤參殿ニテ委曲可申述本意ニ御坐候へ共
無據義ニ取懸り罷在候間乍略義愚札ヲ以此段申上候可然言上可被下候い
つれ共今晩明朝迄ニハ皆濟候ハヽ御吉左右可申上ト奉存候他洩必無御坐
様御含置可被下候其外之條ミ拜眉言上萬ミ可申承候恐々謹白

正月二十二日　　　　　嶋田龍章

三浦七兵衛様
　相役

尙ゝ今日者伏水侯御參　殿御對面被爲在候事ニ御坐候且又同侯へ
堂上方御出入一条巨細書御差廻し被成御別紙且貴墨共内ゝ奉入
高覽ニ置候此義モ拜面之上可申述候已上

○文久二年

上包
「同役書狀
戌二月三日同」
「十三日達ス」

正月廿一日之尊翰同二十九日相達拜見仕候如來諭春寒退兼候處先以倍御
勇勤被成御坐候奉賀候然も十五日一條ニ付其以來之御模樣縷ゝ被仰下委
細謹承仕候當地之處遠隔之義ニ付別而御案思被上候御儀ト奉存候十五日
之尊翰十九日夜戌刻過相達候ト直ニ三人共役所へ罷出夜通しニ伏見両町
奉行石原小堀在京御目付ゟ之御直書取扱且私共ゟ加納塩津渡邊上田鵜飼

小寺上助横田竹内大野等へ文通仕翌朝公用人ゟ御堅之七家井伊郡山等に
も相達夫々手配有之御自用之方も大八殿に申達夫々心得方一際御談有之
候ト申次第ニテ先ッ手を盡し候丈ヶハ十分手を盡罷在（候脱カ）扨此度も櫻田之時
ト違夫々格合も立居候事故改テ組立テ候譯ニも無之候間强ゐ異論も無之
只々弛ミ候丈ヶハ引戻し嚴重相成候次第ニ御坐候間左様御承知被下度奉
存候伏見表も又々船場等嚴重ニ相改處々見張差出候旨横田ゟも具ニ申越
候義ニ御坐候加納ニも三人共面會同人ニも不相替氣込被居候事ニ御坐候
一大八殿ニも御書面御差越ニ付差出候處委細御承知被成候別ニ御返書も
御差出無之候間御承知之段私共ゟ申上候様御申聞ケニ御坐候
一千種岩倉両卿島田にも早速相達九殿ニも彦根之人數增御頼ミニ相成一
際御嚴重之趣ニ御坐候此方ゟ相詰居候向にも不取敢私共より相達老衆
ゟも心得御示シ相成候次第ニ御坐候
一御上此節御風邪ニ而御出ハ先ッ御當分無御坐候併御微邪ニ被爲在候間

御案し被成間敷例之御永引之御癖ニ御坐候

一市中モ此節ハ至而穏ニ御坐候

一千岩両卿ゟ貴所様ゟ之御書御渡しニ付差上ケ申候御落手被下度候

一貴所様御身上御覺悟之御次第御尤之御義ト遠察仕候可成丈御他出無之様奉存候御屋敷御住居替之義ハ先達而申上候間定而牛込御屋敷内ゟ御轉宅与奉存候御若黨覺悟之段感心仕候何レも壯年且劍術等も心懸ケ候者共ニテ大ニ宜しく御坐候右覺悟之趣ハ佐橋ゟも咄置候事ニ御坐候

一不相替少々ツヽハ心配之義共絶へ不申貴所様御留守中ハ多分清千岩両卿ゟハ罷出御内談相願候次第ニ御坐候併只今箇様ト申上候程之事も無御坐不遠御帰京之上萬緒御面話可申ト奉存候

一先も右之段御報旁申上候事ニ御坐候定而十一日ニハ御祝儀被爲濟候事ニ可被爲在左候ハヽ橋卿御暇貴所様ニも當月中ニハ御地御發駕相成候義哉ト遠察仕候早川様カ中村様柳澤様之内其以前ニ御發足ニも相成候

哉何レニも御一人御上京無之而も難相成次第ハ先便ニも申上定而御承知御丹誠被下候義ト奉存候成田も去ル晦日出立ニ御坐候間尙當地之模樣御聞被下度候先も際限も無御坐筆ヲ止メ申候以上

二月三日

伴　金左衞門

高木作左衞門

藤　田　權兵衞

三浦七兵衞樣

尙以御留守宅御安全御休意可被成候私共一同無異罷在日々〳〵不相替非番も出來兼申候今日ハ少々手透ニ付下手之長文相認申候茶蘭之義も御內政樣ヘ申上置レ已上

○安政六年

口上之覺

三浦七兵衞所藏書類

任幸便御笑草ニ奉申上候將舊冬も万端無御滯
將軍　宣下御任官共ニ被爲濟誠ニ四海太平　御代萬〻歲千秋万龜之御事
哉ト乍恐奉恐悅候全ハ諸事御丹精被遊候御事哉ニ奉推計候舊冬も奉申上
候通江戸共追〻無波風御濟寄ニ相成候へ共未追々前中卿御仕置被成候舊
惡共相顯五攝家之御家來御差下ニ相成何カト　御心配之御事共乍恐推計
仕候事ニ御坐候乍併是等も間部殿初發之被成方余り跡先不見ニ御手荒過
候故御跡々ニ至候而も進退駈引ニ御注文御存寄通ニも參り兼夫故御同人
も御心配被致候事ヤト江戸ニても風評仕候事ニ御坐候御笑察被遊可被下
候併廿九日比御暇も相濟候由故〔牛イ〕近〻御下り之御事哉と奉存候
舊臘御差下之面々幷去九日御下ニ相成候召人共揚屋去年之類燒故夫々ニ
御預ケニ相成揚屋敷同格之由未一度も評定無御坐候何カ不成容易事共候
ヤ
宣旨之僞なとの事も御坐候由沙汰承及申候是も前中卿之余毒哉ト奉推計

候何卒早ふ京江戸共ニ穩ニ元〻ニ相復候樣奉祈上候事共ニ而御坐候乍去
京都ニハ
御前江戸ニも井伊殿太田殿被爲在候御事故何事も不遠穩便ニ事濟ニ可相
成御事ニハ可有御坐候得共何ゟ又跡口之火起り候樣ニ小人共が風說區〻
御坐候而一同安心不仕候樣ニ沙汰仕候事ニ御坐候　御笑計被遊可被下候
且土屋釆女正殿ニも御封物　御尋之一儀申披も相濟當春ハ無程御出勤ニ
も可相成哉之取沙汰仕候如何御坐候哉是等も輕キ私共ニハ聢トハ不相分
候得共去年以來色〻樣〻風說ニテ前中納言ノ餘毒多ニハ扨〻困モノニ御
坐候未
公方樣ニも去年之
御凶事以後兩山之　御參詣一度も無之是も矢張餘毒ニテ　御用心之由ニ
風說仕候井伊殿ニも昨年之
御凶事以後一度も芝上野へ參詣無御坐候是も矢張餘毒用心之由ニ候未而

ん逃人共之内江戸ニ徘徊罷在候故之由扱ミ意外之内乱ニ而困入諸家へも
耻入候事多ク御坐候　御笑察被遊可被下候何卒早く穏ニ爲相濟春ハ春之
時候之樣ニ仕度ものニ而御坐候
一此節又イキリス人百人乘之異船一艘神奈川へ渡來仕候是ハ清朝へ參り
居候宗德ゟ之書翰持參之使節之由昨十四日ニも外國奉行之堀織ア正と
村垣淡路守應接ニ神奈川表へ參候得共書翰も備後守殿へ直ミ可差出と
て外國奉行へハ相渡不申候由明後十七日ニ備後守殿御役宅へ持參仕候
由ニ御坐候品川へ着船ニテ夫ゟ上り備後守殿御役宅へ罷越又船へ立戻
居可申トノ由ニ御坐候又書翰之返事被遣候迄ハ船ゟ上り淺草觀音哉王
子邊なと一覽も可仕哉との沙汰仕扱ミ困モノニ御坐候併是ハ定而昨年
清朝とイギリスと合戰有之候處清朝之方ニ強きもの有之ていきりも人
共大キニ敗軍仕ひどき目ニ逢候由ニ風說仕申候間定而援兵ヲおひよ參
候義哉と推計被仕候事ニ而御坐候日本ニ而も左樣之强人をおしきもの

ニて御坐候　御笑察被遊可被下候異國人共ニハ彼是となじらせ又日本内てハ内乱之次第世上ハ不融通人氣ハ不宜武町士民之輕きもの共ハ一同難澁當惑仕罷在此節ハ實ニ御老若ニも被成ふくき事計ニ而御坐候御笑計被遊可被下候乍併是も矢張前中卿之餘毒殘り居申候事哉と推計仕候尚追々承込之事共ハ乍　御笑草可奉申上候得共先ハ年始之御祝儀申上候序ニ一寸奉申上候何そ其御地之御珍説も被爲在候ハヽ　御内々相伺度候且新春之御慶ニ　御奥向之　御一笑ニ錦繪幷新板之草双紙少々奉入御覽候其外溜詰衆之御拵之大小共且去冬江戸之火事御坐候節之繪圖奉差上候是等も新春之　御笑草哉と被思召可被下候漸今夕手透ニ成悪筆不文ながら例之通　御笑草之事而已奉申上候當年ハ今曉と七ノ十五日ニハ月食御坐候由未今年も京江戸共ニ余毒事殘有之前表哉扨々困そのニ而御坐候當地ハ近年ニ無之去冬より寒氣强氷なども餘慶ニ而御坐候雪もはや早春も二日ゟ初り四五度も降申候たとへの通松へ懸候故

七度ふり可申候乍恐時候　御いとひ被遊　御身之御養生　御加養專一ニ奉存候扨今十五日ハ晝前ゟ快晴夕刻ゟ曇申候未兎角雪氣御坐候尚追々可奉申上候頓首々々

正月十五日　休

成上

○文久元年

以手紙致啓上候然も昨夜東禪寺ニテ不慮之事ニ御坐候早速爲見廻參り栗原出勤致候迄助合居候右之始末荒増申上候一昨廿八日夜四ツ時比異人館玄關之方ニ物音烈敷致候處右ハ戸締有之候故ゐ東堂ニ衆僧假建物座敷等ニ平臥又者書見抔致居候處狼藉者乱入致異人居處案内致シ吳候樣申聞候得共異人方之義も夫々締有之此方ゟハ參兼候趣坊主ゟ相斷候處乱妨ニラウタロヒソン居候庭脇假板塀打破踏込其外異人館之方大勢相廻候と覺候趣尤人數ハ㐂ゐと難相極拾四五人ニも有之候趣拔身ニテ三四人も相見申

候其出合頭ニ同寺地中納所壹人疵請其比御用出役一同出張是ハ拍子木打
候合圖ニテ山内内〻罷在候所五人ッ、上段ニ拔身構罷出是又本堂之方ゟ
十人程御用出役之方へ目掛切込候由ニテ渡合中ニも江幡吉郎働勝レ候由
天野鑄之助も組打ニ相成餘程手際之事ニ評判致候乍併此度も一同働も是
迄之事件ニハ大ニ相違大出來ニ御坐候松平時之助家來ニテ二人切倒壹人
ハ天神社脇竹矢來之外ニすくみ居り候手負松平和泉守家來見出し生捕ニ
致し是ハ脊中ニ少〻疵有之足ニ一二ヶ所腕ニ余程之疵所壹ヶ所是ニ取腦（惱カ）
候樣子有之候得共醫師手當相行屆追〻御吟味之手掛ニも相成候

手負人名

御備厩別當　　　　　　　　　　壹人　即死

御用出役　　　　　　　　　　　三人　疵請

内一人翌晝四時比江幡病死

表門番人　　　　　　　　　　　一人　疵請

異人門番人　一人　同斷
同料理人　一人　同斷
松平時之助家來　三人　同斷
内一人深手
右之通唯今帰寺致候而不取敢此段申進候夫々昨夜乱入後本宿二丁目嶋屋
ト申旅籠屋ニ而浪人四人止宿致シ全狠藉之内ト相見候ニ付手配有之候さ
ゐきニ而自殺致候尤四人与申趣權右衛門ゟ申聞ル
松平時之助家來ニ而　二人討取
松平和泉守家來ニ而　壹人手負生捕
御用出役ニ而　壹人討取
右之通荒增申進候松平時之助家來も都而御固メ大名此度ハ大出來誠ニ噂
ゟ甚敷事ニ御坐候右件申上候已上
五月廿九日　長應寺詰

山本彦三郎

原喜太郎様

宮崎寛三郎様

○安政六年二月六日

上包
「勅書写」

去年八月水戸ニ及沙汰候義ニ付下総守内〻申述候一件右ハ先日モ申聞候通假条約難許容旨昨春及返答備中守帰府後關東之取計一向不相分實〻神州如何相成候事哉ト深憂苦三家大老之中召寄候得共上京延引誠以不安心之至無致方処不得止次第モ有之大樹家家門第一水戸ニ申遣老中ニも同断申遣候事ニ候然処下総守上京段々言上ニ而子細も相分り大樹大老老中ニモ於蠻夷ハ何レ共遠ケ鎖國之舊法ニ可復儀ニ決定之事慥ニ聞取神州之大慶不過之彌以氷解候全ク夷族ヲ遠ケ度所存ヨリ彼是申出シ候譯故先文之

通大樹以下所置決定之事ニ候上者外ニ所存モ無之候間水戸ハ其子細申述早々書取引戻シニ可相成樣取量可有之事

（臺本附註朱書）
右千種有文手跡

三浦七兵衛所藏書類

五

三浦七兵衞所藏書翰

和宮様御下行一件

和宮様御下行一件

具視公御直書　壹通

有文卿御直書　貳通

關雲州直書　五通

龍章書狀　壹通

傳奏様より御書取寫及ヒ御答　壹通

義言書翰　貳通

同役共書狀　四通

關雲州へノ返書ノ扣　壹通

以上拾八通

三浦七兵衛所蔵書類

上包
「同役書状
酉十二月三十日出
戌正月五日達ス」

十二月廿日御認翌廿一日出六日切之尊翰今三十日朝相達（川々夜越差支延引之旨）拝見
仕候先以嚴寒難凌御坐候處愈御勇勤奉賀候併先日より少シ御外邪之處御
押被成候ニ付强く御發熱被成候處揉ミ料治等ニテ大ニ御さむけ之由先以
早速御快方珍重奉存候
一御上洛御一条去二十四日ニ候哉大奥ゟ御内儀ヘ向ケ白木狀箱參り定而
夫ト存候例之通リ
御所向長評議ニテ漸ク今日御内儀ゟ大奥ヘ向ケ白木狀箱出候ニ付刻付
ケニテ今晩さし立ニ相成申候例年御吉例之通り大晦日迄揉メ候義不相
替大晦日夜中ニ刻付ケ御差たてニ相成候事ニ御座候扨千種岩倉御両卿
ヘ段々丹誠仕候得共何分此次之

御年回ト申事ニハ例之御義理合ニ而出不申併來春之處ハ
御伺之通り御延引此次之處ハ追而可被
仰出趣ニ御坐候何カ
朔平門院樣ハ　御母儀ニも不被爲在且御年回ト申モ御凶事筋之義ニ而
面白ク無之抔色々之論ニテ先ッ跡之處ハ追テト申事ニ相成候旨ニ御坐
候私岩卿ゟ別紙之通り之書取差出右ニテ御評議ニ相成候得共何分前文
之次第ニ御坐候併廣橋卿中山卿之御暇ハ御沙汰止ミニ相成右両卿ニハ
大悦ニ御坐候
一御地宰相典侍ゟ何カ大奥御居り合之義ニ付いらさる事申參り候由ニテ
主上ニも殊之外
御案し被遊候而眞實之御模様
御聞被遊度就而も早川庄次郎殿
御所向ゟ召候ト申テハ不宜候得とも御地ゟ何そ御用向被

仰付御上京ニ相成候様千卿ヲ以昨日被
仰出千卿昨日御行向ニテ御内達ニ相成申候右ニ付テハ今便御直書ニテ
其段大和守様ゟ被　仰進候得共御届不被成トコロも可有之候間尚貴君
より庄次郎様へトクト御申上被成候様ニト
御沙汰ニ御坐候間左様御承知被下度奉存候
但宰相典侍文ハ例之狂言ニも可有之哉と被存候得共何分遠隔之義ニ
付
御案思被遊候御模様ニ御坐候女之弁へあく表向之狂言を被申越候哉
扨〻如何之事ニ御坐候
一御役地二万俵之義も相達候而御勝手ニても大安心ニ御坐候
一ちらわカ浦ゟ島田ゟ之文通大急キ之由
殿下御沙汰之旨ニ付封込申候間早〻御達被下度候
右之外先相替候事も無御坐今日之白木状箱達候ハヽ定而貴君ニも御暇ニ

可相成哉ト奉存候先ㇾ要用ノミ早々如此御坐候恐懼拜復

十二月卅日

伴　金左衛門

高木作左衛門

藤田權兵衛

三浦七兵衛様

猶以御不快折角御加養專一奉存候御宅御安全御案思被成間敷高木一昨日出産産穢之処今夕より　御免ニ相成申候權兵衛閨花之義御教諭奉畏候何卒貴君御帰京迄存命罷在度存候得共此節ハ余程衰弱ニ相成申候來陽萬々可申述候已上

上包
「同役來状
戊正月廿二日出」
「二月二日夜達ス」

正月七日之御返翰今二十二日相達拜見仕候
先以春寒難凌御坐候處弥御勇勤珍重御儀奉賀候
一御上洛御一条御延引被
聞食候義ニ付申上候趣御承知被下候趣承知仕候
一宰相典侍殿ゟ御内儀へ向ヶ申參り候一条ニ付
主上御憂慮被遊就テハ早川庄次郎様御上京之義ニ付申上候處大奥之義ハ御老中様ニも巨細ニ御心得不被遊且今日ニ相成候而も大奥ゟ　御内儀ゟ万事筒拔ケニ付御取繕も難被成又ケ様之御筋ト申義御覺悟も無之候而ハ御上京之上も其義ハ御心得不被成ト計ニ而ハ何之詮も無之ト思召候旨等庄次郎様御内話之趣夫々御尤至極之御義委細敬承仕候右如何様之御筋ト申義其後之書面ニも申上候ト存候間最早相達し御承知被下候義ト存候得共宰相典侍殿ゟ申參り候ニハ
和宮様

天璋院様に初而
御對面之節
天璋院様ニハ御蒲團三ッ程御重子其上ニ御着坐ニテ甚御失礼之義ニ有
之夫而已ならす奥向御折合方不宜等之義ニ而
和宮様ニも御案外御迷惑御涕泣被遊候抔トノ義申參り候趣ニテ
主上ニも殊之外
御逆鱗老中若年寄之内呼登セ相糺可申旨
御沙汰之処例周旋之方々御留メ申上何レ早川庄次郎御呼登セニ相成候
ハヽ虚實相譯り可申とて之筋ニ而千卿御行向ニテ其趣
御内沙汰ニ相成候義ニ有之扨其後右之次第
殿下へも御相談ニ相成候處何レ両役之内御差下しニテ御失礼之義其外
和宮様御迷惑被遊候御筋等急度御糺ニ相成候ハヽ可然旨之　御評決ニ
相成則既ニ今日も別紙之通り傳奏様ゟ表御狀ニテ御達ニ相成候次第甚

以當惑至極之事ニ御坐候併右ハ尙又御直書ニテ押返し喰留メ不申候テハ難相成義ニ付何レ右も早川庄次郎上京之義外御用筋ニテ不遠罷登り可申候間同人着いたし候ハヽ虛實巨細ニ相譯り可申夫迄之處御待被下候樣之御筋ニ申上ケニ可相成候例之

御所向故其後如何樣ニ御睦敷義相聞ヘ候而も右一条譯ノ立候迄ハ何方迄も御押張りニ相成候次第ニ有之假令女中上京又ハ橋卿歸京ニ相成候而も迚も參り不申義ニ御坐候扨又早川樣御上京ニ相成候ハヽ何之造作もなき事ニテ奥向御折合不宜樣最初宰相典侍殿被存候義ハ尤至極之義ニ而互ニ不馴之事故丁寧を盡し候積りえ處却而不都合之次第ニ相成候義も可有之且關東ニテハ

御所風ハ如何樣之ものや更ニ不相辨候間不得已關東風之御設ニ相成居候處是テハ御違約抔ト被存候義も多分可有之候得共夫ハ當分之儀ニテ今日ニテハ御双方御互ニ御模樣も相分り至極御居り合も宜敷候間定而

其後ハ
和宮様御迷惑被遊候卜之義も申参り候義も有之間敷哉卜存候旨幷ニ
天璋院様初而
御對面之節御蒲團御重子被爲在候義ハ其砌少々御風邪ニ被爲在候得共
押而
御對面被遊候御事故右様之義も被爲在候哉之処其御斷女中之事故慥ニ
可申上処御混雜ニテ不行屆之義ニ相成候哉ニテ不量御失礼ニ相當り候
義ニも可有之全ク御風邪無御余義御次第求而御失礼之御取扱被成候と
申義ニハ毛頭無之趣ニ御坐候卜カ何卜カ如何様ニも御申シ上ケ方ハ可
有之義ニテ表向一通り之廉相濟候得とも
御納得ニ相成候義ニ而何レ只今議奏衆之下向又ハ御老若様御呼登セ等
之義有之候而ハ以而之外之義
關白様幷千種岩倉両卿ニも深ク心配被致候間何レ右両条之處ハ所司代

ニテ喰止貰度早川庄次郎カ萬一所勞等ニ候ハ丶其趣ニテ中村カ柳澤カ
何レ壹人上京無之而も迚も納り付不申旨ニ有之候間右之邊例
御所向意味合之處トクト御勘考ニテ尙御申上ケ有之候樣ⅿ𛁈し度左樣
ニ無之候而も
主上ニも無御據
勅使御差下し之御場合ニ相運
關白樣ニも無御據例之關東關白ト言レ候而も不宜之意味ニテ却而一鞭
御加ヘト申筋ニ御坐候間此段御勘辨宜しく御丹誠有之樣致度奉存候事
濟候義ハ御再答不申上御用捨被下度奉願候以上

正月二十二日

伴　金左衛門

高木作左衛門

藤田權兵衛

三浦七兵衛様

上包
「同役書面
戌二月十一日出」
「同十六日夕達ス」

去四日御認之御答二通同九日相達拜見仕候如仰春寒今以退兼候處益御安
康被成御奉職恭賀奉存候
一對州矦へ御見舞之義申上候處御承知被下候趣既ニ被仰合被下候折柄則
御藥肴被進ニ御取計可被下趣敬承則申上候且對州矦御疵處御場所柄も
しやう風ニ成易き所ニテ御醫も御案思之處膿候ニ付御氣遣ハ無之趣先
〻日數ハ懸り候共恐悅仕候
一庄次郎樣御上京一件申上候處夫〻御承知被下縷々被仰下候趣敬承付テ
ハ又兵衞樣ゟ可被　仰付之旨則久世樣ゟも被仰越候事ニ御坐候早川樣
御差支之段も無是非次第御尤奉存候縷〻被仰下候趣夫々

御上ニ申上候又兵衛樣七日御出立十三日經東海道御上り之趣
御上ニ御賴等御傳言之趣則申上候扨又貴所樣ニも近〻御暇可被爲蒙之
旨則久世樣々被仰越候義ニ御坐候處又々ゴタ付ニテ御祝義濟ニ無之而
も御帰京も不被爲叶哉之御模樣誠ニ以追〻御長ク相成御苦勞奉万察候
先今日御祝義御當日ト相成無御滯可被爲整ト万々恐悅奉存候以上ハ何
卒程能御暇被爲蒙候樣奉祈候彼是之御心配實ニ御察申上候橋本殿ニも
來二十一日比ニハ御發駕も被成度思召之趣何卒御首尾能御帰京奉祈候
事ニ御坐候
一御上ニ急〻被仰上度御上書一封則直ニさし上申候被仰上候件々逐一御
承知被遊候事ニテ貴所樣御周旋御心配之御噂も被爲在候事ニ御坐候
右一件先便被仰下候義も有之思召ヲモ相伺候処以上ハ一向御直書ニテ
大和守樣へ御願可被進ト被　仰出則御直書出來去月二十八日宿次ニ御
さし立相成申候最前相達候義ト奉存候御地ニても彼是御厚配御周旋誠

ニ御丹精之御義ト奉恐察候御願東西よ里御指出シニ相成候義ニ御坐候得共御願達御趣意差支候義も勿論無御坐何卒此上ハ御成就相成候樣偏ニ奉祈候爰元より御差立相成候御直書寫一通御心得迄ニさし上申候御落手置可被下候

一御屋敷西北隅之義御見合之事御承知被下候趣

一榊原一件御承知被下候趣

一早川樣ゟ之御直書御届被下候趣

一島田龍章官位上り候ニ付御傳書之義

右夫〻之趣敬承仕候

一坂下乱妨黨類中〻少クハ無之樣子扨〻可懼之事ニ御坐候大塩平八樣之事抔有之候而も實ニ可恐ノ事何レ又〻騷キ可申哉之模樣實ニ油斷之ナラヌ世の中堅固ニ仕度事候

先も再貴答旁申上度如斯御坐候已上

二月十一日

伴　金左衛門
高木作左衛門
藤田權兵衛

三浦七兵衛様

尙以時令御自愛專一奉存候先便申上候御轉居之義御達も被成候處未御沙汰も無御坐趣如仰揚場ハ手薄之義何卒早ク御移相成候樣折角〻〻御自重被爲在候樣奉存候御留守御宅ニ而も御安全ニ御坐候御休情可被遊候乱書前後乱文等御推讀奉希候以上

（上包）
「具視公御親筆」
「此書前文引裂紛失ス穿鑿シテモ不見當遺憾〻〻」

然ㇵ　大樹公御手書両閣老之御請書再應再三被爲在
叡覽ㇻ计誠意之心底トハ不被爲寄
思召尚又夷狄之所置ニおゐてㇸも如斯實事言上之事全ク一事之虚飾も無之
儀ト暮ゝ
御滿足且此上ㇳ又々深ク可被爲在
御熟慮旨同日戌之刻比久世ゟ被傳候今日千種ニも帰京午後參
朝久世同席ニ而言上之趣右朝臣ゟも同樣被示候事ニ御坐候右等両閣老早
川中村其許ㇾ各以別通申入度候得共何分實母暇中引籠之義ニ付其許迄内
ゝ中入候委細ㇳ咋冬千種ゟ通達之義ト存候殊ニ早川へハ別段周旋之義分
而傳聲之事頼存候
両閣老早川中村ゟ各爲餞別入念之品々被贈深忝存候則二十四日目錄之通
以久世及　言上候處芳志之義且熟談急度御用弁ニ相成候義音信勿論ㇳ被
思召候趣

御沙汰候間各分受納候猶出仕之上可及御答礼候得共無據暫らく延引之段
相含宜しく傳聲頼候且中村贈物之義發駕前ニテ請書モ不差出一入宜しく
頼存候

一加納遠江守殿ゟ音物コレも發駕後殘り候家來ゟ傳言到來ニ付請書ニも
不及仕合是も同上答禮及延引候間同家ゝ來木村藏三郎ト申仁ゟ宜御通
置頼存候

一其御主人修理大夫殿ゟ爲餞別御心入之品ゝ到來且成田作左衞門ニも色
ゝ借用物彼是世話相成候段早々御挨拶可申入之處是又同上之義ニ付宜
しく傳聲頼存候

一十二月十一日夜橋本早川其許我等示談之後御上洛一件如何之模樣ニ相
成候哉引籠ニ而中山ニも未タ面談ヲ不得候處同月二十五日朝藤田入來
閣老衆書取來々年
朔平門院御年忌

御上洛之趣
宮ゟ御願ニ相成候旨其許文通之趣何も承り候右ニ付正親町三条へ申入
兼テ御内願通り
御上洛之義も無何ト當春之處
御延引と汁ニテ重而之期限無之方　御沙汰ニ相成候様段〻被及　言上
候處
上ニモ何歟
思召有之當春之處
御延引之義差掛り候事故ニ
聞召候と御治定被
仰出候尤藤田入來後宰相典侍ゟ伺有之御返答之由ニ候何卒橋本對談之
始末打明ケ致承知度又々深ク心得取計言上方も可有之候
一宰相典侍ゟ三頭ゟ書狀ニ而御入城後

宮天璋院殿
御對面之処天璋院殿ニハ茵之上ニ有之
宮ニも何之御敷物も無之御口上振尤モ右之御禮節ニ准シ候由ニテイツ
ニナキ
宮不被爲堪御無念〻之御事ニテ頻ニ御悲歎之趣宰相典侍觀行院始見上
ケ候ニ不忍之旨尙又宰相典侍能登ニも両人之部屋トシテ八疊貳間而已
被宛闇夜之如キ間之由言上之文ゟ漸〻椽座敷ニテ被認候趣申越候ニ付
叡慮以之外之事ニテ何とも恐入候次第折角臣等御内
勅之義一事も差障無之御調ニ而
御滿足之處御不都合之事共ニ存候元來天璋院殿ニも能〻御世話被成上
候旨承り居候處如何之行違哉是ハ乍極密兼テ
宮御縁組之義何卒御沙汰止ニ相成候樣本丸大奥ゟ内願も有之由ニ候是
も天璋院殿御趣意とも不被存又天璋院殿御里方ニも不敬之心得毛頭不

承御事故是ニも何樣ニも間違之根元可有之存候間篤ト内外取糺御申越可有之候例之奥限り之義ニ而表向老中衆始ヒ不被知事ト存候夫ニ付老中若年寄其外心得居候者上京可致趣御達ニ相成候由定而早川上京之義ト存候其許ニも同道之義ト察シ候間呉〻も宰相典侍觀行院其手元ニハ實事之義橋本を賴トクト承知ニ而歸京可被致候尤天璋院殿不敬之次第ハ叡慮實ニ不容易次第ニ相伺候間急度御心得ニ而

宮

思召始有樣御承知ニテ歸京可有之候万端千種藤田ゟ被申入承知ト存候得とも荒〻申入候必〻我等申入候義ヒ都而是限り一覽後早〻火中賴入候

一在府中度〻府内往返之處一ヶ度も夷人出合無之全内〻申入候邊心配有之候故ト存候其上歸路神奈川ニ於て同所奉行ゟ別段役人差添手厚ク取扱ニ而既ニ乘馬夷人出會之處役人とも小道ㇸ押込不請無礼其後於小休

子細承り候處此度別段奉行ゟ達し有之私共附添候趣決而夷人御出會爲致間しく役人申居候段ゝ御行屆之取計深忝序之節早川へ傳聲宜賴入候
一下乘場之一件段ゝ取計之旨御暇登城前夜傳奏より被達候趣誠ニ格別之取計何レも喜悅の次第且十三日無何事相濟御双方之都合ト存候是又早川へ傳聲賴入候
一加納繁三郎義御內沙汰之通定テ御取立ニテ則十三日夕方早川ゟ被廻候書取之通表筋ゟ
內々被
御所向御用相伺候樣被仰渡候義ト存候此義無相違存候得共既ニ此頃御仰付候御內用筋も出來候哉ニ傳聞候又々何歟內奏之一事出來之御樣子極內ゝ莫言ゝゝ
一其許へ申入候而も定而困り与存れ得共引籠之義外ニ文通不相成無據申入候加納同斷

御所向御用之義も書取之通可被仰聞存候得共今度若狹守爲名代出府之
義
主上ゟ御沙汰之事ニ付其廉急度相立候樣申入則十三日於城中両閣老ゟ
千種拙子等ゟ申入承知ニ候得共其節千種ニも賜物之事專之樣被申入候
樣存候元來大津驛ゟ
勅書ニテ御沙汰之義直ニ不相伺事故少々行違候得共全クハ賜物之筋計
ニ無之依
叡慮遠路態ゝ出府被
仰付深ク大義ニ被
思召候間其廉相立候樣賴
思召候旨老中ゟ可申入
御沙汰与之趣帰洛後窺之事ニ候但表向六ヶ敷候儀ニ候ハヽ内々ニよても
与之御事粗右樣之御取計ニ相成候事与存候得共萬一齟齬いたし候義ニ

も相成御坐候而ハ何共両人心配之事ニ候間早々早川ハ被申談程よく取
計有之候様頼存候
一様々之儀共混雑申入候得共兼テ心配被呉候御内儀調進出來十月二十三
日ヨリ弥隔日調進出來
上ニも實ニ
御満足女房衆ハも被下ニ相成此頃ニてハ御末之向ニ至り大難有狩上下
御都合於當家も冥加至極家父始一同畏存候然ル處御用所幷領分等手元
ニ而ハ調進御品代金出來兼候程之事ニ而甚心配いたし居候尤於當家も
奔走而已之義ニテ此儘ニてハ取續六ヶ敷何トカ今一段表向御用之廉相
立候樣預勘考度既ニ兵庫表ゟ今以生魚も不差登仕合假令も調進御用被
仰付候ニ付領分両村通行之品ニテも時々御用差支候ニ付攝津大坂表幷
兵庫之津等より生魚始品々取寄度候ニ付其筋差支無之様表向傳奏ハ申
立傳奏より所司代所司代より江戸願相成候様之義ニ御内談之事分而頼

存候尤其許帰京御主人も勿論両士ニは篤ト内談之上ならでハ何事も出願不致事ニ候得共幸出府之義何卒早川其外其筋ニは一昨々年來之次第御申入時宜ニ而老中衆聞濟達ニ相成候樣取計之事談置被呉候樣呉々も折入而頼入候尙又其御國表魚類も是非御用所へ取寄候樣取計頼候右も夏向ニ相成候へハ調進御品外々而も不都合ニ付粗承知トハ存候得とも此段御心得頼存候

一錦小路一件强而御頼可申入筋ニ無之候得共向ヅカラ之義年來之頼且小家ニ而莫大之入費ニ相成有之候事御承知之通りニ候成就之義候ハヽ尤重疊無此上候得共無左右節も徒ニ被致心配候事氣之毒ニ付成不成とも其御次第具ニ承知帰洛之樣是又頼存候但本丸奥醫師多喜ト申者錦小路同家ニ付此者へ深ク内談頼有之候趣故相成候ハヽ一應右多喜被召寄御聞頼存候

一御出府中追〻御同役出來追〻御用濟之處何事之御手當哉ト存候

一其許宅何レも無㕝ニ候安心之様存候何比帰京ニ候哉承り度存候
一島田事無事ニ被居候哉序之節宜しく傳聲頼存候
一此狀着次第早〻返書頼存候時宜ニ而早飛往反可申事ニ寄り又〻關東迄
御尋問ニ相成候義も可有之事故帰京迄ニ往反出來候丈ヶ致置度存候併
拙子引籠一心限りえ事故強而之義も有之間敷候
右之条〻内〻及御通達候呉〻他見無用萬事取捨有之莫言之義ヶ夫〻急度
御心得之事呉〻頼存候且又御報之事偏ニ相待候仍而早〻如斯候也

正月四日　　富　研

三浦七兵衞殿

追而精〻早便ニ被出候様藤田氏へ頼候定而當月十日着ニ而十
七日あたり返事到來ト存候早〻以上

上包
「同役共書狀
戊正月十一日出
同十六日達ス」

一翰拜啓仕候殘寒兎角嚴敷御坐候而則今日抔終日雪降り申候御地ハ如何御坐候哉扨追々御長ク相成誠ニ御苦勞奉遠察候何卒御祝義御早ク被爲濟橋本卿御歸京引續キ一日も御早ク御歸京奉祈候此方ニテ存候處ニテハ如何ニ吉日御撰ミニテも最早御日限御治定可申參筈何故御手間取ニ御坐候哉御案し申候事ニ御坐候夫トモ正月ハ御嫌二月ト申樣之御事ニも御坐候哉何卒御模樣相分り候ハヽ早ヽ被仰下度奉願候

一御上屋敷西北之隅之御圍込之義ハ如何之御模樣ニ御坐候哉如何ニも御長屋詰リニ而御承知之通り甚御差支ニ付是又御在府中ニ御催促被下御模樣相譯り候ハヽ被　仰下度奉願候右ハ慥カ勉次郎樣御含ミ被成候事ニ御坐候哉最初之處發輝と覺不申又何分御丹精奉希候

一別封幾久岡と申候人も安藤石見介養母之由宰相典侍樣之老女勤候由之
處此節右幾久岡大病之由ニ而石見介より何卒右書面早々相屆候樣頼ミ
之旨村松靖庵殿より御頼ミニ御坐候而貴所樣江早使ニ而上ケ呉候樣ニ
と申叓ニ御坐候何ヵ幾久岡江御屆被下候御手蔓御坐候哉且安藤被申候
ニハ此後も幾久岡江之文通　御所向江頼ミ候而も兎角急ニハ差出し呉
不申御屋敷江願候得も何とヵ御屆被下候義相成可申哉御模樣伺呉候樣
ニと申事ニ御坐候何とヵ御留守居衆之方ニ而取計出來可申哉乍御面倒
御詮義被下被　仰下候樣ニ奉願候色々御面倒之義願上候得共何分偏ニ
奉願上候加納ハ今日着島田ハ十三日着之由何レも古郷へ錦を着ル類ニ
而大悦之義ト奉存候御宅御内政樣ニも御安全ニテ聊も御申分不被爲入
珍重之御事候今日宿次立ニ付爲差義も無御坐候得共右之段申上度如此
御座候以上

正月十一日　　　　　伴　金左衛門

高木作左衛門
藤田權兵衛

三浦七兵衛様

尙以折角寒威御養勤專要奉存候昨日權兵衛半日暇を得尊宅ゟ年始ニ罷出候処御内政様ニハ素より御安全小藤も(朱書)コレハチンノ名丈夫ニ御坐候茶らん之義心付不申候已上

上包
「三月六達ス」

兎角春寒難去候處
太守様益御機嫌克被爲成恐悦至極奉存候
尊君弥御安泰御奉仕之条奉賀候然も今般
和宮様ヲ御申下シ被爲在度

思召ニ付先日も一寸申上候通
殿下へ御内〻御取扱之義申上置候樣被申付其旨嶋田ヲ以申上候處段〻御
配慮之上有宮之御方へ御勸メニ相成居候處も同宮ゟ御斷ニ可相成運ひ付
候趣併色〻入組候御次第も被爲在候由承之候間何卒
御所向御都合能御承知ニ相成候樣
殿下ト御相談被爲在　御内儀ニ而御治定被爲在候ハ、一日も早ク表向被
仰進候樣被遊度思召候尤自然
主上へ被仰上候ニ付而も關東より御内〻御相談ト申證ニ而も御入用ニ候
ハ、
太守樣より御口上ニ而も又ハ御書取ニ而も
殿下之御都合宜しき樣御相談被爲在度是等之義主人御直書を以被仰進度
思召候得共日夜御用繁御寸暇無御坐候上火急相成候事故先前條早〻貴君
迄拙者ゟ申上候樣被仰付候間宜しく言上可被下候呉〻申上候迄ハ無之候

得共關東ゟ表向被仰進候上ニ而故障等有之候而も一大事之義ニ付未
和宮樣御申下シ之御沙汰無之内ニ
御所向御内間之処精〻御内定被爲在候樣御周旋之義偏ニ御賴思召候御當
方之義も
公方樣も勿論役方ニ而も御決定も被爲在候事ニ候間其段御指含一日も早
ク表向御緣談被爲整候樣奉存候色〻申上度候へ共先さし當候御用向而已
餘も重便可申上候已上

二月廿九日　義　言

三　浦　君

尙〻右一件ニ付テハ貴君ニも不一通御配意被成候趣嶋田ゟ申來
り右手帋其儘主人方へも披露いさし候事ニ御坐候乍末毫藤權君
へも宜敷御傳達奉願候以上

彌堅固被相渡珍重存候然ﾆ昨日も被
召今度も旬被
仰出候ニ付而も格別一同丹誠之段深
叡感被爲在候御旨ニ而御内々議奏三卿幷久世三位和子富研朝臣等へ
　綴錦對御紙入
　御持古之御末廣
　黄金　　貳枚
右何れも同様拜領桃源卿ハ自余別段黄金拜領候誠以畏入存候義ニ而右御
吹聴申入候御主人ﾆは内々申上頼入候事
一桃源卿内々噂ニ候尤今度旬御治定被
仰出候義尤傳奏被行向候砌御主人御返答御申上方ニより御運付候義ニ
而左無之ハ是非一應來春御上洛之義從閣老御受書來候上ト相成有之候
處ニ候然ル上も過日武傳ﾖﾘ両度相渡ニ相成候御書付ハ定而昨日之使ニ

關東へ御達ニ相成候と被存候尤旬被
仰出候御受書之節ニ右明春御上洛之御受書聢トまいられてハ又々日限
被
仰出候辺ニ差支候間此段も御心得ニ内々申入置候様との義ニ候又旬之
処ニ迫候而日限被
仰出無之而も又々大ニ御不都合ト存候間此上ハ萬事すら〳〵とまいり
候様被致度候間御返事惣而早々申來候様御取計有之度宜々申入候様被
申付候事

一昨日御心付申入候御主人三人連名之御書ハいつ比給候哉是ハ連名御一
通ニテ宜候間御挨拶之御使ニ中正三富研等へハ被行向候様致し度候又
々跡之處も有之候間左致し度候就而も少々申含置度義有之候条必々被
行向候時其前へ一寸此方へ入來可給候様頼入置候事

一昨日從中山被申候ニ付申入候四ヶ条之返事又々催促ニ候間早々表通之

方へ返答頼候併於關東大名賄之辺ハ從關東返事無之義ニ候ハヽ自余之
処三ヶ条明日ニ而も返事有之候様致度候収調付候ハヽ此方へも早〻承
度候呉〻可相成ハ明日返事有之候様頼度候事
右之条〻申入候早〻宜頼候此段御申上可給候也

八月六日　子和

両士に

○文久元年

「關雲州侯へ
請書ノ扣」

去ル廿一日同廿二日大津驛ゟ両度之御書追〻相達難有奉拜見候先以益
御機嫌克被爲成御膳等も御平日之通り被召上候由誠以恐悅至極奉存候
御前ニも御機嫌克御供奉被遊恐悅至極奉存候御發輿御當日翌日ト打續キ

稀なる快晴ニて別而御都合御宜敷人馬繼立等迄一支之御心障も不被爲在万端御すら〳〵と御運ひニ相成候由誠以恐悅之御支乍恐全く不一方御配慮御丹精被爲盡候故之御義と難有奉存候二十日早朝學習所前へ御見立ニ罷出　御板輿通御を奉拜初テ眞ニ御安心扨ゝ恐悅之御事難有御支と胸を撫而おろし語合候事ニ御座候御仰之通り世間ニ而ハ今更ニ無き支の出來候樣ニ不審狩り候哉ニ相聞實ハ私共迄も通御を奉拜候迄ハ如何有之や天變難計ときつ〳〵仕居候仕合此度御延引ニ相成候へハ夫社最早御下向之期ハ有間敷処先々恐悅無此上全ク御一同樣一貫き之御丹精被爲在候故之御義と難有奉存候是まてハ種々樣々之の惡說も御坐候処　御首途之日と二十日と申し前後稀成快晴ニて流石之惡徒共も口を閉候哉今日ニ而ハ御運之御强き格別之

宮樣是社自然之御緣組抔ト計申一同恐悅狩り惡徒者絕而相聞へ不申彌御靜謐ニ帰し可申ト難有奉存候

一御宿割其外夜中御取締向等神保様格別御配慮御出精ニ而御都合御宜旨
蒙仰候趣主人へ申入候処殊之外悦ひ被申且ッ
御立拂迄之御入用書両度御指越被遊最初之方ハ少々相場違ひ之旨被
仰下候趣等夫々申入候処存外御入費少なく相濟是も偏に　御前之御丹
精故之義ト大ニ悦ひ被申早速大和守様迄可申上ト被申居候間左様思召
被遊可被下候其余御懇情ニ被　仰下候義一々申入候処尙宜敷申上候様
被申付候義ニ御坐候
一島田勘ヶ由幷ニ權兵衛私之内壹人　御發輿御跡ゟ引續爲御用辨罷下り
候様大和守様ゟ之被　仰越誠ニ不奉存寄義難有仕合奉存候　御發輿前
夜一寸奉申上候通り
御所向ゟ御內沙汰も御坐候折柄丁度御都合も宜しくと主人難有奉存居
候乍併不調法者何とも恐入心配之事ニ御坐候就而も勘ヶ由私同道弥來
月二日當地出立東海道十三日程ニ而下向仕　御着府一日前十四日ニ參

着仕候積り申合候支ニ御座候　御前ニハ長々之御道中晝夜之御配慮乍恐御苦勞様之御義何卒御保護御機嫌克御供被遊候様奉願上候　御着府之上ハ不被爲相替奉蒙　御懇命度偏ニ奉願上候
一橋本殿も追々御快方弥來ル廿八日御發足之趣ニ御坐候是非御先へ着板橋へ御出迎之御積り之旨ニ御坐候
一阿部様御下向爰元ニ而も評議區〻更ニ考へ付キ不申何れ御結構ニ御相違ハ被爲在間敷恐悦之御支ニ御座候得共差向御人少ニハ主人も込り被居候御察被遊可被下候今日御途中へ之宿次差立御坐候ニ付御請旁右之条々乍恐奉申上度如斯ニ御坐候恐惶謹言

十月廿五日　七兵衛

二白
追而寒氣相加り申候御道筋ハ別而嚴敷可有御座と奉遠察候折角御厭被遊候様奉祈上候翁介初へ御加書之趣申聞候處難有狩り尙宜奉申上呉候

様申出候扱御發駕前夜御約束之御火鉢翌朝御家來ゟ御差越被下早速主
人ゟ差出候之處殊之外大慶被致先頃被遣候之と對ひニ相成候ニ付直様
おとしを被申付小書院御逢之節ニ可被差出と大悦ニ而宜御挨拶申上候
様被申付候御存知之通り冬向ハ甚不得手故此節も居間ニハ捨火鉢いく
つも出し有之候仕合日々重寶被致難有奉存候乍序御礼申上候以上

○萬延元年
乍恐以上書奉申上候
一左書付之趣池田仲左衛門ゟ以書中申越不容易御次第柄奉恐入候得共御
實用之御事柄故不奉申上も誠心配仕候間申越候儘奉申上候以上
六月十日　　　　　　　　　　　　　　　源　　藏

江戸表勝光院様へ見衛儀毎々罷出近來御用向も多ク繁々參殿仕居候然処去月二十九日急〻罷出候様申參り直ニ上り候處明日晝頃ゟ御用御取次坪内伊豆守様御屋敷へ御用ニテ勝光院様御入ニ付相應之御供女中も無御座候ニ付見へ御供被召連候旨被　仰付則御供罷出候処御用筋御老中様方ゟ御頼之筋有之ニ付委細ㇾ坪内様ゟ御咄合之由御支重キ御用向之趣故心得居候様御噂有之六月朔日坪内様へ御退出後ニ被爲入御人拂ニ而數刻御用談被遊候其後御叮寧之御饗應有之御供之女中向迄も伊豆守様御逢ニテ御酒等被下候夜四ッ時過御帰り相成候其後見衛ㇾ極内密之御咄ニハ重キ御用向御申聞被遊候譯ニて無御座支候得とも不申聞候而ㇾ差支も有之却て御用御差支ニも相成候間極御内々御咄之趣京都表ゟ御臺様被爲成候御譯合ニ付若狹守様ニも深ク御心配御骨折被成候處先年ヨリ橋本様へ御預り被爲在候

宮様御下り之御内談も大方御調被成候得共橋本中將様ニハ御同心無御座
由右ニ付橋本様へも勝光院様ゟ御進め被成候様相成候ハヽ可然旨京都ゟ
被仰進候ニ付右橋本様へ得と御内談被遊度右も
公方様ニも右之
宮様是非御懇望被爲　在候間如何体ニも相働キ不申而も不相成候間厚く
御心配被成候様ニと呉ゝ久世様内藤様御側御用御取次様方御評定之上被
仰含候趣之由右様之御義候得も勝光院様ニも厚ク御心配御組取被成翌二
日急便ヲ以橋本様へ御直書ニ而委細被　仰進候殊ニ寄候ハヽ橋本様御用
向呑込候者早々江戸表へ御呼下し被成候様ニト御咄御坐候尤荒増之処右
之通之御咄ニ付其儘奉申上候

別段

此方様ニも兼而之御懇意被遊候御支故當時之御模様御内々坪内様へ御尋
被遊候処極密なから

若狹守樣ニも是非當時御下り不相成𪜈不相濟候得共何分京都當時御大切之折柄外ニ御所司代被遣候御仁も無御坐候間唯今之通り京都御勤被成候御事當時余程御骨折遊候御事ならら迚も外御仁ニテハ不相成候義と御一同御苦勞被存深く御推察被遊候由見衞迄極密御咄御坐候決𪜈他言無用と被仰候得共兼々御内用も伺態々御噂御座候事故私迄極内密申越候乍恐御模樣恐察仕兼候義宜　御覽遊被下置候樣奉願上候已上

○萬延元年

上包
「傳奏樣方之御書取」

御婚礼爲濟られ候御礼東使參
內後御歡
勅使　親王使

准后使參向可被
仰出哉
右之御答
一御所向ニ而關東より之　御使前ニ御歡
勅使　親王使　准后使御參向相成候而茂御差支無之候義ニ候ハヽ來
春供奉之御方々ニ而御兼相成右相濟候上關東より　御使被差登候而
可然哉
一關東より之　御使前ニ而ハ
勅使　親王使　准后使御參向ハ御不順ニ而何ぞニ茂關東より之　御
使之後ならてハ相成不申候ハヽ、夫迄關東ニ御逗留ト申事ニハ余り永
々之儀ニ而左樣ニも相成間しく候間關東より之御使來年六七月之比
ニ茂相成可申候間其後亦々御參向と申も余り度ゝ之儀ニ付一向來々
戌年之春年頭之節御兼ニも相成申間敷哉

一右之通相成候得も來春年頭幷　親王　宣下等之御祝儀之廉も供奉之
節御兼相成可然哉之事

一此度三度目參
內ニテ御結納代り御祝儀之御進獻物ニ付而
御所ゟ關東ゟ右御祝儀被進之廉も如何樣之御調ニ候哉是又
勅使等ニ而被進候廉ニ候得も右ハ來春供奉之節御兼相成候而可然哉
之事

右之通猶又御內答申上候間猶御勘考之上今一應御都合之処　被仰越候
ハヽ尙其上關東模樣承り合可申候事

口狀

本多孫左衞門㕝一昨日ゟ橋本家ゟ被行向候由又候今明日之內從橋本孫左

衛門更ニ被招候趣承り候右ニ付篤ト申入度義有之候間明日晝迄ニ両士之
入來賴入候夫迄孫左衛門橋本家へ被行向候義ハ必〳〵見合ニ相成候様呉
々も申入置候今日ハ予當番故明日晝まてニ必入來賴入候急々申入度義出
來候間賴入候此段申入候此書中於勤番所内〻認候事故大乱書前後不揃推
見可給候呉々も本多橋本家へ行向も必々見合可給候也

二月十八日　　子　　和

両　士に

寒冷増加候處先以御揃倍御安康可被成御勤務珍重奉賀候然ハ一昨日も七
兵衛様御參殿被下御苦勞之御義ニ奉存候其節署義ニ　台書口上四通三包
差出置候其後早速右伺旁參上可仕筈之處昨日終日講事致用出三更比ニ引
取候様之仕合存外失敬略義ニ相成候段偏ニ御仁免可被下候

一昨日留主宅へ御手紙被成下奉拝見候付而ハ
和宮御方
當今樣御實子之御事右ハ過日御内談も被爲在其趣從
關東御願被仰上候方可然哉ニ御返答被仰進候處一昨日之
叡慮ニてハ如何ニも御六ケ敷義と
其御主君樣ニも被爲思召候ニ付猶又御内談被仰越候御紙表之趣則今朝
相伺候處殿下ニも御尤ニ被　思召候ニ付明九日
御使御勤之砌
御實子云々之
御口上書等も先ッ御見合セ被爲在候方御宜狩へクト被　思召候旨併シ
右ニ付聊　思召付被爲在候義も御座候ニ付尙後刻私參殿ニて夫等之御
趣意ハ内々萬ゝ可申上候尤明九日ニハ何分御見合セ之方ニ御治定可被
下候

一伊勢神宮御警衛御內談之御返答も是又參上之節萬〻可申上候
一過日御內々御賴被仰進置候御膳酒當分御買上ヶニ付川筋運送方云〻御內合之義誠ニ御世話被仰進候段何共御心配被思召候得共何卒急〻一應御取調被下度此段御賴可申上旨ニ付何分宜しく奉願上候是又後刻參殿ニ而可申上候
一今度御遣物被進御用之趣哉ニ而長野主膳昨日上京之趣頓ニ昨日未刻比拙者留主宅へ口上幷別紙差越候ニ付其儘入御覽候旅宿も麩屋町御池下ル町東側俵屋和助方ニ滯留之旨ニ御坐候尙只今其方へ一寸參り可申ニ付後刻參殿之節尙又可申上候
右荒〻略義なからふ書取ヲ以奉申上候餘ハ後刻拜鳳眉可申上候早〻已上
十月八日　　嶋田龍章
藤田權兵衞様
三浦七兵衞様

尚〻一昨日之詠草文匣乍御面倒御返却被下度奉希候

出雲守

七兵衛様

過刻失禮御免〻〻則御約束之書類宜御扱可被下候誠恐悦偏ニ御骨折ニ而

今晩こそ酒飯も通快寐拜顏御禮可申述候主事而已草略頓首

八月五日

(原朱)
包紙

三浦七兵衛様　關出雲守
即酬

洛東尹

拜展如諭今朝ハ御面話御蔭ニ而大ニ都合も宜併乍例失礼汗顔之至扨愈御
治定被　仰出誠恐悦偏ニ　太守様御忠勤上御骨折も感伏早速御祝義御礼
旁參殿も仕度處俄諸方ゟ種々申來甚混雑いつれ明日と今晩こそ本とふニ
快食是より一盞と存立候處へ不存寄美酒佳肴拜戴被　仰付扨もゝゝ難有
御礼之申上方も無之故郷之孫子共承候ハゝ如何計と老之癖唯ゝ悦泣且今
日ハ私六十四有卦入仕家族共只今申出時も折も如此幸福實ニ感銘仕深
謝候拜味を急キ略答可然御取繕被　仰上置被下候様御頼申候書餘貴面萬
ゝと早ゝ頓首

八月五日

尚以過刻差上候書類御覽濟御さげ之趣も恐入いつれ明日認直可奉差上
候再拜

愈御安靜欣躍之至然ㇵ島田左近儀
和宮様御縁組最初ゟ取扱候ニ付以來御用之節ハ
桂御所ニも罷出候様武傳可達ニ付御屋敷へ進達仕候而も御差支有之間敷
哉之旨阿部越前守ゟ申聞右ハ兼而御内談之上早川庄次郎へ申遣候趣も有
之候處武傳ゟ御附へ達候上ハ强而御差支も被爲在間敷關東迄てハ一向
御所ゟ出候方宜哉ニ存候得共一應此段御打合セ申候越前之方見合居候間
可相成ハ否早々相伺度夜中主事匆々頓首

九月十九日

關　出雲守

三浦七兵衞様

拜見如諭今曉歸宅晝夜之御能ハをくひニ出申候煩勞ハ朝寐ニ償候へとも

御用ハ大ニ手後レ今日ハ机と首引御笑察可被下候別帋岩倉家書面外ニ心付候廉も無之候へとも追々ちと手廣ニ成過ハ仕間敷哉老拙ハ最早東下之身どふても宜候へとも餘り手廣相成候ハヽ却而永續仕間敷哉是以拙在京候得も時々

御賢慮相伺何トカ取纏方も可有御坐候得共兎角何事も先人之過失も後人之憂と模樣變革いたし候ものゝ故頓而ハ跡へ毒ヲ流し

恩君へ御世話ヲ懸候樣相成も恐入候偏猶其邊御勘考御取扱可被下候其餘强而之愚意無御坐候取込乱毫早畧頓首

九月廿八日　　　　　　出雲守

尚一昨日御内話御賄代渡之義も本文留守よていまた調不屆精〻催促成丈今明日中御内談可仕候已上

(原朱)
如此認中調到來ニ付一覽封込上申候

○文久元年

三七君　　　雲翁

愈御万禧欣悦之至ニ存候、扨当夏中修學院御茶御修復之頃壽月廣楓幷鄰雲亭窮邃軒御庭之松切透し之木ゝニて如此四種大爲河之ゝ（本ノマヽ）あれ棹もゝ花入等在勤中之戯ニ申付候くさ〳〵此節出來ニ付　賢君御笑草ニ奉入御覽度如何可有之哉不苦候ハヽ、御差出被下候様御賴申度献呈と申品柄ニも無之任御懇篤御慰ニ懸御目御笑迄之事ニ付居臺紙水引も不相用上迄差出候間可然御執成所希候委曲ハ拜負万々可申述候頓首

十月四日

尚ゝ昨日も

御首途無御滯殊ニ美晴万端御都合克相濟恐悦御同慶奉存候追ゝ御手順もそら〳〵此御様子ニてハ廿日も快晴と一同安堵慶察仕候先一点心障

之雲も不相見候得とも此内中山橋本散々所勞何分二十日比發地ハ無覺東容体ニ相聞實病聊無疑候へとも廣橋卿も甚心配尤右ニ付而御發輿之御延ニハ成間しく候得とも肝要之両卿別テ橋卿殘候而も東下之上も諸般不都合是ニハ當惑罷在云かし中山卿ハ痔疾ニて急ニハ無覺束橋本ハ風邪之もつれ微疫ト名ヲ付候程ニも無之此両三日中藥驗手順ニて出立も出來可申旨醫師共申候由何卒快愈ニいたし度右故彼ノ增御手當願も不出事哉最もや先此御内談之通此節何ト申立可然哉御勘考可被下候今朝も取込早々頓首

上包
「岩倉様千種様へ」
「勅書御寫」

今度和宮縁組起源より全ク蠻夷之儀猶豫ト申出ツマリハ段々往反竟ニ昨年

ヨリ七八年乃至十ヶ年ノ内ニハ急ト拒絶ト請合左右方調談ニ相成已ニ爲
挨拶敕使モ立度申出候得共差支之旨ニテ今度供奉之便中山ヲ以一先
神宮初ノ祈願之廉モ相立代々ゝ之申訳モ有之候事深喜悦之旨申通シ和宮
下向之上ハ弥公武合躰追々夷狄ヲ退ケ候處置可頼存候所不存寄義ゟ和宮
ヲ人質トシ諸侯ヲ厭塞シ天下之人口ヲ塞キ置其後廢帝ノ沙汰ニ及ハント
ノ義幕府ノ内評無相違候間宮下向ヲ被止形勢御覽アルヘシ必一事起テ是
非ヲ決スヘシ若シ勢ニ迫リ不下賜ニ於テハ不被差叶義ニも至リ候ハヽ衆
テ非常ノ御備アラセラルベシ其御時之御處置ケ様々々ト段々忠告之者も
有之始テ仰天驚歎絶言語候兼テ南北朝之沙汰有之又近比廢帝ノ沙汰様ゝ
承及候得共皆虚ニ乘シ奸謀ヲ行フ者ノ所意ニアルヘクト群臣言上之義ニ
付安心致居候処今更ケ様之評議有之ハ前事皆々全ク虚説ニテモナク實ニ
悲歎一身之所置モ無之一通リ申候ゟ速ニ逆怒ヲ發スヘキハ的然之理然ル
ニ情思慮候得ゟ往事墨夷渡來此方國家ノタメ晝夜ノ苦心言計ナキ義ニ候

得共若州上京後え（彼者イ）誠實ヲ盡シ公武之間ヲ和平ニシ追々寢食ヲ安ンスルニ至リ終ニ和宮緣組迄ニ相成朕初念ニ引替イカニモ一天下一心同力シテ蠻夷ヲ防ニアラズバ夷狄ノ術中ニ陷ル義ト決定致シ偏ニ公武合躰ヲ基トシ妹ヲ下シ候迄ニ致シ其上和宮ニも段々理リ申立タッテ不承引ノ所若州ト力ヲ合セ父兄ノ命ニ背クナド申聞候迄ニ至リ先々納得ニ相成候得共兄妹ノ實情ナク只管私心ノタメ緣組致スナドト和宮ヲ始メ外セキ一類ノ者ヨリモ恨ヲツケ此比ニテハ早ク下向シテ此恨ミヲ晴スナドト申居候義モ傳承致候程ノ義皆以公武一致國体ヲ不失ルタメト存念之處如何ナレハ關東ニハカク情ナキ振舞ヲセントスルヤ全ク不德トハ存候得共歎息此事ニ候又關東ニ於テ所詮思召不相立蠻夷之處置決而不可有先海岸測量差免シ候事柔弱至極武士ハナキ如ク或蘭夷シイボルトホゐ政事ヲ謀リ或ハ御殿山ノ地ヲ與ゐ夷館ヲ取立今ニテハ久世安藤直ニ應接致シ其親情兄弟ノ如ク全ク一日ノ安ヲ偸ミ千歲ノ禍ヲノコストハ則チ今日ノ事ナリ故ニ夷人ノ

跋扈陸梁至ラサル所ナシ速ニ其罰ヲカゾヘ討拂ノ御命御貫通アルベシ必ス振ヒ起ルベシナドト申說モ有之候得共一モ不用只々公武一致前文年限ヲ頼ミト致シ候尤品々言上ノ向有樣申通べく儀ニモ可有之候得共全ク朝廷江ノ忠告ノ儀空敷其事ヲ洩シ候テハ信義ナク又其人ニ罪ヲウケサセ候ハ却而天下ノ惑乱ニモ至ルベシ故ニ是迄一言モ申聞ス此上トテモ決テ其人ハ不申候得共所詮實事ヲ通シ大樹老中ニ至リ若州同樣親實ニ其誠ヲ盡シ公武ノ間ニ少シノ隔意モ無之樣ニ致シ度両朝臣何卒粉骨ヲ盡シ此志願ヲ可達樣周旋ニ於テハ一ニ國体ヲ存シ二ニ天下治平ノ基トナリ三ニ公武和熟シ意念ヲカクル事無之ニ至ル如此ニ至レハ朕ノ懇願何事カ是ニ如ン依之今度關白モ武傳モ無沙汰表通リ彼是ト不申出極內〻有文具視ノ両朝臣ヲ以テ巨細ノ內談申サセ候間國体苦心ノカド國內委任ノカド能〻聞分ケ天下一ニ歸服ノ處置如何可有哉不殘心底談合ノ上幸供奉申付候儀両朝臣其腹心両士出府致し志願貫通之樣大和守對馬守ト直談致シ大事ヲ不誤

樣偏ニ懇祈候併從來之形勢倩考ニ此志願迚モ不叶却而此上恥辱之程モ難
計天也命也不德愚昧之質世ニ立テ益ナキ也兎角言ハンヨリ速ニ讓位世逃
スヘキ段誓（歟イ）天地申立間速ニ承知賴入候事

六　三浦七兵衛所藏書類

御（原朱）内獻上物一件　四通
一有文卿御直書　壹通
一少將內侍樣御文　壹通
一龍章書狀　壹通
一義言書狀　壹通
一忠義口上書扣　壹通
〆八通
御（原朱）短刀內獻一件
一建通公御直書　壹通
一有文卿御直書　八通
一仝　端書　貳通
一國家老へ七兵衛ゟ往復書　壹通
〆拾貳通

三浦七兵衛所蔵書類

今朝も紙上令披見候早速可及答之處昨夜當番今朝退出後書狀披見早〻右
大將ゟ令內談候處如示素〻御內獻之事且
宮中も御精進ニても無之塩加減損し候も殘念存候故今日御內獻不苦候間
何時ニても傳獻候条今日御廻し可給候尤今日之事ニ候へハ增塩ニも不及
哉又水ニ而洗候ても却而如何と存候間其儘ニてとくと塩拂落しニ而可宜
哉ト存候將又此比藤田も所勞御無人の中其許殿入來も不及御品物ニ宰領
ニ而も附添此方迄御差出しニ而宜候左候ハヽ早〻令献上候大急早〻不一

九十七　　　　　　　　　　　　　子　和

七兵衞樣

令披見候弥堅固珍重存候然者鰤壹尾御國元ゟ御到來ニ付献傳候樣承候猶
早々可差上候猶追而

御沙汰可申入候
昨夜之一封何も承候每〻御用繁之中忝存候猶宜〻賴入候今夕ハ又ハ多忙
之砌御苦勞〳〵存候へ共申承度義共多端有之宜〻賴候來客中急粗答如此
候也

同辰　　　　　　　　子和

両　士ヽ

先日も申入置候通候間以後も必御臺ハ無用ニ而宜候其後も內〻
言上致置候間尤承知可給候也

弥堅固珍重存候然も過日も入來忝存候其砌も種〻預土產不淺忝存候且又
內〻被献上候品幷少將內侍へも被送候品等早〻相傳へ置申候

扨又野村又兵衛ゟ到來物傳給落手候然ル處昨冬來岩倉ゟ承居候品トハ大相違扨〻心配候尤此到來物も元來內府公始內〻吹聽且內分ハ主上へも申上候而受納候義然ルニ岩倉トハ大相違之品甚以當惑心配候右ニ付先〻預り置候委細ハ岩倉へ申演置候条彼ゟ其許殿迄可被申入聞取之上可然憐察可給候萬〻面上可申入候也

四月二日

子　和

三浦七兵衛様

實〻常〻格別親敷申居候其許方ゟ之到來物なれハ右樣之品頓ト不苦安心候へ共何分夫共違候人躰之事實〻赤面候心中察可給候吳〻從富妍被申入候辺被聞取宜しく賴入候也

入念巨細御返書何𛀁承候將又兼而噂之御產魚酢漬極內〻御獻上之事是又
承候明日差支無之尤幸明日
宮中御精進ニ而も無之候間御獻上御宜候間何時ニても內〻御取次可申候
尤御用中七兵衛不及持參候間一寸使ニ而御越可給候差含居候仍右及答候
事

即辰　子　和

両　士に

毎〳〵ーおらしく色〻上ゐ〻段
ゆ滿そく〳〵ニ思しめしけ
何も〳〵ゆ返事までニ而らく〳〵申入らせ早そくゆ返事

此間は御文のやう何も承まいらせ候いよ〳〵
申入候むつの所何かと御用多取まきれ
御機嫌よく成らせられめて度悉このりまいらせ候
遅り候御ゆるし〳〵下されけ御
御まゝへ抱こも何の〳〵御障母おもしまし
李から時氣御用心〳〵のやうそんし候
はいそ御勤遊もしは御事御めて度存まいらせ候
めて度かしく
左やうは得も此間ゟ見事〳〵のまに
御内〻若劦なきん上致され度よし
御傳献遊もし早速申上まいらせ候所きつう〳〵
御満足よて御ならせられ早そく仰付
られ御一こんの節手付させられ度〻
こ御賞翫遊はされよく日迄殘し置れ

手付られ候様の御事右御満足〳〵の
御沙汰先方へ厚よろしく御傳へ
下されし様との御事ニあらせられ候
めて度
かしく

少将内侍

千くさ
少将殿人〻
御返事

御懇書奉謹誦候如仰存外荒〻敷氣色ニ相成候處無御別条被成御坐候条
奉欣喜候然も
御内献之御品々御廻し方之義今日中ニモト思召候處不輕(怪カ)風雨中御大切

之御品柄持運ヒ方御心配ニも被爲在其上御改メ方等も御手間取入夜ニ
モ可相成ニ付一向明朝ニ被遊度尤明日五ツ時比御所使御差役之御方當
御方御玄關へ御入來ニて諸大夫共へ御渡シ可被下御手順之趣其段相心
得置可申種々御懸念ニ被仰下候趣一々奉謹承候尙御紙表之趣內々言上
仕置且諸大夫共へも夫々相達し置可申候間此段左ニ御承知可被下候
一御別紙奉拜見候此度
祐宮樣
壽萬宮樣へ被進之御品之義ハ
御思召トハ乍申上前以御打合モ不被爲在候ニ付殿下御不審之義モ御坐
候ハヽ哉ト御懸念被思召御內件之御次第最初其御主君樣ゟ黑川左仲殿
へ御咄し被爲在候御次第等委曲被仰下此段御含居候樣御示諭之趣奉畏
候右ハ今朝御書翰幷ニ御品御目六書付等入台覽候砌御直話も被爲有定
而

其御主君樣御心付キ之御事ニも可有御坐哉ト御推察被爲在候程ニて更ニ御不審之筋も不被爲在候間此段申上置候猶又被仰下候趣も夫々奉謹承候条可然御取成御申上可被成下候仍而大畧御請答如斯御坐候以上

七月十七日　龍　章

御兩君樣

拜復

尚〻以、御意ニ被懸候御端書之趣難有奉存候其後腹瀉之處先ッ同樣ニ有之聊難義仕居候併し格別之義ニも及申間敷醫師共申聞候間乍憚深ハ御案思被遊被下間敷候實〻毎〻御心切ニ被仰下候趣何とも難有奉多謝候已上

見返し（二行原朱）
三ノ廿三付　三ノ廿七達ス
以切帋啓上仕候時下春暖相催候得共兎角不順之氣候御坐候處
太守様益御機嫌克被爲成恐悦至極奉存候貴館御揃弥御安泰御奉仕之条奉
賀候然ハ昨冬中上候
公方様御手許ゟ御内ミ
御所へ被進之御品先月中ニ御出來相成實ハ此節迄ニハ拙子持參上京之手
筈ニ相成居候處去三日之大變ニテ何處ニても無之漸此節右ハ
公方様御深情之御事少しも早ク御地へ達し度旨主人方も御心配ニ付此方
ゟ可指上筈ニ候へ共御大事之御品ニ候へとも御連名ニて太守様へ御贈可相
成筈ニ御坐候二十一日之夜御さし立ニ相成其前委細ニ宿次ヲ以而申上候
處上封三浦内膳當ニ指立候處同人此節出府途中之様子左候へハ風与書狀
其儘御當地へ返り候も難計ニ付今日又ミ急飛脚ニテ島田へ申遣し置候間

御相談可然御取計可被下候委敷申上度候へ共只今急出立飛脚出懸ヶニ付
何も嶋田へ之書狀ニテ御承知被下たく先日之御返事も二十日出ニ申上候
間自然跡戻りニ相成候ハヽ直ニさし上可申ト奉存候此段不取敢申上度餘
も重便可申候已上
　三月廿三日　　長野主膳
三浦七兵衞樣

上包
「申四月十一日
千種有文卿ゟ酒井忠義」
「口上書扣」

薄暑之節御坐候處弥御安榮珍重御義奉存候陳も此程毎〻內献上物仕候處
御滿足被爲
思食依之

一御紙入　一
御烟管
一同　筒　一通
御煙草入
右之通り御内〻拜領被
仰付候段
御沙汰之旨右大將殿ゟ御傳ゝ之由ニ而則御品御傳達給り誠以不奉存寄義
難有奉畏入候事ニ御坐候猶御禮之義右大將殿迄宜樣御申傳給り度御賴申
候以上
四月十一日
令拜見候御安全令恐賀候然ㇵ劍二振差上候御落手可給候

御劍　フチ頭ハ雲鶴此短刀之通り
鞘蒔繪ハアシ手ノ思召
若浦ニ塩ミちくれハ云〻之哥ニ相成候是ハ近日形可令覽候
蒔繪ノ工合ハ此左ゆ山ノ通リノ心得ニ願入候
目貫ハ金雲鶴御宜よし形ハ無思召めつらしき形御宜トノ事ニ候
先〻右之通ニ思召可給候也
三月廿九日　　建通
千種殿

令披見候弥堅固珍重存候然ハ兼而御賴申置候塩鯖五十本少〻間違ニテ唯今御國元ゟ相廻り候ニ付御惠扱〻忝存候塩加減一入〳〵と別而好物之品不淺〳〵存候宜〻御挨拶御申入可給候併又〻祭禮前ニ給候旨重〻之義忝

存候得共夫も余毎〻重〻ニ相成心外之義ニ存候間祭禮のため他へ遣候分も唯今ゟ配置可申候条最早別段祭前之處ハ固辞申度存候呉〻此段被差含宜敷頼存候

過刻爲持被越候鮫則久我へ持參差出置候處明日被伺候旨ニ候唯今帰宅沐湯早々大粗答申洩候也

同時　　　　　　　　　　　子　和

三浦七兵衛殿

彼是取込居大乱書宜斷申入候也

弥堅固珍重存候昨夜も七兵衛入來忝存候精進中ニテ一入何之風情も無之氣毒存候扨昨夜内話之条〻ハ頓ト安心ニ而宜しく候猶日限之處も承知候委細も面上可申入候將

御劒之義御治定候間御拵万端之處申入度候条何卒今晩乍御苦勞両人之内
入來賴度候尙又其砌昨夜之御返答も可申入候明夜も參向前日ニテ彼是取
紛候間何卒乍御苦勞今晩入來之樣賴入度候也

四月八日　千

藤　權　殿　少

三　七　殿

一昨夜も入來忝存候併何之風情も無之氣之毒存候其砌御伺之条〻別紙ニ
記置候且天國之方御拵御治定候而刀共御献上之事申上候處扨〻
御滿足ニ被爲在候併甚〻氣毒ニ被
思食候御旨
御沙汰ニ被爲在候宜〻可申入旨

御沙汰ニ被爲在候事

一彼一条一昨日從傳奏廣橋言上ニ相成直ニ日限之處二十二日被
仰出候由ニ候尤一昨夕ゟ昨日ハ從傳奏以一爵諸司代へ達しニ相成候旨
ニ候尤此義決而向後御相違ハ有之間しく御受合申候間必〻一先御安心
之様御申入可給候最早二十二日暫之間ニ在之候間手數被入御探索ニハ
不及御安心可然候此段宜ク可申入旨ニ候事

四月十五日　子
　　　　　　和

両
　士ヘ

目録之通不存寄家來共へ被下物不淺辱存候併段〻入御念候義深以御氣毒
存候宜〻御申入可給候將鮫四筥令落手候尚相伺候上可及御答候唯今差急
誠以略書御受迄之義ニ候以上

四月廿八日　子和

両　士に

弥堅固被相渡珍重存候
然ハ一昨日も入來之處他行中不能面會殘心存候其砌も不存寄從若狭守殿
好物之海苔一箱御惠投不殘忝存候每ゝ芳情厚御受申入段宜ゝ御申入賴候
將又御短刀御拵之義ニ付又ゝ御伺之事共承候則左ニ印置候通ニ被遊度候
仍御答申入候入御念雖形迄御出來ニて御伺之事
御滿足之御事ニ被爲在候能ゝ可申入
御沙汰ニ候扨今日ハ彼一条被
聞食候日限ニ相成候弥御程能相濟候御次第ニ而安心候事ニ候萬ゝ面陳と
申殘候也

四月廿二日

追而過日申入置候平緒組御下緒ハ弥此方ニテ申付候哉承度候併十日餘之日數さへ有之候ハヽ出來候間急ハ不申後便承度候也

有　文

両　士に

朝暮ハ聊凉氣加候弥堅固珍重存候然も過日も入來之處何之風情も無之氣毒候其砌持參之從長州頼之認物甚ヽ乍汗顔相認さし出候宜〳〵申入可給候先達約束之太刀蒔繪下書任幸便進入候也

子　和

七　廿六

三浦七兵衛殿

雨下濛〻敷候弥堅固珍重存候抑先達ゟも岩倉家來宿所之處聞合之事段〻
世話忝被存候右ニ付此節五尾從膳所到來候間被送度宜敷〳〵可申入旨被
申出候
一內〻御献上之御短刀身御筥御出來ニ付御献上之義日時可申入旨昨日賀
川へ沙汰之旨承候左候ハ、明日献上候間明日昼迄ニ御廻し可給候樣ニ
と存候事
一昨夜ハ不存寄好物之鮎鮓三浦士ゟ惠投之旨深々忝存候昨夜も當番今朝
宅早〻賞翫度〻相樂候扠〻風味格別千万〳〵芳志忝存候宜〻挨拶申入（帰脱カ）
度候此梅のしと申物到來候間進入候是ハ酒のうゑニ隨分〳〵宜敷物ニ
候乍少〻任到來進入候急早〻不具
五月十四日　子和
両士に

今披見候弥堅固珍重存候然ハ昨夜ハ入來之処何之風情も無之寒夜之砌
一入〳〵御苦勞存候扨其砌御内話之事共今早朝右大將へ申入置候処早
速參
朝ニ而被申上候由ニ候今日も殿下御參候間定而御都合ニ相成候哉と奉
存候將又燒金之義も又ゝ唯今被承候条委細承候此義も定テ〳〵御滿足
被爲在候半と右大將ニも大ニ〳〵忝被存候
一今日傳奏行向之處少ゝ御都合替り明日被行向候由ニ候風ト致候へも先
明日も三公愼被解候辺噂無之哉も難計候今日殿下御參ニテ少御模樣替
候義も出來候哉ニ令察候内ゝ申入置候呉々毎ゝ彼是配慮御面働ゝ忝存候
粗答迄如此候也
十一月十六日　　子和
両士に

一彫物師ハ在京之後藤ニ而宜候哉

一蒔繪師ハ先年薩州ゟ献上之御小簞笥近衞殿ニテ御世話有之候其職人京都之者ニテ至極手際宜候由其者吟味ニテ被申付宜候哉

一鮫ハ唐蘭何レニ而宜候尤蘭之方ニ而も可然候哉之事

有　　文

一出しさ兊

一ふちかしら

金ない古

赤銅ニて雲鶴

一目貫

同斷

行間六号文字ハ總テ原書朱書
一鞘
あし手蒔絵
何連も跡ゟ得ト御治定之上形ミを可申事
有　文
(三行原朱)
又申入候天國殊之外不手入ニテ大分さびも有之候得共古ゟ其侭持傳候故態トトギ不申付其侭指出候趣ニ御坐候御地ニテトギ被仰付候事ニ相成候へも一寸御申越被下度存候
此度之一条万端御事濟之上ハ何ら御内献上物被遊候兼ミ御積り被爲在候處過日
(夫々拜見致承知候)
御拜領物被遊候ニ付右御内献上之義極密御伺ニ相成申候處
主上ニハ御短刀殊の外御好被遊候ニ付若格別御迷惑ニハ不相成様之御事

ニも有之候ハ、御短刀御献上相成候へハ別して
御滿悅可被爲在との御事ニ付此節夫是より御取寄御詮議中ニ御坐候就而
（則十四日呼出内談致見候處不相替所持ニ候間　御沙汰之義故不及是非入御覽ニ候趣ニ付此度小八郞上京ニ付右へ
相頼持越候御落手有之宜しく御取計有之度候扨右天國ハ彼家ニ而殊之外大切ニ致居候品ニ候間萬一御用ニ立候
尤江口夫右衛門方天國の短刀所持之由兼〻御聞及被爲在同人義此度御警
衛として出張相成候由幸之義ニ御坐候間
上ハ相應ニ御丞志やをも不被下而も相成間敷候間左様御心得置被下度候
殿樣御覽被遊度被爲思召之旨
尊君樣より夫右衛門ぃ程能御沙汰被成同人上京之節持參いたし候樣御取
計被爲在候樣且ッ又　御母公樣御里方より御持參之由ニ而吉光之御短
刀御所持之由是亦兼〻御聞ニ入有之候間右御短刀御上京之節御持參被相
（則所持致居候間今便天國と一緒ニ相廻し候間御落手被下度候扨外ニ吉光出來之處ニて余り宜かる間敷ト存候猶いつ
をも成共爲御見被下度存候右品御用ニ立候得共難有存候猶宜しく御申上被下度存候
成候樣被遊度此義ハ甚御迷惑之御事と於私も御氣之毒ニ奉存候得共內實
之処此度數本
叡覽ニ御入被遊候而其內
叡慮ニ相叶候品何をも成とも御献上可被遊御積り故萬一吉光の御短刀
元ゟ其心得ニ而居可申候
叡慮ニ叶候節ハ無彼是御さし上ニ相成不申而も不相成義其所ハ今ゟ御覺

悟被爲在候様奉存候乍然外々も數本御坐候故吉光ハ先ツ御扣之御積りニ
て御坐候天國も實ハ
叡覧ニ御入レ被遊候義故是又
叡慮ニ叶候得ハ無彼是是非（御取上ケニ相成候上ハ夫右衛門ゟハ相應御取扱不被下候而ハ相成申間敷）御取上ケニ相成候義ニ御坐候得共夫右衛門ゟ
ハ右之譯ハ被仰聞候テハ不御宜只（存候程克御申上置可被下存候タトヘ御取上ケニ相成候而ハ甚不宜ト存候猶近々出京之事故委細御咄可申上候）
殿様御覧の御積り程能御沙汰被爲成候様トノ
御沙汰ニ御坐候扨右御献上之義
主上殊之外御樂み御待被爲在候ニ付あまり御延引相成候而ハ實ハ不御宜
候ニ付
尊君様御出京之節御持參ニ而ハ余り御延引ニ相成申候間（小八郎か又ハ鎌（則小八郎相頼可持越申候）
次郎上京の節天國とも持參相成候得ハ大ニ御都合も御宜しく若右両人出（左様御承知可被下存候）
京以前ニ幸便御坐候而夫へ御差出相成候へハ猶更御都合御宜敷御坐候間
其辺尚御含被爲成なる丈早く相廻り候様御取計被成下度奉存候此段私よ

り宜申上旨被仰付候条如斯御坐候已上
(一字原朱)上　三浦七兵衛
三月九日

(原朱)同月十七日認む
(一字原朱)下
酒豊後様

尚以本文御用ニ付態〻御便り差立候様被
仰出候位の御事ニ御坐候間宜しく御含被成下幸便次第成丈御早く御差（拜承候外ニ心付幸便無之候間小八郎ヲ相頼申候）
廻し被成下度奉存候以上

七　三浦七兵衛所藏書類

御役方紛紜一件

小笠原長州侯直書　壹通

長野義言書翰　拾三通

外ニ　貳通

堀次郎持參一紙寫　壹通

勅書寫　貳枚

內藤豐州侯直書　七通

仝　家來書狀　貳通

〆貳拾八通

外　勅詔書寫　壹通

有文卿御直書　壹通

早川ヘノ內話書　壹通

酒井若狹守內願書　貳通

三校五人

三戰呂布　羅貫中著

○文久二年

包紙（二行原朱）

勅書寫

時文久二壬戌中夏從

禁中御堂上ゟ御觸書寫

朕惟方今時勢夷戎恣猖獗幕吏失措置天下騷然万民欲墜塗炭

朕深憂之仰　祖宗俯愧蒼生而幕吏奏曰近來國民不協和是以不能擧膺

懲之師願降嫁皇妹於大樹則公武一和而天下戮力以掃攘夷戎故許其所請焉

幕吏連署曰十年內必攘夷戎朕甚喜之抽誠祈神以待其成功昨臘　和宮入關

東也千種少將岩倉少將諭天下大赦之事且告曰國政仍舊大概委於關東至如

外夷之事則我國一大重事也係其國体者咸問

朕而後定議或使二三外藩臣預聞夷戎之處置幕吏對曰辰（宸カ）意事甚重大難奉行

請暫猶豫既而頃日列藩有献謀議者如薩長二藩殊親來奏事山陽南海西國之

忠士旣蜂起密奏云幕吏奸徒日多正議委地而蔑王家睦夷戎物貨濫出國用乏
耗万民困弊之極殆至受夷戎之管轄不日可知也矣冀擧旌旗奉
鑾輿於函嶺誅幕府之如也矣曰爲除太平浸潤游惰之弊誅京師之姦徒又曰不
顧幕府下攘夷之令於五畿七道之諸藩如其衆議畢雖出于忠誠憂國之至情事
甚激烈使喩薩長之輩鎭壓其他召幕老吏久世大和守往復歷日未告唯諾而先
行昨臘所喩之大赦夫大樹猶弱何失之有但幕吏因循偷安撫馭失術如是則國
家傾覆可立而待也
朕日憂懼焉可謂偷一日之安忘百日之患聖賢之遺諭可鑑矣當內修文德外備
武衞斷然建攘夷之功於是斟酌衆議執守中道欲使德川輿祖先功業張天下之
綱紀曰策三事
其一曰欲令大樹率大小名上洛議治國家攘夷戎上慰　祖神之震怒下從義臣
之歸嚮啓万民和育之基比天下於泰山之安
其二曰依豐太閤之故典使沿海之大藩五國稱五大老爲咨決國政防禦夷戎之

處置則環海武備堅固確然必有掃攘夷戎之功

其三曰令一橋刑部卿援大樹越前前中將任大老職輔佐幕府內外之政當不受

左袵之辱此万人之望恐不違　　　朕意決于此之事是故下使於關東蓋欲使

幕府選三事中之一以行是以周詢群臣無所忌憚各啓沃心丹宜奏讜言

別紙以

叡慮奥之文三箇条之儀左衛門督御使而關東江被　　仰達候依之先諸臣存意

被　尋下候間各所意有無共可申出御一列江茂可申傳久世宰相中將被申渡

候仍入見參候若格別之御存意之義候ハ別段以御一紙右兩卿或加勢源大納

言大藏卿等之內江可被附候先御加承候御存心有無御書付承度候明十二日

晚迄ニ有長參　　朝議奏中江可申入候間早〻御回覽明十二日未刻迄ニ可返

給候也

五月十一日

且今度薩州長州若州等之書取有之候若被承知度〻參　內之上書記御用人
〻ニ一覽可被御座之旨同卿示候事

上包
〔勅書寫〕

一橋刑部卿越前前中將等之義御箇條書之通被
仰出候処去十五日大樹年比ニ付田安大納言後見願之通差許越前前中將國
政可關係被申付候由言上有之就テハ後見之儀强而も被
仰出兼候得共何分內外不容易形勢ニ候間深被遊
御案痛以一橋被登用候方可然
思食候但名目之處可爲輔弼歟且越前大老職之事爲家門之間流例之辺ニテ
も可差支候得共先件非常之所置ヲ以テ可被申付
思召候但是以差支候も政事惣裁職ト稱候而も可然

思召候
但越前前中將義
思召之通相成候上も方今內外危迫之時節ニ付今年秋中上京有之國是之
議論被
聞食度候且同人彌上京之節ハ引續三郎ニも可有上京候其邊相含可有周
旋樣ニト
思召候事

上包
［此一件ハ七兵衛義ハ御所御用ニ而東下中之歸京後も旣ニ
主人御用召さハぎニテ何等ノ事も不承一切心得不申何カ］
［櫨兵衛失策　千種卿ニ御目玉イタヽキ候事と相見候］

梅雨濛然候處彌堅固珍重存候偖ハ昨日ハ主人御一封早速夫々に傳置候間
宜申入可給候其方より書取之旨何も承候扨今度不存寄御次第ニテ従關東

急々被召候ニ付御帰府ニ相成候由實ニ御心配ト御察申入候且ハ嘸々御心
外之義ト何とも無申条是又御察申入候久〻不量御親しく申毎々內外厚御
音信物ホ厚辱存候實ニ到今日御挨拶之申上方も無之候乍去向後當地隨身
之御用も有之候ハヽ無御遠慮可承候条吳々宜御申入可給候扨〻御名殘難
申盡候實ニ當春も其許殿迄も內〻御進退之義深御案思申御心添申入候事
ニ候へ共唯今右ニ至り候共不存寄義驚入候併此上ハ御國內御無難ニ相治
り可申トハ更ニ不被存暴政弥盛ニ相成公武之御仲合も如何可成行哉扨〻
困苦千萬ニ候申入度事乍山海迚も筆上難盡尙又面會之期も有之候ハヽ可
申入存候扨此中へ申入候ハ甚無心成事ニ而閉口可致之處實ニ余不審千万
存候間腹臟も不本意ト存候間左ニ申入候不悪開取可給候
去三日夜亥時計岩倉家ゟ被行向今度主人之達有之候旨ニテ以書取被申入
候由其翌日巳時計不計彼方へ行向候處傳承候夫も他事ニ而行向候義ニて
不計承候事ニ候右ハ元來外用之便宜も有之候序ニ候ハヽ兎も角もなから

態〻此一義のミニ被行向候由ニ候左候ハヽ先子和方へ被申出候方本意ニ
候欤素ゟ不容易御取込トハ察入候得共乍と へ如何計之御取込候共道ハ道
ニ而可被立筈カト被存候全体岩倉ハ御縁組一条ゟ之義ニ而子和ニハ元來
先年墨夷一条御猶豫被
仰出候以前ゟ段〻申合且又内府公へも種〻御取持御頼之筋も在之愚昧之
子和乍不及丹精御取持も申入候義數多有之候併薩長之義ニ候ハヽ如何ニ
も子和掛合不申事故如何樣岩倉計へ御取合候共一言頓着不致候へ共既御
主人御進退之義ニ相成候事ニ候ハヽ一應之爲御知も可有之筈ニ候哉夫〻
有樣岩倉家計へ被申入候次第甚以不審ニ存候尤内府公へも右申入候處是
又大ニ不審ニ被存候既先件之次第故此度ハ子和へハ何等之沙汰も無之彼
朝臣一人兩卿江被談
叡慮之御旨趣被伺取一昨日來御往復被申入候次第ニ候實ニ最初より御親
辺被忘今日之御次第ニ成行候事終身殘懷之至候公家武家共ニ忘其本候而

宜敷物ニ候哉併呉〻不容易御配慮之中へ申入候義ハ不本意千万候へ共一
應ハ御趣意承り度候尤其許招寄心中可申入覺悟候處最早明日發足之旨故
余り氣毒存候間以書取申入候呉々先年來格別御親しく申殊ニ御間柄ニ而
萬支申承候義ハ到今日空しく被成彼朝臣計御申合之事殘懷存候
右之段御主人ゟ被申入返事賴存候也

六月六日　子和

藤田權兵衛殿

昨夜岩倉ニ承候處先夜彼亭へ被行向候砌此義ハ不容易事故正三千
種へも行向申入呉候樣ト被申候処最早殿御(どのカ)方へも出候ニハ不及ト
被申斷候彌以不審何故到今日左程ニ被輕瞥(蔑カ)候と不審千萬ニ存候事
乍序申入候岩倉事中將ニ候(ヘ)ハ丶被任候得共位階ハ超越不致候間矢
張是迄之次第ニ候右も尤御不案內と存候間御主人へ御申入置可給
候事

○安政六年カ

（上包）「小笠原長門守」

「直書」

時節柄弥御安寧不堪雀躍候扨昨日御談之
主上御上り品之義早速御取締掛ニ内許候品も内々爲致拝見存意申聞候様
篤ト申談置候間不日申出候ハヽ、猶愚考之上及御内談可申候將又御内示之
下總守殿ゟ被仰越候遊所巡見一条同時も申上候通り乍拙策兩人申談土地
景氣引立力之義ニ付聊存慮も有之及見候義ニも御坐候得共彼是惡説等相
立此節柄不勘弁之致方トノ御沙汰御坐候得も一言申上へく樣も無之不行
屆之段恐入候外無之以後も何事も再々勘弁可相成丈失策ニ陷り不申樣心
掛可申其段も幾重ニも恐入可申上樣御坐候間
若狹守樣ゟ可然御執成之程伏而奉希候乍去勤筋之心得薄慰心ニテ遊所向

巡見等いたし候樣之御心取ニ御坐候てハ誠ニ以赤心も空しく歎息之次第
ニ奉存候旣ニ淺野勤役中遊所巡見いたし種〻之說立候義も粗承知いたし
居候間素より氣保養位之存意ニて右樣浮雲キ所置致候謂も無之今更考候
得も失策ニも存候得共其節も申談勉强之心得より致候義御坐候得共支配
向ゟ申諭方等不行屆故歟存外之說立候事トなり行實ニ殘念千萬之義ニ御
坐候得共是皆短才より起り候事ニて彼是及多言候得も却而申分ケヶ間敷
相聞尙更恐入候間只々氣保養等いたし候心底ゟ之所置ト申御疑念丈ハ御
氷解相成候樣
若狹守樣ゟ出格之御執成偏ニ奉願上候尤失策之廉も何レニても五十步百
步之論ニも御坐候得共
上之御爲も不存心底ト御心取相成候てハ如何ニも殘念片時も快御奉公も
出來兼候事ニ御坐候間其辺御憐察被成下吳々御執成之程御願被下候樣奉
賴候右も御逢之節申上候心得ニ罷在候得共御返書も不日御差立ト存候間

貴様迄御執成奉賴度候

○昨夜長野被參例之一条種〻內話も有之候得共是ニ其內萬〻御面話ト文

署いたし候已上

五月十四日　　長　門　守

七兵衞樣

內用

尙〻時候御自愛專一ニ存候也

○安政五年九月

京都元組與力ゟ私不快見舞之書狀差越別紙之通家來方迄昨夜中

越候別紙之寫

一今般

御凶事恐入候義ニ御坐候且また御三家方之内尾水御咎其外御家門方幷
ニ御役人方等御咎被
仰付御地之御混雜奉察候尙
將軍宣下後御調ニも可相成抔風聞御坐候如何可有御坐候哉當地ニても
攝家方大臣方傳議奏大納言衆日々御寄合有之鷹司太閤殿內覽辭退九条
關白殿去月二十九日ゟ御辭退相成候處當月三日先ツ內覽御免近衞左大
臣殿內覽被
仰付候引續關白宣下も可有之由ニ御坐候兩傳奏共當月二日ゟ參　內憚
ニ相成申候如何之譯ニ候哉更ニ事實も不相分候九條殿諸大夫壹人近習
三人中番二人同三日出奔致候是も內實關白殿御承知ニて手當金遣し當
地ヲ送出し候由ニ御坐候御時節柄へ取交官武內惑乱如何可相納納哉ト
存候
一伏見奉行內藤豐後守樣

御所向御取締御兼勤被　仰付候ニ付此節寺町今出川下ル本善寺御寄宿
多分京地御詰合ニ御坐候且御用筋ニ寄關白殿傳奏衆ゟも御直談被成度
旨於御地御老中方へ御伺濟之上所司代ゟ被　仰渡候右ニ付後院御附御
役宅地へ伏見奉行京屋敷出來御願濟此間右地所見分相濟大急キニて御
普請御取掛り尤
公儀御入用ニテ出來申候常式御家來御さし置ニ相成一ヶ月之内凡半月
余多分京地之方ニ御詰ニ可被成旨ニ御坐候右ニ付都而町奉行衆ゟ御通
達可申廉〻も伏見奉行へも同樣御達可申事ニ相成手數太增大迷惑ニ御
坐候先箱二本道具ニ而京地御通行大强之御勢ひニ御坐候町奉行御附之
瘤ニ御坐候併始終之所ハ如何可有御坐哉迚も長クハ續間敷奉推察候
一仁和寺豐宮當月二十五日御入寺被　仰出大隅守御供被蒙　仰候右ニ付
先格之振合ニ而も大勢之供連ニ御坐候
先案内同心二人　對挾箱　對道具

中道具　徒士五人打物　案内四人
騎馬　厚総馬脇六人　持鑓添鑓　草り取長柄　對箱　押兩人
乘替馬　乘物　給人　道具箱鑓　押兩人

凡右之通いつれも手代り其外同勢ハ右ニ准シ候一同清服相渡候尤右ニ付而ハ銀六貫目拜借被　仰付候振合ニ御座候處近來御金銀拂底ニ付拜借之義も一切出來不申との事ニ相成元來勝手向不如意之處臨時之大物入困り被申候御承知之通り何か事有之候得も物入多組之者迚も右ニ准し誠ニ難澁之御場所ニ御坐候御一笑可被下候

一御地異病流行之由上方筋も一般ニ流行仕候別而大坂甚敷由ニ御坐候京都も八月下旬ゟ少〻宛始り掛ケ候處此節專ニ御坐候幸ト先ツ組屋敷内ニても入不申候得共近辺も夫是怪我人も御坐候右ニ付種〻手當藥法ましない等御坐候二条通藥店申合施藥等いたし居候多分肴ヲ喰候ゟ發申候

此節

はも　ぬりお　なめのうを　さば　ゑび

右之類商賣停止ニ相成申候鯛ニ而も當り候もの御座候肴大安賣ニ候得共買人無御座候

一松茸も不案心ニ存買人少ミ故例年ともも安く候得共いまゝ盛ニも相成不申候是ハ土用ニ入候得も當り不申候間土用後恠之宜ヲ吟味仕如例年少ミ成共後便可差上候例年とハ遲り可申御斷申上置候

（以下四行原朱）
右之通九条殿關白御辞退武傳兩卿参　内所憚有之よしニてハ又ミ先達中とハ風がかゐり一變いゝし候ものニ哉

一御取締之伏見奉行先箱二本道具ニていゐり通行いゝし候てハ所司代様ハ金紋先箱三本道具ニも相成候や

○萬延元年

「御祐筆頭取
早川庄次郎氏へ內話書」

公武御間柄之義ニ付テハ十分ニ致丹精萬事無御隔意御都合御宜樣盡精力候義ハ固ヨリ覺悟ニ御坐候得共夌品ニ寄り候而ハ關白殿ニも所司代ニハ御役前ニ對シ却而被仰兼候義も有之筈ニテ東西之御情實貫徹不致候而ハ御互之御遠慮ゟ却而疑惑を生し候夌も自然致出來候義ニ付致勘弁候處是迄掃部方ニ而も長野主膳ト申者久〻出京いたし居下總ニも芥川舟三ト申者致出京居候而九条殿御家來內密懸り之者へ直ニ致面談候義ニ御坐候間所司代ニ被　仰兼候事柄々其筋より直ニ御地へ相聞ニ御都合ニ相成候義も有之哉ニ承り候間　公武之御間ハ聊も無御隔意御實情貫徹いたし候義第一之御事と存候得共外ニ取計之いたし方も無御坐候間何卒大和殿御腹心之御家來一人御差登セ當地ニ逗留いたし候義ニ御坐候〻家來之者よ

り九條殿御家來ニ而內〻爲引合置候ハヽ万事之御都合ニ相成京地之御模樣
も尙更相通し可申哉と存候今般
御緣組も御整ニ相成候得も尙更之義往〻迄大和殿ニハ所司代をも御兼勤
之御心持ニテ京地之支をも御引受御勤被下候樣いゝし度ト實ニ存候間此
段其許迄極密御內話申候事

○安政六年
內密　醫學館一條
此間西丸下へ御使ニ參り候節御用濟之後ゟ風種痘之御咄しニ押移り候故
拙者ゟ先達而在京中種痘館之事內〻風聞有之候右ハ京地之蘭醫相催候事
哉又ハ江戶表ゟ被仰出候事ヤト存シ主人ニ伺候得共一向御存無之由ニ被
仰候右風聞之事ハ御存被爲在候哉ト伺候處夫ハ此方より所司代へ右樣相

成候而も如何ト与風思ひ付候故相談申遣し候事之如何存候哉ト被仰候ニ
付拙子御答ニ右ハ諸人ヲ救候術ニテ至極難有思召ニハ候へ共併京地ハ未
西洋ヲ忌嫌候者多ク何事ニよらす洋風ニ押移ハ致間敷哉ト不快ニ存候人
情ニ候へも種痘ト計之御沙汰ニテハ却而宜シ狩間敷尤當夏比右風聞ヲ承
り候折柄別ニ醫學館ヲ京地ニ取建度内願之事も承り候ニ付右願書ヲ乞一
見致し候處京地ニ醫學館ヲ取建施藥施療も仕度付而ハ種痘も施療ニいゝ
し度ト之文言も相見へ候ニ付六月
御諸司代へ上り候節此義も至極宜儀と存候ニ付而も右願書も早ゝ江戸表
へ御廻シ相成候事ト存候處未何等之御沙汰も無之由ニ付よく〳〵相考候
へハ拙者帰府之上ハ御前へも主人へも相伺候而今一度可申上筈ニ有之事
りと存候右願書寫シハ持帰主人手元へ指上置候ト申上候處如何ニも其義
ハ可然事と被存候乍去願書相廻り不申而ハ何共工風も付不申との御沙汰
ニ付然ラハ今便水

勅一件ニ付拙子ゟも三浦七兵衛方迄申遣し候様被申付候間同人方ハ申遣し小笠原へ相達シかの願書早〻被指下候様可申遣候間御前御手元へ迄參り候ハヽ內〻拜見被仰付候樣仕度ト申上置候間右施藥院之願書西丸下迄御廻シ相成候樣申上可被下候實ニ京地ニ而醫學館御取建度事ニ候へハ其上又〻御相談申上度ト奉存候尤願書も初度之方ニ而仕法ハ別ニ御賢考之方欤ト奉存候主人思召ニも賣藥取調之事ハ既ニ申出候人も有之哉ニ伺申候間右も御指下シ可然かと奉存候此義も小笠原長州君よく御存ニ付左樣申上可被下候以上

義　言

○文久二年
（三行原朱）付箋

終ニ堀次郎ノ見込通り之運ヒニ相成實ニ妙ト言ヨリ外ナシ

七兵衛

四月十五日堀次郎持參一紙寫

大意

一閣老久世早〻致上京候樣屹と被　仰渡候而如何可有御座哉

一粟田口宮鷹司大閤樣近衛左府公鷹司右府公御愼解被爲在候而如何可有御座哉

一於關東而一橋殿尾張前中納言殿越前前中將殿土佐御隱居宇和島御隱居御愼解在之如何御座候哉

一九條公幷所司代御退去之御處置被爲付候而如何可有御座哉

右も御罪科之有無も全不奉存候得共天下之風評且此節難波辺所〻ニ致充滿居候諸浪士之說ヲ承候處此御方〻を奉恨衆怒之帰スル所ニ御

座候間此等之御處置無御座候而も暴發目下ニ起り人心一和ニ中處ニ

迚も至り間敷奉存候盡存慮之程叩膽奉申上候

一於關東安藤對馬守速ニ退役被　　仰付候樣無御坐候而も人心潰□〔裂カ〕變乱之

基とも可罷成奉存候

一御愼解之上一橋殿御後見越前前中將殿御大老職ニ被爲仕〔任カ〕候而も如何御

座候哉右等之處人心一和之基本ニ乍恐奉存候

○安政六年

（二行原朱）
見返し「十一月廿八達ス」

西丸下樣ニも去十五日ゟ御不例ニテ御登

城も不相成候處一昨日より御病氣も相重り御病名も相替り候ニ付深御

案し申上候事ニ御坐候
此段御心得迄ニ内〻申上候以上
十一月廿二日　義　言
極密

○安政六年
上包
「十一月廿二日達」
「極密」
御覧後必火中可被下候
追々事済最早京地御賞之一条ニ相成第一
太守様御賞之義も御格別之義ニ有之候ニ付御推任之
御沙汰ニも相成度ト存シ主人方ニも其辺之處ニハ深ク御心配被成進候

由之處唯今も少し御指合之廉有之閣老方ニも無之御官位之義ニ候へも
主人方〻强而被仰立之事も難相成次第ニ至り且此節ニ而も却而御爲方
ニも不相成哉ニ主人も思召候由ニテ何分此度ハ他之御賞之方ニ相成
官位御昇進之義も後へ御廻しニ相成候方之由內〻御話シ之事も御坐候
間乍極密一寸申上候尤此義も未御治定之御噂ニも無之候へ共主人方御
心配之余り何となく拙子へ迄御話し計之事ニ候間決而他へ洩不申樣奉
願候

一外夷御取扱振も內實西丸下如何なる魔道へ誘引せられ被成候哉段〻夷
人之申事ヲ御信仰之氣味ニテ外國懸り之申出候事ハ殊ニ御聞入よく何
事も夷人之申事も其儘御用ひ被成度樣子ニて先頃より軍艦ヲ造り外國
へ交易ニ遣し候事等御申立も有之惣而京都ニテ被仰上候次第ハ御忘却
之姿らの京ニ而ハ駿河大納言殿之例抔被仰置なから御歸府之上も水老
出勤等之事ヲ御申立ニテ四公之釣合抔も更ニ思召候樣子も無之と同日

之論ニ候右樣之次第故御役方ても更ニ取敢不申左候へハ兎角讒者等のミ
御用ひニ相成候處ゟ種〻虛妄之事共被仰此比よりハ不容易御內間之事
をも被仰候由ニ而主人方ニも深御心配田安公ニも深御心配之旨昨日も
承り申候
一內藤侯之御事も先比よりハ大体不遠御出勤ニも可相成哉ト存候處西下
ニ而ハ三年ハ愼居候先例之由被仰立又〻其儘ニ相成候ニ付拙者參上之
節右內藤侯ハ別段罪ハ無之筈ト昨年被仰付之次第ゟ段〻譯ヲ申上候へ
ハらの藝者一件御咄しニテ右ハ全ク讒者之申口ニテ間違之旨申上候得
共更ニ御聞入無之此節ニ而ても京伏見之間ニテ內藤侯之舊惡ヲ探索いふ
し候趣も相聞今朝も伊藤源之進被參承り候へハ大金を出シかの京都之
探索人ヲ取入不申而ハ大事ニも可及トて種〻世話好之人物も立入候由
不怪支共ニ御坐候右樣之次第故此節又〻京都へハ六月比同樣之義被仰
立候事も可有之と奉存候今度安藤對馬守殿御普請御用被蒙仰候ニ付而

も西下ニテハ筆頭ヲさし置大老之心より不正之被仰付抔と御役人よも
有間敷事共をも被仰立候由右様之義自然
公方様へ相聞候ハヽ不怪事と存いろ〳〵心配仕候事ニ御坐候
一島左事も當地へ之聞へ甚不宜芥舟と同腹ニテ不宜取持之風聞有之又盜
よて墨入追放之者ヲ召仕所ゝよて不宜振舞之事も聞有之樣子らの二ノ
入江ニ越候所置扱ゝ困入候事ニ御坐候尤當春ゟ右樣之風聞も承之折々
異見も加へ候得共芥舟之譏ヲ被用折ゝ拙子ヲ遺恨ニ存候廉も相見へ何
事よよらず拙子ゟ申出候事ハ妨候樣ニいゝし此度御待被成候小森之願
書も實ハ先達而醫學館願書寫し島左へ渡シ置候故夫ゟ始り候事ニ候左
樣ニ不致候とも成就さへ致し候ハヽ拙子抔ハ善惡共ニ私意ヲ加候心ハ
更ニ無之候へ共兎角功立好ニハ困入候右ト申も實ハ島印町奉行之望ヲ
拙子異見いゝし候故之義ニ候併是迄御用立御爲ニも相成候人物之義ニ
付精ゝ取持遣シ度所存ニ候間何卒以來右樣之所行無之樣貴君之思召ニ

而御異見も御加へ被遣下候ハ丶拙子ニ於ても大慶奉存候當夏も不怪振舞有之拙子出立之節異見いたし置候事ニ御坐候

右樣申上候へとも拙者議言致シ候樣ニも相聞可申候へ共決而左樣ニてハ無之當地へ迄聞候位之事故定而貴君とも飽迄御承知之事ニ可有之唯〻此後可然御異見御賴申上度所存より申上候事ニ御坐候芥舟ハ折〻島左へ讒ヲ入候而大ニ氣合之趣是ハ人ともよく候へ共讒好之小人可論迄も無之候へハ不申上候

一一名連名之一件右ハ今更別ニ改候迄も無之候得共唯〻是まて懸之外ハ舊例通り御連名ニ而可然ト申上候事ニ御坐候

一醫學館之事も實ハ種痘计之名ヲ厭ひ右願書之一件之方可然ト申上候へ共此節小森家之出願ハ基〻かの人物之懸りニテ候へとも實意计とも不被存候間是迄御待之上ハ尙トクト御考之上ニ而兩方共正實之義顯然たる上ニ御指出し之方欤とも奉存候

一何分ニも六ヶ敷風聞計ニテ殆困入候内豊侯今暫ク其儘御在京ニも候ハヽ此度之様なる
勅諚も下り中間敷ト且ハ外國御所置も是迄條約濟之上ハ不得止事義ハ何國迄も致し方無之候得共義理ヲ御忘却ㇳ世間之聞へも不宜扨〻困入候事ニ御坐候色々申上度候へ共此節甚大取込執筆之暇も無之何も後便可申上候以上

十一月十二日

義言

○萬延元年

上包「三月朔日達」

「内密」

萬金丹御調被下毎〻御手數之義相願千萬忝奉存候内豊侯之御事被仰下未先方へハ打明難申上候得共實ハ不遠御都合宜しく相成ト奉存候尙〻

精〻由斷も不仕是迄紀伊守樣御近親之廉ヲ以何も御遠慮勝ニ被爲在候
處右ハ無御遠慮御取調相成候樣之運ニ相成大ニ安心仕候
一和宮樣一条近々吉左右伺度尙其内
御内献之御品も御出來可相成追〻御時節到來と難有奉存候
一小笠原家之若君之事右も右京亮樣ゟ被仰上候通り何ニ而も御稽古之爲
御下向相成候樣トノ御事ニ付先日小笠原家へ内〻申上候處ニ御坐候其
節御承知被下候事トハ奉存候へ共御請迄申上候一度御下向ニ相成候ハ
、御内間も最早調居候樣子ニ候間御安心可被下候右御答迄早〻如此ニ
御坐候以上
二月十九日　義　言

○安政六年

上包

「十ノ廿三夜達

同廿四日返書出ス」

「極密」

先便被仰越候条〻承知仕候内豊侯之御模様も先ハ宜しき様ニ被相伺實ハ此間西下へ參上少〻理屈も申上候位之事ニ而其段も近〻可申上ト存候折柄此大變ニ付何も後便可申上候可惜ハ近ク殘黨之一件片付直ニ京都之御賞方ニ可相成右ニ付而も此間西丸下よりも見込書付申上候様との事ニ付大抵ハ願之通と難有存候折柄ニ而今少し殘念〳〵

一島左御賞之一件今一度押返シ閣老方ゟ被仰進候様仕度色々骨折候へ共右ハ左様ニ相成候ハヽ

殿下御辭職と被仰越候一条營中ニ而諸御役方存知候上ハ今更可隱事ニも不相成右様之所へ西丸下トいへとも得被仰進候事ハ不相成由加之右ハあまり其儘ニ相成居候ハヽ

御諸司代へ永ク御預りとの御沙汰ニも可相成哉之内風聞有之甚心配仕
候何分御役方之見込ニテハ
公儀ゟ被下候品御受不相成候ト申ハ
光格帝之御時修學院御出來迄之御斷相成候例のミよて右も　大御所様
ゟ之進獻ニ而
御當代之義ニハ無之由相聞へ候右ハ拙者力之及候限りハ右様之事ニ不
相成様骨折可申主人方ニも御心得被居候事故自然無據節ハ早々可申上
と奉存候
右ニ付實ハかりの御品ハ
殿下ゟ先達而云々申入候へ共追ミ平穏ニも相成且よく〳〵相考候へハ
大樹公ゟ折角之　思召ニ而龍章へとて被下候品之義ニ付今暫表沙汰ニ
も難相成候へ共内々御手元迄預り置候と被　仰出候様之運ひニ相成候
ハヽ今ならは至極宜シ第一嶋田之爲メ方ト奉存候

貴君御太刀御拜領之事右ハ莫大之御手柄永代之御家寶と珍重奉存候右御書不殘主人方へ指上未タ下り不申候ニ付追而返事ハ可申上候已上

義　言

○安政六年

以手紙得御意候未殘暑嚴敷候處

太守樣益御機嫌克被爲成恐悦至極奉存候　貴君弥御安康御勤務之条奉賀候次ニ小子去月十七日國元出立廿四日小田原泊之日積ニ有之候處箱根山中ゟ大風雨ニテ畑宿迄參候へも最早往來も難出來依之同所ニ止宿候處翌朝へらけ弥暴雨ト相成此邊ニ而も七八十年來之大水之由ニ而川ゝ橋悉流失塔ノ澤ト申所抔大体流レ候位ニ而漸當月二日ニ川明候ニ付今四日無滯着府仕候寔在京中ハ毎々奉蒙

仰付冥加至極難有奉存候今朝御登　城前　御前ニ而一々申上候處厚次第御氣之毒由
御懇命殊ニ種〻拜領被
御沙汰ニも候へ共御登　城ニテりの五千金被進二萬金御救助之一件も漸〻御評決ニ相成彼是御混雜中ニ付何も重便可申上候りの御花生之御挨拶も御直ニも被成候哉之趣ニ伺取候是又重便可申上候
殿下も千石之御加增外ニ御職中年々五百石宛被進候由何も恐悅至極難有奉存候
一間部侯も先月二十日御勝手御免同二十三日太田侯願之通御役御免彼是御混雜之𠮷共ニ候へ共先〻只今ニ而ハ治り候而難有奉存候大御心配筋も近〻御安心之場ニ至可申ト奉存候不取敢時候御伺旁申上度余も重便ヲ期シ可申上候以上

八月四日　義　言

三浦君

乍憚藤田君へも宜敷奉頼候以上

○萬延元年

「壬三ノ八日達ス」

「極密」

極密申上候主人容躰之義度〻御懇切ニ御尋被下置難有奉存候申上兼候へ共實ハ先比ゟ段〻痛强最早養生ハ御叶申間敷夫故御役御免と申事ニ相成候さて右ニ付若殿正年十三歳（冠年十四才）ニ被相成候方御乘出し候ハヽ先何とあく御用部屋入追テ御成長之上主人同様ニ被仰出度

御内慮之旨も相伺候へ共追而治平之上ハ格別此節柄當方ニも右様之治世論ハ先好不申併

太守樣ニ而も御用部屋入相成候ハヽ御願可申上候へとも旣ニ松伯侯當三月ニハ御用ア屋入ト存候處俄ニ變し候哉存懸も無之久世侯御再出是ハ如何成御事ニ候哉一旦柔弱天下ヲ見捨られ候汚名ヲ雪度御所存之由ニも申者有之候へ共今暫傍觀之上ニ無之而ハ相分り不申當方ハ御用部屋へ入不申候辺

御當代之間ハ内外申上方も有之唯主人之跡ヲ其儘御任可相成ハ太守樣之外有之間しく候へハ久大侯之事ハ如何樣ニても宜しく候へ共餘り存懸無之ニ付申上候松伯侯昨年來御延引ハ致シ方もなく候へ共今日ニ相成御變革ハ合点不參事ト申居候併田公も被爲在候事故何欲御子細も可有之ト今暫傍觀仕居候何も追々可申上候必御他言ハ御無用ニ奉願候以上

閏月二日　義言

○安政六年

寒冷之節

太守樣益御機嫌克被爲成恐悅至極奉存候　貴君弥御安康御勤務之条奉賀候然も先便も與力同心惑乱御所置伺書等御贈り被下御尤ニ奉存候色々御手數之義千萬忝奉存候水　勅一件ニ付而も此度ハ御直書も被進度思召ニ付此手紙も相見合居候へ共未御退出も無之此間中ゟの七日前後之御用繁ニテ拙子ゟも大御無沙汰仕候一昨七日殘り三十八人之御仕置も相付候ニ付今便御申渡漸只今一冊出來ニ付島田へ相廻し申候貴君へハ後閑之方ゟ寫取指上吳候樣申遣し候へ共御都合次第島田ゟ御覽被下候而も宜しく候

一右樣御埒濟ニ相成候ニ付而ハ二條殿之入江伊織義も惡謀關係ハ無之ら〔の〕御拂人ヲ召仕候一条自然相成事ニ而候ハヽ最早御免相成候而ハ如何

可有之哉夫位之罪狀官家ゟも澤山可有之と奉存候
一内豐侯一件も漸今便西丸下ニテ御返事之筈ニ伺候明後日も西丸下へ參り候間是非御賢考筋可申上と奉存候右等之儀も何も後便可申上候以上
十月十日　長野主膳
三浦七兵衛様
乍憚藤權君へも宜しく御申上可被下候以上

○文久二年

爰元御時勢追ゝ御變革相成一橋様御後見春嶽様總裁職日ゝ御登城御坐候其外午年後被譏候永井佐ゝ木始追ゝ御召出ニ相成候春嶽様ニも御國家老出府御諌申上候趣之風聞御坐候得共如何哉大橋順三も御免出牢御坐候乘而御地御懇意之加納重三郎御召呼ニ相成黑川備中守様御

手へ付御支配可被成旨被仰付色〻說〻御坐候得共何レ京地御探索筋之
義と被相伺善惡難相分候大原樣御出立も難相分去三日講武所夫ゟ聖堂
へ被爲入追日德丸原大調練御見物ニ被爲入候趣ニ相聞申候島津三郞も
出立難分御府內金紋先箱三本道具行粧御上通之出立世上ニ而右も
公辺ゟ其儘ニ被成置義も如何哉ト申居候御老中方御退出見物として若
者三四拾人計も先日中出かけ例之オドシト相見申候御駕籠訴致候ト申
說も御坐候凡テ諸浪中立通りニ相成候神奈川辺ニテ軍艦七八拾艘早〻
御造作ニ相成候由此上も水戶樣へ拾三万石之御加增異人退防ゟ外ニ無
之候午年以來之御役人御壹人無之只〻掃部樣御惡物井伊家之御家來心
中被察候
一今朝御差扣御先手樣田村主計樣ヲ以御用番松平豐前守樣御伺御差出ニ
相成候處御退出候御同人樣御呼出しニ而不及御差扣候旨以御付札御差
圖御坐候恐悅之義先一ト御安心ニ御坐候

尙重便追〻可申上候得共先ㇾ要〻計御請旁申上候以上

七月十四日　成田作右衛門

三井宇右衛門

三浦七兵衛様

高木作右衛門様

伴金左衛門様

尙以時候折角御厭被成候様奉存候當年ㇾ殊之外暑も強御坐候大体日〻九十度余之暑ニ御坐候兵庫義も此節麻疹ニ而引込罷在候少〻荷も重く御坐候得共格別之事も無御坐候間乍憚御安意可被下候爰元ㇾ麻疹殊之外流行大体遁候者ハ無之御屋敷內ㇾ一般ニ御坐候御地ㇾ如何御坐候哉相伺候御地之當節風說相伺度候以上

○安政六年

上包「九ノ廿九達ス」

「極密」

以書付得御意候秋冷之節　太守樣益御機嫌克被爲成恐悅至極御同意奉存候貴館御揃彌御安康之条奉賀候然ハ京都ニテ種痘館御取建之一件帰後相伺候處主人家ハ勿論閣老方ニも右樣之思召有之御方ハ更ニ無之京都へ被仰遣候支御存之方も無之尤其節西丸下御壹人當地醫學館懸御望之事も有之候へ共内實ハ悉皆蘭方ニ被成度思召も有之哉ニ候へ共左樣候而も一統不治且　御匕ハ矢張是迄通ニ無之而も不相成義ニ付右御懸りニも不相成其節御壹人之思召ニて被仰進候事と被相察候右ニ付其節施藥院より被指出候京地醫學館取建之趣意ハ如何ニも尤ニ思召候ニ付此節かの願書御手元ヘ指上其　太守樣ニ申上候事共も申上候支ニ御坐候左候へハ其内ゟの願書當地へ御廻しニ相成候方可然哉ト存候間此旨

御内〻小笠原家へ御咄し被成らの願書御諸司代へ被指出候樣之運ひニ相成候ハヽ、其内當地ノ模樣相考內々宜しき時可申上候尤らの京地ニテ醫學館取建之義ハ施藥院之願意も可然候へ共いつれ典藥も有之疌故惣懸りニ無之而ハ相成間しく旨も申上置候

賣藥一件ハ尙御考物ト存候間其由も申上置候へ共併賣藥之疌も元ゟらへハ無之而も相成間敷趣ニも相聞へ候間兩樣共御指出之方と奉存候此段貴君へ迄內〻申上置候扠右願書御指出し之節西丸下御一人當ニテ可然哉閣老方御一統へ之御當ニテ可然哉ハ追〻相考可申上候

一內〻御含迄ニ申上候西丸下此節ハ太守樣之請至極宜此段も大ニ御安悅思召候併水府一件御埒方ニ付而も不詰り之御見込ニテ却而らの御狀之樣成疌出來且又被進金等之疌ニ付而も被仰立方不當故御役方〻中立も有之主人ニも中ニ這入大込り之趣惣而渡りニ舟川ニ橋山路ニ沓夫々之道ヲ行ニも要具ヲ不用してハ歩行

難相成候へ共左程迄ニも御心付無之此間も其太守様御賞之事ニ付思召ハ至極難有候へ共例之通御内談も無之思付法界ニ被仰候故色々御指問出來扨々被困入候様子左様相成候へハ御役方事情ヲ不弁ト御立腹ニ候へ共實ハ如何程大難海ニても大舟之製造ニテ渡海ハ相成少し之支ニテ當理之御所置ニ相成候へハ誰も何共不申上候へ共兎角例之御風儀困入候支ニ御座候島左一件も同様御呑込過ニテ扱六ヶ敷相成候へハ御手ヲひあれこの被進金ノ時ノ如ク果ニも如何いたし候哉ト漸々御相談ニ相成候も同様之支多端有之候是等ハいらさる支ニも候へ共御心得迄ニ不申而ハ又々存外之間違を生シ且先達而御狀拜見之次第も有之義ニ付內々申上置候之極密頓首

九月二十一日　　長野義言

三浦七兵衛様

乍憚藤權先生へも宜奉願候以上

内豊矦も早〻御出勤相成候様精力ヲ竭し有之候叓ニ御座候然ル處
例之御風儀今少し六ヶ敷候へ共近〻ときやとき仕度ト色〻相願居
候已上

○安政六年
（二行原朱）見返し　極密御内披
十二ノ廿八達ス

尙〻醫學館之叓先便被仰下承知仕候右も素〻西下様より種痘之事被仰進
候由ニ候へ共京地ニ而只今右様西洋之叓被行候而ハ一大事と存候ニ付幸
ひ其節醫學館之内願も有之趣長州君ニ而も伺候故右之方ニ相成候ハヽ其
内ニ而種痘之叓も有之候共子細有間敷旨申上候則

太守様之思召も被爲在候義ニ付其趣帰府之上申上外閣老方へも吹聴申上候次第ニ而願主ハともあれ京地ニ而右様相成候ハヽ御爲方と存申上候事ニ御座候然ル處此節當方ニ而風聞承り候へハ西下の芥川ノ弟ニ小堀十太と申人有之右之人在京中町醫より小森之事内願いたし彼是風聞も有之右ニ付而ハ丼舟等よ用と酒肴之種ニも相成候由ニ而京地之爲ハ更ニ無之全私欲之願之趣ニ相聞候左候へハ右之手筋より小森之出願御待被下候様貴君へ頼込之次第も有之事と存候ニ付御心得迄ニ一寸申上候京地之御爲ヲ思召御企之義ニも候ハヽ、格別右様山子仕立之願意ニ而ハ迚も御聞濟可相成様ハ有之間敷と奉存候猶御賢考之方と奉存候以上

右長野書狀
（鑒木附註朱書）

○安政六年

上包
「十一月廿二達ス」

追日向寒之時節先以
太守樣益御機嫌克被爲成恐悦至極奉存候　貴君彌御安康之条奉賀候先
便申上候後度〻御狀被下直ニ御返事申上度と乍存日〻多忙ニ取紛失敬
恐入奉存候扨先日御同姓隱岐守樣へ主人ゟ御傳言之御挨拶御叮寧ニ被
仰下御狀其儘入御覽候處御叮寧之御事尙拙子ゟ宜しく申上之旨被仰付
候間宜言上可被成下候宇津木〻之御傳言每〻被仰下同人ゟも宜しく申
上候樣ニと申候同人事も御用繁中先頃家內引越ニ相成間もなく大病ニ
而終ニ遠行右之次第ニ而大ニ御無沙汰申居候
一八日出島左より來狀又〻
勅諚書出候由扨〻恐入候次第御當地も御存之通之大混雜中色〻御心配
之折柄併

太守様御在勤中之事故右之大事ハ少〻御安心ニ思召候尚可然奉願候外
國之一条も御役方之御心得違ハ追〻御改革ニも可相成候へ共何分夷人
之義ハ是迄之舊弊一時ニ御洗濯ニも難相成恐入候次第ニ御座候右ハ時
氣御伺旁申上度尚期後便之時候早〻頓首

十一月十二日　　　　　　　　　義　　言

三　浦　君

○安政六年

極密

他見必御無用

極密申上候右の御勘定奉行方之上書ハ段〻次第有之事之趣ニ候處主人方
へハ御相談も無之被仰進候事と被存御趣意之旨少〻相違仕居候其外　太
守様より御內〻被仰付候事之次第も一寸申上候處實ニ主人方へハ御相談

も無之諸役方治定無之叓ヲも被仰出候義有之哉田安公ニも御心配諸御役方より申上之次第も相聞不容易叓共ニ候間何も拜顔申上度奉存候右樣之次第ニ付不意之御用召等も出來候趣ニ相聞へ恐入候事共ニ候以上

（臺本附註朱書）
右長野書狀

○安政六年
御手元限　極內密

主人被仰候ニも西丸下何事ニよらず京都之叓も一了簡ニ而取計候事多く御役方居合惡困入候處此節ニ而も大体申遣し候下書ヲも爲見又京都より申來り候事ハ相談いたし候故先〻安心ニも候へ共元來御用向ヲ一名ニ而取引候叓ハ却而不宜儀も有之旨若州も出立前被申居候通り是も近比之惡

弊ニ候ヘハ何とカ御用向ハ連名ニ有之度モノトノ御沙汰ニ付右ハ西丸下
京都御發駕之節若州侯ヘ京都之支ハ惣而御自分へ被仰越候樣との趣ニ相
伺申候と申上候ヘハ併只今ニテハ右之通り相談も有之候事故格別御指間
と申程之支も無之候ヘハ急度可申程之義ニも及不申唯義言之心得ヲ以行
々一名ニテ取引候惡弊ヲもとし連名相成候樣いさし度段も兼テ申遣し置
候樣ニとの御內沙汰ニ御座候實ニ御一名之弊よりこの蘭醫種痘之類之事
も出來實ニ御大支之義ニ候間右之段御含言上被成下候以上

義　言

○安政六年
三　浦　樣　　　　伊　藤　源　之　進 謹書

內事御直覽

見返し（二行原朱）
十二ノ廿三達ス

一翰拜啓仕候向寒之節御坐候得共益御壯健被成御座恐悦至極之御儀奉恭
慶候其後ハ打絶御疎遠不本意思召之程恐入御高免奉願候然も先般豊後守
樣御嚴重被蒙　仰候ニ付定而於御地御取計御手違被成御坐候哉と御聞込
之御廉ニ而御坐候ハ丶被　仰知被下候樣奉伏願候處　御奉書御到來被成候
後所々御探索種々御配意被成下候得共是と申御ヶ条ニ而更ニ無御坐候素より
昨年已來之義も
尊所樣ニ而御內談御取計御坐候由被仰下其段も難有先安堵仕其比御返書
之砌長野氏方へも委敷御示談御出勤之辺篤与御賴被仰遣候由其後長野氏
方へ被出候處每度　尊所樣より御內狀を以御厚配被仰遣候趣ニ而具ニ相伺重
々難有奉存候乍併御用繁之御中ニ吳々も奉恐縮候長野氏ニも種々心配被
仕候得共能御手續相成候而ニ而鯖江侯少々御趣意ヶ間敷御口裏ニ而御坐候哉
ニ而終ニも御故障相成候由別而長野氏心痛被仕候義も乍察小生每度罷出
御出勤等之義種々相歎嘸々迷惑被致候義与氣之毒千萬奉存候將又去ル廿

一日ニ而最早百日之御日數ニも被爲成此上之處年内御出勤御病後之御礼被　仰上來春元旦ゟ年頭之御禮被　仰上候樣其之御手續仕度朝夕奉祈願候何卒此上之以御勘考右樣之御手續御取計被成下候樣密〻奉歎願候殊ニ至而御健ニも被成御坐候得共當年御六十五ニも被爲成此上兩三年御引込其上御出勤と申場合ニ而も御出勤等之處如何可被爲在哉昨年結構被爲蒙仰御席替候と申御名目而已ニて只今之御次第柄ニ而も甚御不本意之御義とも於私共深心配仕候右樣内願仕候義も實〻赤面至極奉恐入候得共如何樣とも致し方無御坐當惑之餘是迄格別〻も御厚配御取計被成候ニ付またへ心底之儘御内話申上候不惡御承知奉願候先も段〻之御厚礼此程之時下奉伺度以拙筆如斯御坐候恐惶謹言

十一月廿七日　　　　伊藤源之進謹書

三浦七兵衞樣
玉机下

二啓日增ニ寒氣相募申候間折角御自玉御勇勤被爲在候樣奉大要候前条

奉歎願候豐後守樣御出勤之義厚御取計被成候處亦候御催促ヶ間敷義奉伏願候段も重〻奉恐入候得共御老年と申深心配仕候間愚意不包申上候偏ニ御憐察奉希上候何そ心得ニも相成候義御座候ハヽ爲御聞被成下候樣是又奉願候且井上祐衛門義伏見御引拂後も格別御厚情被成下候趣全尊公樣御取計を以御名目ニも相響不申一同無難帰府候由粗相伺右等之儀も同人ゟ御厚礼申上候由ニも御坐候得共尙又內狀呈候ハヽ宜敷御厚礼申上候樣精〻申出候宜御承引可被成下候

一鯖江侯ニも去ル十五六日比ゟ御不參其後廿一日比ニも御坐候哉御病名御胸痛御口欝と相替候由內〻も御出勤之處如何哉なと丶下說仕候愈〻御引ニも被爲成候ハヽ御跡太守君樣抔と風聞も仕候由何卒〻〻右樣御轉役被爲成候得も豐後守樣ニハ御仕合之御義と奉存候乍併全下說之儘極內〻奉申上候間御他言等之義も御免可被成下候御覽後御火中奉願候何も用事而已草〻申上候以上

○萬延元年

舊臘廿一日附御內狀尊報去ル十二日相達拜見仕候春寒强御坐候得共
其太守君樣益御機嫌能被遊御座恐悅至極之御義奉存候將亦　尊兄君殊
ニ御勇健被成御坐恭慶不斜奉存候陳ヽ其節御書下御壹封御坐候處正ニ
御落手尙又御請書御上被成候宜早速御手許ヽ指上御落掌被成候間左樣
御承知可被下候且其砌岩倉殿ゟ御賴ニ付高橋井上宛御封物御廻し被成
候儘即兩人方へ相達候間左樣御承引奉願候差掛出便故兩人ゟ別段御請
不申上候是又宜御取計奉希上候

一今般岩倉侍從樣ヽ豐後守樣ゟ御書入御封物壹封被差上候間以前便十日
限御廻し申候乍御手數宜御屆被成下候樣奉伏願候當時之處ニ而ハ容易
堂上方へ御文通被成候事ニも相成而ね此上右樣義相洩候而ハ又ヽ御迷
惑被遊可申儀と奉存候儘尊兄迄內ヽ小子ゟ相願可申旨豐後守樣被仰付
候間宜御取計奉希上候已後共御用向も被爲在候節も　尊公許迄私ゟ相

願可申間其段も宜御承知可被成下候併余事之御義ニ而其段も呉〻も奉恐入候豐後守樣ニも舊臘ゟ御持病御積痛ニ而早春之處ニ而も余程御難儀一時も御不食等ニ而既ニ伊東玄朴樣ニも御轉藥ニ相成候御次第ニ而一体御健ニも被爲入候得共最早御老体之御義故甚以心配仕候處其後追〻御快方被爲在候得共御全快と申御場合ニも無御坐此上御步行御願丈ニ而も御手續相成候得も御下屋敷へ折〻御越ニも相成候ハヽ御運道ニも相成御氣分も御轉し御宜敷義とハ奉存候得共何分舊冬申上候通内紀伊守樣ゟ之御差圖も御坐候故容易御手出しも相成ゟね其段も深く心勞罷在候尤過日も長野御氏方へ罷出御不快之趣内話御步行等之義も相歎候得共何分存込候樣ニも相成兼當惑至極殊ニ去ル十五日安藤侯堀出雲守樣ニも御轉役等ニ而右等之義も御承知被遊候處何となく御氣折之御樣子ニ而御手許廻りは罷出候も自然と差扣候樣ニ而何共申上樣無御坐候呉〻も奉恐入候兩度之御内狀貴報へ曲ニ被仰下候得共尚又其上之處

何兎角御手段櫻田侯方へ御催促被成下候様偏ニ奉歎願候尤主膳殿ゟも
尊公様ゟ毎〻御内話被仰遣候趣も豊後守様ゟ委細申上置候得共何分御
罪狀も無御坐外様御同様之御事ニハ一昨年已來御心勞も水之泡と相成
候哉なとゝ一同奉恐入候此上之處近月之處ニ而御歩行之御手續相成候
様御取計被成下候様奉伏願候最早兩度之御再報ハ不申上候間其段も宜
御承知奉願候折節取込故大乱筆眞平御高免可被成下候書余追便と文畧
早〻如此御坐候恐惶謹言

正月十八日　　伊藤源之進

百拜

三七兵衞様

尊下

二白春寒退兼折角御自玉被爲在候様專御要之御義奉存候舊冬中も不
成一ト通御懇命被成下千萬難有倘不相替御懇情被成下候様奉願候且

又幸便ニ付甚以輕微之至ニも御坐候得共淺草のり三葉奉呈上度御笑
留被成下候ハヽ大慶之仕合奉存候差越候義ニも御座候得共右之御答
礼之義も堅御免被成下候樣奉存候何も用事迄早〻申上候以上

○

（付箋）（原朱）
「七兵衛殿　　　　豊後守」

「御返支」

乍恐以書取奉申上候
益御機嫌能被遊御座恐悦至極奉存候然も過日一寸奉申上置候
御膳酒爲御風味極內〻申下シ候ニ付乍恐爲持奉差上候私共ニも被
下兼候位之御風味ニ而實ニ恐入候御支ニ奉存候乍併御定直段の割
ニハ調進方格別骨折相納候義ニも可有御座哉と奉存候其余都而御
膳辺右ニ准し候御模樣哉ニ相伺申候尙乍恐　御賢慮被爲在候樣奉存候此

付箋（下ニ載ス）

段奉申上候事

五月七日

三浦七兵衛

上

一壹德利之內

御膳酒　少〻

（付箋）

口上

昨日も御膳酒御差越辱早速賞翫致候處以之外成味七分水三分酒と申位之支ニ候總而之義右ニ准候旨承知致候此節取調中ニ候其內否可申入候且器返却ニ付有合麁酒不入申候早〻不備

五月八日

（臺本附註朱書）
右豐後守付箋

豊後守

七兵衞殿

内事

○安政六年

此間ハ細書一〻承伏辱存候扨今日御用濟左之通り

思召有之御役御免

雁之間席被　　仰付

右之通りニ付夕刻差扣伺差出明日御退出ニて不及其義トノ先例驚入候事

ニ候誠ニ鯖江之突込恐入候岩倉ゟ此間書狀ニテ小子事八ヶ条之義調此節

有之与申越候全小長門ゟ鯖江ゟ御談之事ト相見恐入候

○掃部頭殿之方至テ都合宜例之長野主膳も近日小宅へ密ニ御内使ニ被參

候約定ニ候何卒今一度上京粉骨を盡し申度念願罷在候

若狭守様へもよろしく願上候誠ニ以思召有之御役御免ト申程之覺毛頭無之鯖江之毒針恐入候甚取込故跡ゟ又ゝ可申遣候不備

八月十一日

○安政六年

一筆申入候俄ニ秋冷ニ相成候へ共無障御勤仕珍重ニ存候扨六月廿七日江戸着ゟ一口も早く掃部頭殿へ懸御目京都之始終委敷申上度度ゝ相願候得共御取込殊ニ御用前ハ外ゝにハ之御置氣(カ)兼も有之様子ニ而御逢も無之當十一日ニも存外之被仰渡恐入候其前より少ゝ手續有之長野主膳へ内ゝ面會之義申込候處承知ニ而此間十九日ニ被參候間得と段ゝ之始終柄其外鯖江御使實のなくなる抔之事迄一々委敷申述候處同人もあきれ候様子兎も角も掃部頭殿へ御含ニ申上候様申談候尤談候趣も私之論ニ無之折角

皇武御合体ニ相成候得共今兩三年之処ハ甚大事之御場合只今之關東御所置柄ニ而も又々
皇武御隔心之一端糸口ニも可相成此儘被差置候而ハ末々如何樣之取縺も出來可致哉甚痛心罷在候小子身分ハ如何樣相成候而も宜候へ共御所向折角追々目鼻附可申場合其儘相成候而も只々恐入候義尤當時御手元被進金且堂上方御手當金等且九条殿御加增等ニテ一事ハ御怡ミ可被爲在候得共元來之舊弊ハ相改り不申矢張り元々之御自由ニ可有御坐候御義深恐入候段ミ申述候事ニ御座候此上も只々一日も早く出勤之處祈居候事候御家來方も及御文通候由何分御工夫可被下候何ニ而も是と申ケ条も更ニ覺も無之主膳抔も心得不申樣子左すれハ全鯖江之突込重候而少ミ之廉ヲ棒ホと申候場合ト存候右ニ候ハヽ板倉抔と遠出勤之處子細も有之間しく存候一旦差扣伺不及其儀ト申御附紙ニ而事濟候事故何卒掃部頭殿格別之御鶴聲を以早々出勤相成候樣ニ貴君方も長野氏ゟ早ミ御文通可被下候

當時ハ此出勤而已ニ心配罷在候事ニ候尙不日ニ可申入候匆々已上

八月廿二日　六日切　豊後守

七兵衛殿へ

參ル

尙々折角季候御厭可被下候主膳も厚含吳候樣子尙宜御申通可給候本文之義吳々も宜御賴申候已上

一筆申入候次第寒冷相募候得共無御障勤仕珍重之御事ニ候其後も從是ハ取紛レ無沙汰罷過候每々書面其度々熟覽辱存候小子出勤之義も前々長野へ文通之由ニテ同人も不一通骨折被吳大慶ニ存候此間內伺濟ニテ主膳義鯖江へ出勤之一条御內談ニ參候樣未其後之否も不承候とふの模樣も付候半哉と存候尙又文通之砌も宜賴入存候扨旅館石之義ニ付テハ不一通御世

話ニ相成先ヽ程能相すヽ千万大慶致し候右も在京罷在候得もいカ様ニも
致方有之候得共何分退役後之事ニ而不都合之至ニ候此一条ニテハ若狭
守様ニも不一通御心配被遊候旨難有仕合奉恐入候此義ニ付而も千種少將
久我右大將等骨折別而千種も周旋被致候由辱存候右ニ付此兩所幷岩倉へ
此便挨拶之品岩倉へ向頼ミ遣候間同所ゟ夫々へ可屆候右ニ付而も　若狭
守様へも何卒差上度候得共コレト申存付も無御坐此上新海苔出候ハヽ御
礼申上候印ニ献上可仕候間先宜厚御礼御申上可被下候且貴君も不一通御
骨折御苦勞之御事御氣之毒ニ存候是ハ甚粗末ニ候得共煙草入少ヽ進候御
笑納被下候ハヽ本懐之至ニ候何卒來春迄ニも再ひ上京得貴面申度念願罷
在候餘も家來ゟも可得御意候草ヽ不備

神無月十七日　　豊後守（正縄之印）

七兵衛殿

尚ヽ時下折角御厭専一ニ存候先比中ハ貴地流行病ニテ大ニ人命ニ拘候

由併其後ハ追〻薄らき候事と存候當地ても格別之事無之少し宛ても有之是
も先此節ゟなまり不承候日〻出勤之事ノミ待居候先日被申越候趣も有
之候故外々へ手も不出長野主膳へ爲任置候事ニ候出勤さへ致候得ても自
ラ再上京之運ニ至り候半哉と存候併出勤致候迚我等ヨリ一切京地之事
不申上御尋等も有之候へても申上候心得其外總ゟ再上京之氣色ハ色ニも
不出只下屋敷抔之保養ヲ專一ニ心懸候半と存候何事も主膳へ任セ置候
間宜可申遣候掃部頭殿も萬事御心得之御樣子ニ承知致申候其內ニてど
ふか模樣付可申候何も用事ノミ匆〻已上

又

每〻書上ケ封印モ其都度〻〻火中致申候

○安政六年

一書中入候然ㇾ小子此度被
召候一条云〻委細承知致候得ト相考候處何分
御所向之處此上此儘ニ相成候而ハ如何ニも恐入候義且折角
公武御合体之處も又〻元〻之御隔心を引出候様之筋ニ可相成と深心痛罷
在候小子身分ハ如何様相成候而も不苦候得共只〻天下之治り六ヶ敷又〻
可相成甚心痛之至ニ候仍之小生存候ニて
若狭様之思召ハ如何而不存候得共何分何𨻶も此迄之姿ニテハ恐入候義候
御尊敬之御趣意ニ振候間何卒
若狭様ゟ掃部頭殿へ小生之取計之次第委敷被仰遣再ひ
御所御取締一方之御役筋被仰付上京致し候様ニ被仰進候義ハ不相成候哉
小生ゟも去年來上方之次第万端委敷掃部頭殿へ可申上と存候間此段極御
内〻被仰上否被仰付候様仕度候呉〻もセメテ御板元御朝夕之處ニても御
不自由ニ無之様致し上ヶ度事ニ御坐候御勘考之上被仰上否御一筆可被下

候不備

六月八日　内藤豊後守

七兵衛殿

用事

○安政六年

一筆申入候甚暑之砌候得共愈御無事ニ御勤珍重ニ存候扨小子義も去月廿七日無滞着即日登　城御列坐ニ而相濟安心いたし候其後日々御用之程待居候得共今日まて何之御沙汰無之尤御用前故何方へも外出不相成愼罷在候當地風評も區々ニテ不取留候得共何か京都ゟ我等之義申參り右ニ而何故右樣之御沙汰御坐候哉否之義所司代へ被仰進いまた其御返事不參候故延引ト相成候抔と之風聞致し候者も有之よし何方を探り候而も更ニ樣子不相

分心痛罷在候尤着前ニ掃部頭殿へ御逢之義申込置候處當分御用多故御斷
尤其内於
殿中寛〻御逢可被成旨御含候全御用已前ハ御逢不被成候事と恐察扣罷在
候乍前後出立前ハ品〻御餞別頂戴難有殊ニ御提重も旅中專ら重寶仕御煎
茶ハ今ニ折〻取出シ鬱散仕候条厚御礼被仰上可被下候最早彼是盃も近寄
又二十日後も御法㕝も初り候㕝故小子御用も極下旬ニ可相成トモ申モノ御
坐候何分此上之處宜　若狹守樣御含被成下候樣仕度候可相成も小子へ京
都ニテ之取調方其外共御尋問被下候樣相成候得も明白ニ相分り候義ニ御
坐候間左樣ニ致し度ものニ候何も御心得無腹臓得御意候間宜しく被仰上
可被下候匆〻不備

七月九日　　豐後守㊞

七兵衛殿

參ル

尚〻去月廿八日頃ゟ曇天ニ而欝〻敷甚不順之季候ニ而朝夕ハ袷抔用候位之處漸當六月六日ゟ快晴清暑ニ相成日〻嚴敷凌かね候事ニ候貴地如何哉折角御厭候樣ニ存候早〻以上

○安政六年
(二行原朱)
見返し
十二ノ廿八達ス

一書中入候甚寒之處御無支ニ勤仕珍重之御支ニ候其後も取紛御左右も不承候久〻ニ而江戸之寒京地ゟ一入強覺申候

一乗而申進置候新海苔漸手ニ入候間少〻なから若狹守樣へ差上度貴所へ御賴申候よろしく御披露賴入候

一鯖江も一旦退役願御差留ニも候得共又壹兩日中ニハ再願も出候哉之趣

小子並實家抔ニ而も内慶致罷在候
一松和泉殿も格別之御手柄此程掃部殿も結構重疊之事ニ候此上ハ若州侯之御昇進無相違近日恐悦可申上と存罷在候
一小生出勤之義每ミ主膳心配被呉辱存候何分年内も日合もなく來春之事と存候愈模樣も宜候ハヽ早ミ可申進候先ハ時下御左右承り度旁御申入候不備

極月十八日　豐後守㊞

七兵衛殿
參ル

尙ミ時下千万御厭專一ニ存候若狹守樣へも當季伺御差上可被下候時節柄取込早ミ以上

○文久二年

（上包）「内願書」

私儀天保五午年家督無相違被下置同十三寅年御奏者番寺社奉行兼役被
仰付同十四卯年所司代被
仰付同年上京後折節
御所向御吉凶數度ニ御坐候而伺
御機嫌出府可奉願期も無之打續相勤罷在嘉永三戌年奉伺
御機嫌度相願出府仕候處溜詰格被
仰付誠以難有右天保卯年ゟ嘉永三戌年迄八ヶ年勤役中廉〻不一通入費相
嵩〻勤續無覺束心配罷在候折柄私義ハ勿論家來共一統厚難有奉存安心罷
在候處安政五午年再所司代被
仰付上京仕其砌ハ別而不容易御混雜之御時節ニ而實〻苦心煩勞仕引續

和宮様御縁組被爲整隨而
御下向も無御滯被爲濟乍不調法右御用向品々相勤候段身ニ餘り難有仕合
奉存候然ル處以前所司代勤役中も數件之御大禮ニテ入費相嵩候處午年來
ハ先年ニ拾倍之物入ニテ方今勝手向必至差迫當惑罷在候處一昨申年不奉
存寄御役地貳万石御增被下難有當時迄勤續罷在候得とも追々莫大之借財
ニ相成子孫ニ至り候而も償ひ方不相成程之義ニ御座候然れとも累代奉蒙
御高恩居今更不如意之たぬニ退役奉願候も奉恐入候義且ハ不本意至極父
祖共ニも於泉下殘念可奉存就而ハ何樣ニも精勤仕り
御恩澤之万分ヶ一も奉報度心底ニ御座候處何分年々多分之入增ニ相成是
迄ニも毎々家中始末々迄借米用金等申付候ニ付而も次第ニ難澁いゑし一
統苦情相唱既ニ彼是申出候義等も有之家老共初實ゝ心配不少候得とも內
實是程迄之入費之義ニも候得も此度
御大禮濟ニハ御加增等も可被下置哉左候ヘハ永々之儀只今多分之入增相

成候とも後年又償ひ方も可有之哉と一同必至ト手繰いたし漸く取續來候
儀ニ御坐候尤右等之義ハ甚以斟酌可仕義ニ而申上兼候得共下々之情態不
得止事義顯ニ申上候次第何分深く御賢察可被下候就而も此儘ニ而も弥以
勝手向差詰り最早手繰之いたし方も無之ト申事ニ相成候へハ礑と差支其
場ニ至り私壹人如何樣ニ存候而も勝手向之儀ハ直ニ取扱候義ニも無之忽
チ不都合ニ相成迚も勤續も難相成と實ニ以懸念不少何分一己限り之義ニ
無之段何卒御賢察被成下私相應之御加恩被下置候樣仕度奉願候尤近來不
容易御時節柄ニ而願ケ間敷義ハ指扣可申哉ニハ御坐候得共厚御評議被成
下內願成就仕候樣奉願候左候へハ尙以聊も
御高恩不奉忘却家老共始力を極め粉骨碎身可奉盡忠節心底ハ素來可奉申
上迄ニも無御座候呉々可然御取成之程幾重ニも奉內願候已上

戌

正月二十一日　　酒井若狹守

○文久二年
（二行原朱）
正月廿八日宿次
久世大和守樣ゟ御直書ニ而被仰進候寫
一翰呈上仕候云々然ㇾ今般
和宮樣御下向御入　城も無御滯被爲濟其上當月四日ニㇾ御內御祝儀も被
爲在其後も益御仲合も御睦敷且又二月十一日ニㇾ表向
御婚禮被爲在候御內治定之旨被仰下誠以御順能御運ヒ目出度難有恐悅至
極奉存候右ニ付而ㇾ最初ヨリ貴所樣ニㇾ段々之御丹誠別而
御下向後ㇾ猶更格別之御丹誠之御事と深ク遠察仕候扠私內願之義を御直
々申上候義ㇾ實ニ以深奉恐入候へ共全ク貴所樣ニㇾ從來不一方御懇切被
成下候義ニ付聊も無覆臟打明ケ奉申上候義ニ御坐候間何卒無御覆臟御呵
正被下度是又奉願上候私義當御役先年相勤候節ㇾ　御所向御吉凶𢈘種々

相湊候御時節ニ而莫大之物入相嵩下地借財多之處許多之借財增ニ相成都合四拾万兩余之借財高ニ相成居其後轉席等ニ而何分返濟方見通も相付不申候處又候當御役被　仰付候以來ハ

公武御模様も有之別而今般之御下向一条ニ付而も實ニ莫大之入用ニ御坐候而此節ニ而も暫時ニ借財高五拾万兩余ニ相成候次第ニ御坐候而勝手向相勤候者共必至ニ難澁仕最早礑と指支候次第ニ御坐候處一昨年結搆御役知增被　仰出誠ニ以難有以御蔭漸ク今日迄勤續キ罷在候へ共下地之難澁取凌候と申譯ニも素り無御坐候處今般　御下向ニ付而も其筋御用向爲取扱候者共ニも永々迄響候様之少〻ハ賞與も致し遣不申候而も自然氣も屈し可申且御役相勤候ニ付而追〻借財相當候様ニ而も下〻何分不信服相成私儀も如何様ニ而も永ク相勤候覺悟ニ御坐候へ共右之次第ニ而も甚當惑仕候義ニ御坐候依之私ゟ申上候義も甚以難申上筋ニ御坐候得共此度之

御下向ニ付萬一御恩賜之御沙汰被成下候義ニも御坐候ハヽ何卒聊ニ而も永世迄相殘り候御恩賜も被成下候ハヽ以御蔭夫〻賞與も致し遣シ且下〻迄も格別難有奉存一同之勵ニも相成可申と無此上難有可奉存候右之段私ゟ申上候筋ニも固より無御坐候得共全ク從來之御懇切ニ任セ貴所樣限り極密奉歎願候義ニ御坐候何卒不惡御聞取御憐察御勘考被下度偏ニ奉願上候右之段內〻奉願度如斯御坐候以上

正月廿八日　　酒井若狹守

久　大和守樣

尙〻時〻使云〻

三浦七兵衛所藏書類

八

○安政五年

藤田權兵衞様

三浦七兵衞様

龍　章

龍章ハ島田左近ノ事

以剪紙得高意候先以御揃弥御安泰可被成御奉務珍重奉賀候然ハ一昨日參

上之砌御用話之件々夫々　言上仕置候間此段左様御承知可被下候就而も

關白殿只今別　勅ヲ以御出仕被　仰出候間此段爲御知申上候就而も明日

々　石清水八幡宮放生會御神事ニ付右御神事中ハ御參　内不被遊候　思

召ニ被爲有且も御神事中ハ吉凶とも御奏　聞不被爲遊候義ニ有之候哉今

夕御參　内被遊其外ハ十六日御參　内被遊候　思召之旨只今被　仰出候

間是亦言上被成上可被下候

右ニ付可相成候ハヽ今日傳奏衆御呼懸ニて被進被下云々之義御達しニ相

成候様ニも難相成候哉左候ハヽ今夕直様御奏　聞可被遊方御都合可宜狩

奉存候乍併其御方様ニモ夫々御手順有御坐事ニ付御勝手宜敷方否御返報

被　仰聞被下度奉頼候先〻右急務計申入度如斯御坐候早々已上

八月十二日

尙々拙者不快ニ付御心切ニ御尋問被成下千万難有奉存候今以同樣平臥罷在候得共格別之義ニても有之間敷候間深ハ御案思被遊被下間敷猶快氣之上御礼御挨拶可申上候以上

○安政五年

寒冷之砌弥御安全可被成御勤務欣悅奉存候于誠昨日も彼是御面倒御手數之義共御申越被下畏奉謝候付テハ昨夕近印へ御出馬御內話如何之御模樣ニ相成有之候哉鷹印之一義幷ニ近印內覽御辭退辺之処ハ矢張九印御請之事內々ニても御承知不被成候半而も御辭退も無之哉迚モ眞實御後悔且又御疑念被爲晴候ト申義ニハ無御坐候哉此段荒增一寸御敎示可被下候樣奉頼候

一昨夕御參殿ハ內覽辺之御相談ニ御坐候哉又も鷹印バカリ之御義ニ被爲
在候哉又ハ仮条約一辺之事計リニ候哉又ハ水府一條都而御相談前調之
義御相談ニ御坐候哉都而眼目之御次第承知仕度不苦候ハヽ貴報承度奉
存候
一風聞ニ正親町三條殿去方ニて被申候ニハ如何成事ニテ候哉九條關白殿
ヲ武家方最屓強クおしらふぬ事抔且又過日若州侯　近衛殿へ御參殿之
節ハ若州侯ゟ　三條殿ヲ御招寄セニ相成昇足ニて御密談及數刻候由就
中其間ニ近衛殿御便所へ被成御出候跡ニテ三條殿　若州侯御両人之御
密談ホとも今度肝心之御咄しハ無之邪正不分明何事もきさゐ物ニぬゝを
にるよふな事加之
禁中棟梁之左大臣殿御始メ三條殿德大寺殿外ニ、モ三四家モ名前有之右
等之方々トハ御互ニ御中合宜敷哉ニモ相聞へ堂上方惣体之氣合ハ一向
御加舞不被成哉抔と云々右等之義正三條殿ノ被申候と申風聞両度迄モ

主人家へ内〻申出候よし右ても實以不取留風說ニ付決テ取上ヶ御信用ハ
御無用〳〵可被下候於當方も決テ一切信用ハ無之候得共御賢考之一端
ニモト奉存候ニ付承之儘申述候事ニ御坐候先ても前文御樣子內〻承知仕
度此段御賴得御意度草々如此御坐候早々已上

十月十二日　龍　章

三浦七兵衛樣
御直披

○安政五年カ

前文畧御免可被下候然ハ昨日ても御光駕乍例何之風情も無御坐殘情之至御
坐候就而ても其節御預り申上置候御書付則內々入　台覽候猶御口上之趣共
委曲及言上候處此義ても後世迄之可爲龜鑑不容易書面之義ニ付篤ト御勘考
之上從御當方御返答可被　仰入旨只今被　仰付候仍而此段御內答申入度
可然御取計可被成下候尙拙子愚考ニても御返答ハ四五日ても延引可相成哉ニ

奉存候扨昨日御内話御坐候正三條殿御働振之御模様可否とも昨日ニも粗
ゝ可相分哉ニも承知仕候右も何トカ御返答御坐候哉今以何等之義も不被
申越候哉此段内々御教示被下度希候
一先達中度々奉願置候彼ノ長文箱入之投訴狀御寫し取之分ニても本紙ニ
ても一寸一覽仕度不苦候ハヽ何ト歟御工夫被下一寸御廻シ被下度是又
奉賴候先も前條御報旁如此御坐候早々已上

十月十四日　龍　章

三浦七兵衛様
御直披

○安政五年

三浦吉信君　島田龍章
御直披

打續キ快晴御同悅奉存候然も昨夜も御念書被下御紙表之件々委曲致承知
候扨鷹殿右印十三日ゟ御所勞引之由被仰下右ニ過日も申上候通其位之事

ニてハ御攝家御同列方ニても御存知無之乍恐　主上ニも　一寸モ御存知
無之程ニても如何可有御坐哉實ニ心配之至有之候尤其御病氣引さへも彼
ノ燈臺許暗しの為とへ乍甚歟一寸モ夢ニも不存困惑仕居候次第ニ御坐候
処昨夜御紙表前ニ右府樣御當官御辞退被遊候旨慥ニ承知仕候此義御承知
可有御坐候へ共一寸御話申述候扨々御氣毒恐入候次第ニ御坐候就而者昨
日御相話申入候通弥昨日御請可相成旨　勅答被仰上候依之十八九両日本
表向御差留可被仰出旨ニ付則十九廿日両日之內御請初而御參　內可被爲
有旨御內沙汰有御坐候間此段極密言上被成置可被下候尤未發中も必御秘
置可被下候

一昨夜梨殿者何等之御次第御模樣不苦候ハヽ致承知候且又昨日御話御坐
候內藤侯　其御方へ御出馬都而御摸樣是亦粗々被仰聞可被下候猶近日
御吉左右万々可申承候今晚も一寸病氣ニ付若御光駕之思召モ御坐候ハ
書之間ニ御光來可被下候且又昨夜御端書之趣者委敷縄手へ通達致置

可申候仍而用事而已長文中畧諸事御推覧奉希候不一頓首

十月十七日

○安政五年

以剪紙得貴意候先以御安康欣喜至極奉存候然也明日朝之間ニ諸大夫共一人御役宅へ罷出候様過刻表向御附武家衆ヲ以御達之趣　關白殿被成御承知候右ㇺ何等之御用邊ニ可有御坐候哉前以御模様一寸ニても御聞取被成度被　思召候ニ付尊君迄内々御尋可申入旨被　仰出候定而今日　其御主君様間部侯御旅館へ御出馬之義ニ付何欤御達し向之御次第ニても可有之哉とも被　思召候へ共先内々御承知被成度否貴報可被下候仍而右等得御意度早々如此御坐候已上

十一月十六日夜　島田左近

三浦七兵衛様
御直披

三浦七兵衛所藏書類

○安政五年

向寒之時節とハ乍申打續キ快晴先以御同悦之至ニ御坐候弥御安康日夜御勤務之条重疊喜悦至極奉存候

扨昨夜も乍例御勤労別而深更ニ及ひ何之風情モ無之實ニ殘懷千万御氣毒奉存候就テハ昨夜　其御主君様　御懇念御口上之御趣意逐一言上披露候処一段御満足之御次第ニて不一形御懇情實以不淺御満悦之御事ニ御坐候實ニ昨夜私書取之旨是ホ之義も全ク　其御主君様之御忠魂ゟ御配意之御積功故ニ斯迄少々御安心之場ニ及候義ト厚御賞歎被成候何分ニも　二條殿ヲ以一寸關東表ニテ御懸合も有之義少々御手違之廉モ非無之其処へ嚴敷御書付計出候而も實ニ御心配思召候間調度昨夜被仰越候条々　關白殿思召ト符合被成候趣ニ付猶今日諸大夫ヲ以御落手可被成候間必ミ御印封ヲ被付候而御渡シ御坐候様其上御熟覽之上篤ト御勘考被成必ミ　其御主君様へ御內ミ御相談ニも可被爲及候哉之趣モ相伺候仍而右不取敢一應之

御挨拶被　仰入度候間夫是御取合セ可然御取繕言上可被成下候尙委曲ハ
期貴顔万々可申述候已上

十一月十七日　島田左近

三浦七兵衛様

必御直披

○安政五年

不順之時候先以　御安康可被成御勤役珍重奉賀候然ハ來廿二日午刻後ニても未刻ゟニても　關白殿御對面御用談被成度　思召候間　其御主君様毎々御苦勞ニ被思召候得共前文日限ニ御參　入御坐候様御賴被　仰入度尤此日ハ天祥[章カ]院殿叙位宣下早朝相濟傳奏代坊城中納言殿其御役亭へ可被行向ニ付若御用支ニも被爲在候ハヽ來ル二十三四五右三ヶ日之間ニ御參入被爲在候様被成度　思召候御差支無之日時內〻可被仰越候様仕度奉存

候扱此中御内話之一条モ昨夜拙者心得ニ仕見込之次第十分々々ニ言上いたし置候御即答も不思敷少々御困り之御様子ニ相伺候ニ付猶御懇厚ニ御勘弁被下置候様ト願上置候何トカ御考量之御次第御付ケ有之候ハヽ早々可申入候併シ少ヽ御沙汰之義モ御坐候間御序ニて宜敷候間明午後ニても御光駕被下度候

一一昨日も御心入之両種御内ヽ御進上遂披露候処御懇念之御義深御満足ニ思召厚ヽ御謝詞可申入旨被仰付候間可然言上可被下候且又不存寄拙者へも御目録拜受被　仰付是又申上候処尚又御満足ニ被　思召深奉畏候右等之次第可然御取繕言上可被下候様奉頼候先も右得貴意度如此御坐候草々已上

十一月廿日　島田左近

三浦七兵衛様

玉机下

○安政五年

珍敷大雪ニ御坐候先以御安康可被成御坐欣喜至極奉存候然も過日被仰越候御手許へ御差出有之候書類之内鵜飼之書面茂左衛門之書面貞一郎之日記ホ乍延引御返却被成下正ニ御入掌可被成下候

一今度關東へ御差下し之人々誰々名前書且又付添與力同心之名前且出立日限ホ御内々御承知被成度　思召候間乍御面倒御書付ニテ今日中ニ御廻し被下候様仕度且又六物吟味書小林鵜飼三國池内ホ此比之申口書是又被成　御覽度思召候間御廻しニ相成候様仕度奉存候

一過日御入來之節承置候　小林辞官一条青門様一件且又御内話之趣ホ悉言上仕置候尚又御腰押有無一件且又外ニ御内々　被仰入度御次第も御坐候間雪中誠ニ御氣之毒ニハ奉存候得共今明日之内御光駕被下度此段御頼得貴意度如此御坐候早々已上

十二月五日　　龍　章

三浦吉信君　紙包一添

○安政五年

嚴寒之砌弥御安康珍重奉賀候然ハ昨日
御宸翰ヲ以　殿下へ被　仰下候御趣意書之義ニ付尙又御懸合被成度被
思召候依之明日明後日之間ニ其御主君樣御參上御坐候樣之義御差支有無
御內〻被成御承知度　思召候極內實ハ極寒之砌ニも有之旁以御招キ被成
候事ヲモ御氣毒被　思召候ニ付
御宸翰之寫シハ御印封被成其余も都テ御口上ノミニて表向諸大夫使ヲ以
被　仰入候てハ余り畧過候哉此段極內〻御相談被　仰入候間宜しく言上
被成明極早天ニ乍御苦勞御光來被下度何角之次第委敷申入度奉存候尤右
諸大夫使ヲ以被　仰入候ハ聊畧過候ニハ相當り候得共若万々一　其御主
君樣御所勞氣ニ被爲有候ハヽ止事を不得事と奉存候尤御使被進候迄ニ拙
者ゟ貴君へ悉皆御打合セ置可申手順ニ御坐候間何も無御伏臟御返答致承
知度如斯御坐候已上

十二月六日　　　　　　　　　　　　　　　　　龍　　章

三浦七兵衛様

御直披

○安政五年

前畧御用捨可被下候然ハ今朝も御入來被下何之風情も無御坐殘念之至ニ奉存候就而も其砌御内々御懸合之次第早速委細及言上候處御所勞氣之由ニ付而も是非　御對面不被成共御書付類御印封ニテ諸大夫御使ヲ以御廻達可被成　思召之旨ニ被爲在候処又候今朝何欤御六ヶ敷御次第被　仰出候旨ニ付無御據是非　御對面御懇話被成度被　思召候ニ付今日之御應接ハ先ツ一寸御見合セ被成トクト御熟考之上九日十日両日之内ニ御參上被爲在候樣可被　仰進旨内々被　仰付候ニ付此段御内達申入度依仰如此御坐候可然言上可被下候草々頓首

十二月七日　龍章

三浦七兵衛君

尚々六物一件且又大原家一件何卜欤御勘考之上早々御返答被　仰上候様仕度奉存候以上

○安政五年

甚寒之節弥御安康可被成御勤務珍重奉賀候然ハ内藤豊後守様へ　關白殿御對面之義委細御紙表二通共昨晩内々其儘言上仕候処委曲御承知被成候就テハ過日　關白殿ゟ　其御主君様へ御直達被成候勅旨已下之義最早間部様方へ御通達有御坐御事と　思召候就而ハ其御返答ハ今以何共御申越無之哉　其御主君様迄御内々御尋可申入旨内々被仰付候尤可相成候ハヽ一日モ御早く御返答被成御承知度　思食候御模様相伺候其御返答日限ニ不差支様ニシテ來ル十七八両日之内ニ　内藤侯へ

關白殿御對面可被成旨被　仰出候間彼ノ表向両日之内御伺出有御坐候而御宜敷奉存候此段御同侯へ御序ニ御通達可被成下候則内藤様御直書ハ唯今御返却申入候間御入掌可被成下候且又昨夜申述候通リ御用談仕度奉存候間可相成候ハヽ夕刻迄歟其義御差支御座候ハヽ明朝ニ而も御光駕被下度此段御賴得御意度　御用向而已申入度如此御坐候已上

十二月十四日　　島田龍章

三浦七兵衛君

御直披

尙々以本文御光來之義明朝歟今日夕方迄歟之内若御差支御坐候ハヽ明日中ニて不苦候且又昨日内々進献物差出候御披露被成下候哉序故其節之文匣等申出し度奉存候猶万々拜顏之上可申述候早々已上

○安政五年
嚴寒之砌先以御安康珍重奉存候然ㇵ昨日も其御方様ゟ時候爲御見舞
關白殿ヘ何寄之御品御進上且御懇之御口上共逐一及言上候処御滿足不斜
思召別ゐ御手元御臺所製之御酢米等是又別ゐ御好物之御品ニテ一入御悅
喜被爲在早速御賞翫可被爲有旨吳々厚御挨拶可申入旨被仰付候間可然御
取合言上可被下候次ニ拙者迄も不存寄御目錄被贈下是又御懇念之御次第
ニ思召候於拙者猶更難有奉存候且又過日も時候爲伺粗菓進獻仕候処早速
御披露被成下夫さへ奉畏居候処不存寄御目錄拜受仕別ゐ預御携何共無勿
体忝仕合奉存候右兩樣之御請御礼其辺御序ニ言上被成下度平ニ奉賴上候
一昨日御返却被成候罪狀御見込書之御懸紙も一兩日ニ拙者手元迄御返却
可被下候
一內藤樣十七八兩日之內御參　殿日取御伺之義ハ今明日中ニ御伺之方可
然奉存候御序ニ御通達可被下候

一六物申口書昨日御携之儘御手元へ差上置候

一間部様御返答書少シ而も御早キ方可宜狩奉存候ニ付昨日其旨　尊君方へ申述昨日御口上之趣昨夜言上仕候而御急キ之方可然旨　御直書ニテ御切紙御端紙ニても可申出旨及言上候処其義ハ今両三日先ッ御見合被遊候四五日之間御見合セニ相成候而も御差出しニ相成不申候ハヽ　其御方様迄右御催促之義被　仰入候トノ思召ニ被爲在候間此段左ニ御承諾被成下可然言上可被下候

一過日御直ニ御差上被遊候堂上方へ内進達書之義ニ付御心付キ之御書付不苦候ハヽ此者へ申出し度奉存候

一賴高橋梅田豊島ォ之口書御入手ニ相成候ハヽ御差上可被下候

一過日御内々御持參有之候老中方御上京御暇之節從
御所御拜領物之御先例書粗ハ覺居候得共今一應一寸御書付御廻し被下度奉賴候實ハ御手元ニて書付之入置所紛雜ニテ難相分候ニ付乍御面倒

早々御廻し奉賴候乍併其御趣意ハ其節申上書付ホも差上置候ニ付何も
失念之廉ニてハ無之候間此段左ニ御承知可被下候仍而右得御意度取込
乱筆御推覽可被下候已上
十二月十五日　龍　章
三浦吉信君
御直披

○安政五年
尊翰拜見候愈御安康可被成御勤役珍重御義奉賀候然ハ昨日も御端書七枚
老女共端書壹吟味書寫九冊御持セ被下夫々正落手仕候則夫々差上置候間
此段左ニ御承諾可被下候且又一昨夜御尋之一條も昨晚篤ト御詮議被成否
御申上可被成旨則言上仕置候処至今朝又候　御沙汰有之右御詮議之一条
急々御返答被　聞召度被　思召候旨早々相尋可申旨被命候間可相成丈ケ
急々御返答御申上可被成候樣仕度奉存候

一先夜御内談申上置候　一條早々御懇配ヲ以加納へ内々御懸合被成下候
処別紙之通御返事申上候趣ニ付別紙御廻達被成下逐一拜見候夫ニ付御心
添之段々委敷被仰下夫々承知仕候且又拙者義昨日出仕被　仰出段々是迄
御足勞被下先ツ〳〵出勤仕候尙只今大取込罷在候ニ付何れ跡ゟ貴報可申
上候仍而畧答如此ニ御坐候草々頓首

十二月廿二日　　　龍　章

三浦吉信君
御報

○安政五年

寒氣誠甚敷御坐候得共倍御安福可被成御勤役欣躍之至奉存候扨昨日も御
入念之御書中　其御主君樣御參殿被爲在候節も何之御風情モ無御坐別テ
苦寒之時節被爲困候御事ニ被思召候尙可然可申入被　仰付候間御序ニ言
上可被下候

一先達中御尋可申入と奉存將ト失念仕居候大原殿事風説ニハ何事欤ハ不存候得共長州表へ下向被致度存心ニテ旅行之用意品々被設候旨夫ニ付テハ種々之奇談モ有之候よし然ル処關東ゟ何欤參り居候隱密之間者ニ見付られ西町奉行ゟ懸合向有之依之不得止事延引被致候得共いつれニモ一人飛出してゞも何欤存付キヲ働可被申模樣ニ相見へ申候抔紛々之沙汰有之尤風説ニハ相違有之間敷候得共又々何カ御聞被成候事端も御坐候ハヽ何卒委敷無御伏臟被仰聞被下度奉賴候

一過日呈上候鳥のゑヽき塩ゟら京ニハ無之品之由ニて從浪華年々到來三壺之內一壺之半差上置少々不足ニ奉存候処幸序も有之取寄セ候ニ付一壺進上仕候少々日立候旨斷申來候間早々御上り可被下候外ニ從江戸歸洛之人ヨリ到來候塩ゟふ一曲物是も御笑草迄御目ニ懸候何も風味之程も不奉存候へ共不苦候ハヽ早々御上り可被下候

一今日ハ諸大夫共御招キ寄御返答書御渡しニ相成候との御事扱々難有事

御同悅中上候尙又午後御參　殿被爲在候旨誠寒威之時候御保護被爲在候樣伏ヲ奉祈念候

一申口之內欤又モ外ニも珍談奇話等御聞入被成候ハヽ御面倒ならら拜話仕度御書取ニても不苦何卒御聞セ被下度奉賴候拙者御憐愍ヲ以出仕被仰付候者難有候得共是迄暫在宅之僻付キ寒夜之時分巨燵モ座蒲團モなしハ扨々大困りニ御坐候併し差扣被仰付候科代欤ト存候得モ辛抱ならぬと申譯ニても無御坐候此上ハ冬ノ日今五六日差扣被仰付候ハヽ難有事ニ御坐候何も委事ハ拜謁可申承候乍末　權君へも宜敷御傳聲奉希候草々已上

十二月二十七日　龍　章

三浦七兵衞君

一曲一壺添

○安政五年

弥御安康珍重奉賀候然ㇵ昨夕被仰下候中德之御両卿云々之義一昨日直ニ
御奏上被遊候處德印之分ハ兼ミ
上意ニモ不被爲叶廉々被爲在候ニ付
御喜色ニ被爲在候得共中印之方ハ當節餘程御時宜ニ叶被罷在候
御模様ニ而少ミ
御不納得之御氣色ニ被爲　渡候哉之趣ニ付尚又　殿下ニモ被仰上ニハ兎
角之儀ヲモ不申御憐愍ニ而從　御所向云々ト申來ル条其外御爲方ニ不相
成義共夫是御奏　上被遊候處是又尤ニ被　聞食左候ハヽ今少し早ク廿日
頃ニも申來候ハヽ取計方も可有之処誠ニ月迫多端御繁雜之折柄ニ付三ケ
日七ケ日又ハ十五日過之處ニて云々被　仰付度哉之思召被爲在候趣尤夫
迄之處ハ極秘ニして被爲置候哉兎角日限ハ御決定之場合ニ難被爲至旨ニ
御坐候ヘ共　御納得ハ被爲遊候トノ御事ニ御坐候此上中印之義强而被

仰上候而も聊不宜哉且御斟酌も少〻被爲在候哉之旨ニ付右日限迄ニハ急度云々有之候樣御取計可被遊ト 思召ニ被爲在候旨ニ御坐候尤主印樣ニモ關東ヨリ申越候義ニ付中印兎角此儘ニ在役ハ迚も成間しくとの義ニ付此上云々之一段ニ付 御異存ハ御生し被遊間敷樣御心配被遊候思召ニ御坐候旨ニ付此段不取敢御內答申上候尙又從只今出勤仕候義ニ付聊ニても 御模樣變り之義も有之候ハヽ早速可奉言上候仍テ右申上度如此御坐候恐々謹言

十二月三十日

追加

昨日無左ト端書ニて奉伺候酒造一件ニ付武傳両卿へ御達し方且東尹方ニて云々之義ハ何トカ御工夫御賢考付キ申間敷哉御工夫付キ候ハヽ何卒被仰下度奉願候尙委事ハ拜眉可申上候草々已上

龍　章

三浦七兵衛様

○安政六年

以剪紙得御意候春寒嚴敷候處弥御安康可被成御坐珍重奉賀候然ハ其御主君樣過刻ハ御參上寛ミ　御對話御滿足　思召候併シ不面白事而已ニて被成御困候事ニト嘸々御草臥之段御察被思召候就テも今朝御光來承置候先ミ御差越有之候口書風聞書已上五十八册只今持セ差出し申候間正ニ御入手可被下候まゞ〳〵被成御覽度分モ被爲在候旨ニ付御有用之跡今一應御差越被下候樣仕度尙ミ寫取御返却可被成候間此段兼テ御承知置可被下候何レ諸事拜顏之上可申承候得共不取敢右御返却迄如此御坐候草々已上

正月十二日

尙々別紙一封も長野方之口上ニ御坐候左樣御承引可被下候

嶋田龍章

三浦七兵衞樣

御直披

○安政六年
以手紙得御意候弥御安靜奉恭賀候扨昨日御系上御内約被爲在候御自筆御書付被遊候ニ付早々爲持可上旨　御命ニ御坐候早々御披露可被下候猶昨夕返上之書類ゟ定而御落手被下候事ト奉存候尙委曲拜面可申述候早々已上

正月十三日　　島田左近

三浦七兵衛様
藤田權兵衛様

尙々以昨年來御約定無據齟齬致し居候彼内藤豐後守殿ﾆ御對面一條此節ニ候ハヽ年頭ト一緒ニ　御對顏可被遊候御模様ニ御坐候御同侯ニハ當時ハ　御對面御願被成候御心中ニてハ無之候哉此段内々貴君迄御尋申入候御序ニ御返答拙者迄御聞セ可被下候且又過日御同侯へ御心付被

成候酒事一件も何も御心得置ニて此頃之動作御考之爲ニ被成候事ニ有之候哉是又内々可相尋との　御内命ニ御坐候間此才之義モ御差含被成否とも御返事承度奉存候已上

別封一ツ昨晩縄手ヨリ差越候旨ニて今朝宅に持セ差越候ニ付持セ上候事

○安政六年

兎角春寒之處先以御清祥奉大賀候然者内藤侯參殿日限三ヶ日御書付御伺被成候趣具ニ承知仕候今日も舞　御覽ニ付　両御所とも早天ゟ御參　内被爲在候間　殿下還御之上言上可仕候扨又堂上方酒事且又御旅館へ御出之方々者無之旨過日御申越有之候処夫々御相違も有御坐間しく奉存候へ共風説ニハ堂上方夜陰ニ衣ヲ被り内印旅館に度ゝ被參候抔ト粉ゝ々之雜説

扨々困り物ニ奉存候乍併出入之方々無之ニ相違無之候ハヽ安心仕候酒事も岩倉家一方位之事ニて内藤侯何も御心得有御坐事ニ御坐候ハヽ一切御子細無之義と奉存候尚委曲も拝紫眉可申述候次ニ　内藤侯へ　殿下御對面之節ニても拙者へ内々委細被仰越候事御側之御近習向之不居処カ又ゟ御近習向ヲ被遠候事ヲ御願被成候上而無之而ハ左近之拙名ハ不被仰上候様ニ仕度此段内豊侯へ御申入置可被下候尤御用之御内談不被爲在候ハヽ御側御近習向ヲ被遠候ニも及申間敷哉且又拙者之名前ニも被　仰上無之ても不苦事ニ奉存候何も御賢察可被下候

一昨夜ハ御使札途中行違ニ相成彼是御手數御面倒之至奉存候正三之別紙ハ明朝拝面之上返納可仕候尚外々御相談申述度次第も多端御坐候間明朝ゟ參上之積りニ罷在候先ハ差向候用事ノミ貴答如此ニ御坐候草々已上

正月十九日　　龍章

三浦七兵衛様
貴報

尙々内藤侯之御直書二通ハ一寸御預り申置熟覽之上返納可仕候事

○安政六年カ

御手簡拜誦仕候先以快晴御同悅奉存候其後弥御淸祥可被成御勤務珍重奉賀候然者昨日も御參殿御苦勞之御義ニ奉存候扱御取戾し一条ニ付中山殿ゟ久我殿へ御文通之御次第昨夜御內々千種殿へ御尋合被成候処右も矢張久印ゟ內々中印へ御示談被成候由十八日御聞取即刻御示談ト八扱ミ御早キ事驚入奉存候尤久印ニも內々御相談乍被成中印へ其文通之御返事も不被成ニ御奏　達被成候事不怪御周旋何共御挨拶之申入樣モ無之奉存候中印ニモ久印ゟ御相談も乍有之見込之次第御談合詰無之ハ不承知之廉ヲ其儘被捨置即日御內　奏之義も中印ニおゐても忝被存候筋とも不被存候事ニ奉察候猶御紙面其儘御手元へ可奉差上候間此段御承諾被成置可被下候
一今日御使御參　內高家衆モ參　內被致候ニ付殿下ニも是非御參　內被

爲在旨内々伺居候処此間中御風邪氣且御持病ニ付御仮床ニ被成御坐候処昨夜も一向御むさ〳〵ニて御本床ニ相成今朝早天ヨリ御手醫其外典藥寮之御醫迄モ御召呼有之位ニて無御據今日も御不參被　仰出候實も宮中之御次第夫是御差配等モ被爲在義ニ付何ト歟押テモ御參　内之思召ニ被爲在候得共前文之御仕合右ニ付而ハ昨日御參　殿之砌極御内話申入置候御取戻之一条も自然と今日ト御延引ニ相成候事ニ御坐候間此段極御内々〳〵得御意置申候可然言上被成置可被下候乍併此義夫是共一寸も他言脱漏仕候義も更ニ無御坐候間其　御方様御手前様ニも必々御他言被下間しく奉存候尚万事も拜紫眉可申承候仍テ御請答如此ニ御坐候草々謹白

正月廿五日　　龍　章

三浦七兵衞様

○安政六年
前畧御用捨可被下候然ヾ過刻も御光駕乍例何之風情も無之御氣毒之至奉存候扨吟味申口書四冊外ニ詩歌一冊已上五冊御差出早速さし上候付テハ
昨日
御宸翰ヲ以被　仰下候御義ニ付正巳刻御參　内被爲在候右ハ先ッ差當り堂上方之内大原家ハ跡廻しニ致し其餘之方ゝ御斷御叱り等夫ゝ可被　仰出トノ義ニ御坐候旨尙又四方之義ハ少ゝ跡廻しニも可相成哉之趣尤四方之内左府樣右府樣之御二方も御當官之義ニ付先ッ御辭退尙跡宣下御入躰之辺夫々御取調　關東へ御內慮可被　仰進御手順ニ相成可申哉之趣ニモ御坐候旨右ハ極內密之御義尤委曲も御退出之上　御沙汰相伺萬ゝ可被　仰入奉存候尙又　其御方樣ゟ今一應御書付ヲ以一寸御催促伺樣之義可被　仰越義御內ゝ言上候処右も今夕ゟ二十日朝迄春日祭御神事ニ付迚モ〳〵廿日之間ニハ合不申思召候間先ッ相見合セ可申方可然哉ニ

御沙汰御坐候何分ニも今日御參　內御精々言上被爲在是非御取計方御付
ヶ可被遊御內含ニハ御坐候へ共又々御參　內之上
天氣之御程合モ可被爲在義ニ付前以相計可申筋ニモ無之旨御內命被爲在
候何も相分り　御內沙汰次第是ゟ可得御意奉存候右夫是御取繕可然言上
可被下候先ハ御內用而已如此御坐候早々已上
二月十七日　嶋田龍章
三浦七兵衛様

○安政六年

御披覽後必御火中可被下候
前略御用捨可被下候然ㇵ今朝例刻御參　內被爲在彼ノ四方云々之御次第
段々　御意モ被爲在候得共詰り　殿下へ諸事御任セ被　仰出可然取計可
致御直　勅被爲在候尤此上押テ關東へ被　仰進候事ハ不可然旨被　仰上

何事も　殿下へ御委任被爲在先ッ〱御締向追〻御手順能相成候段御同悦申上候御四方樣ニも至極恐入御氣毒ニ奉存候得共爲天下ニハ乍恐難替奉存候

此義只今御退出還御被爲在幽ニ相伺候義ニ付表向可申入被　仰付候義ニてハ更ニ無之候得共晝夜御苦心御丹誠奉愚察候ニ付此段爲御知申上候間此段御差含可然御內〻言上可被成下候いつを跡ゟ可申入旨被仰付候事ト奉存候

就テハ生鯉一尾微少之至赤顏候得共折節任到來進上仕候早々御料理被仰付御用相成候ハヽ大慶可仕候尙委曲後時可申上候草々已上

二月廿七日　島田左近

三浦七兵衛樣

尙々藤田公へも可然御傳言可被下候已上

○安政六年

春雨濛欝ニ御坐候先以御安祥可被成御勤役珍重奉恐賀候于誠一昨日ゟ罷
出種々御懇談之御趣意拜承其旨逐一言上仕置候扨又昨日も御參　殿御口
上之趣夫是取繕及言上候処段々之御丹誠ニテ久印モ御實働有之一印ニも
追々御陳謝被　仰越候趣全御丹誠之余慶難有御事極内奉大慶候猶宜敷御
挨拶可申入旨被　仰付候間可然御取繕言上可被下候付テハ今日御參　内
ニテ御伺定之上弥明十五日　召設ヰ有之御轉任御内意可被　仰渡　思召
ニ御治定被遊候ニ付此段も可申入旨ニ御坐候猶又今日御參　内被爲在
天氣被爲變候御模様ヰ御坐候ハヽ早々爲御知可申入候若御内定之通弥明
十五日云々ヰ御治定之義もふ〳〵と被仰出候ハヽ首尾打揃候義ニ付別段
不申入心得ニ御坐候此段得貴意度且前文御挨拶旁如此御坐候早々已上

三月十四日

島田左近

三浦七兵衛様

○安政六年

兎角欝陶敷天氣合ニ御坐候処先以御安康珍重奉存候然ハ今朝得御意置候通御參　内之御覺悟之処辰刻前一條樣ゟ御使御口上ニテ被仰越候ニハ今度御轉任越階之事畏思召候ニ付テハ當時內大臣兼左大將御在任之処今度左大臣ニ越階御轉任ニ付尙更左大將ヲモ御兼任之義御願被成度旨右も御攝家方何レも右府ニて左大將御兼官之事ハ常通有之事ニ候得共左府ニテ左大將御兼帶之御例も一向殿下ニモ御覺悟不被成候事ニ付明日之今日俄ニ古例御吟味之辺甚御迷惑被遊候義ニ付常通之左府計ニ而思召被爲止候樣押返し被　仰進候処尙跡ゟ御返答可被仰進旨ト計ニて一向埒付不申迚モ今日召設已下云々御治定被成兼候尤　一條樣ニて後手付被成御坐候而も急速之御間ニ難合候次第柄彼是御考合有之候ニ付無御據今日御參　內御見合セ被爲在候尤今日巳刻過ゟ一條樣ゟ諸大夫共ヲ以御懸引有之只今御工夫最中ニ御坐候間此上格別御間モ取申間敷奉存候左右相分り次第可

申上候得共先ッ不取敢此段可得御意如此御坐候已上

三月十四日　　島田左近

三浦七兵衛様

尚々日々ぐせ〳〵相場之不定實ニ〳〵御同困之義御憐察可被成下候拙者義も只今ゟ加茂迄罷出候間明極早天參上仕御左右可申上心得ニ御坐候已上

○安政六年

依

仰一筆致啓上候先以　其御方様弥御勇健可被成御勤仕珍重之御義思召候猶御様子被爲聞度トノ御事ニ御坐候然ゟ過日極密被　仰入候中印へ内豊候御出ニて御説得云々之事最早御行届ニ相成候哉則　殿下今朝御參内被爲在候ニ付入説云〻模様共委敷内々被聞召度　思召候否御細報被仰

上可被下候
一此比藤堂和泉守殿上京之取沙汰有之旨
右も何御用ニテ上京被致候哉何日比上京ニ御坐候哉是又被爲聞度　思
召候旨
一見急申口外ニ勢州表ゟ召捕ニ相成候神主抔之吟味申口書外ニ關東表此
比之御沙汰書ヲモ御一覽被成度思召候間乍御手數何卒早々御廻シ被成
進候樣仕度奉存候
先ハ右急用而已可申述如此御坐候可然言上御取扱可被下候委曲も跡ゟ
可申述候早々已上
四月朔日　龍　章
藤田權兵衛樣
三浦七兵衛樣

○安政六年カ

御用向
三浦七兵衛様平安　　　　島田左近

過刻ゟ彼是御面倒之御義被仰入候処早速御伺之上御返答被仰上御紙表之儘御手元へ差上置申候猶今日先刻　御參内被爲在候間還御之上御模様共相伺委細可申上候様可仕奉存候扱又過日來兼而御内々御頼入ニ相成候其御方様御馬役御両人之内小野内猶之助殿若御差支御坐候ハヽ猿橋氏ニても質素ニシテ御責馬御參　殿之義御頼被仰入度尤無御差支候ハヽ明二日午刻後早々御參　殿御坐候様御取扱被下度貴所様へ此段御頼可申入旨被仰付候間可然御取繕被下程能言上之義御頼申入候否乍御手數貴答致承知度如此御坐候早々以上

四月朔日

○安政六年

梅天漸快晴御同慶奉存候先以御揃益御安泰可被成御勤役欣喜奉存候然者
昨日　御參內諸臣一同へ御別紙之通被　仰下夫々御金銀等拜領被仰付至
極御靜謐之御模樣ニ被爲在候依之爲御心得內ゝ可申入置旨被　仰付御別
紙御直書之侭差出候御寫取之上御返上可被下候尤昨晚此旨可申入之処拙
者俄ニ腹痛漸ゝ至今朝快氣彼是延引相成候段宜御斷申上候猶可然御取繕
言上被成下度奉願上候尤右御書付一条ニ付子細萬緒以心傳心之密意者明
日參館之上可申上候間是又左樣御承引可被成下候

一昨夕も御書翰被成下三印御隱栖探索一件跡ゟ返書可仕候書付二冊其外
委曲被仰下其侭備　台覽候扨亦探索書之內三人之者も御先見之通實ニ
殿下ニモ御一笑被爲在御同笑之御事奉存候尙又其一件ニ付岡式部兩三
日中云ゝ等之義被仰含候旨御丹誠之御事　御感心被爲在候

一川鰭殿一乘寺村行委細書一通差上候間可然御懇量可被下候

一松尾社家南家豊前云ゝ書御入用之旨御尤千万則其書付內ゝ拜借仕奉入

御覽置候ニ付今朝ゟ種々樣々御文匣類穿鑿罷在候得共見當兼殆當惑仕居候尙取調跡ゟ返上可仕何共不調法之次第不惡御仁憐可被下候是非探し出し返上可仕候

一長義事一昨日ゟ大津表へ用向有之罷越候間彼ノ參殿云〻御傳言之趣も歸都之上可申達奉存候小長氏一書拙ゟ返上可申旨申聞候ニ付差出候御入手可被下候

書餘之義も明日　參館萬々可申承候草々頓首

五月廿三日　　　　龍　章

三浦吉信君

○安政六年カ

弥御安康珍重奉賀候然ハ昨今御參內被爲在漸々御別紙御自翰之通弥御治定被　仰出候樣相成明日武傳衆ヨ

リ可被相達趣ニ相成候依之極内密可得御意旨被　仰付候則拙者ゟ被下置
候御自翰之儘内密御廻し申入候早々可然　御内々御披露言上可被成下候
御自翰ハ明午刻後ニても御返却可被成下候
一昨朝及御内談置候　關東への御内答も弥明日中ニ可被　仰進哉ニ奉存
候若又明後日ニ相成候ハヽ、拙者參館之上萬々可得御意候間是又内々申
入置候
一過日御賴被　仰入置候猿橋正七殿御責馬御參　殿之事明日未刻ゟ御參
殿御坐候様仕度此段御賴得御意候猶亦其砌何毛ニても御馬二疋御借進
之義是又御賴可申入旨被　仰付候於御領掌も明日爲御牽可被成下候尤
明日雨天ニ候ハヽ、明後日御參　殿云々之義御賴申述度乍御面倒否貴答
可被下候御返事ハ明朝ニ相成候而も不苦奉存候先ハ　御用向ノミ可得
貴意取込乱筆如此御坐候早々以上

七月二日　龍　章

藤田權兵衞様
三浦七兵衞様

○安政六年
嚴暑之節弥御安康可被成御勤役珍重奉賀候然ㇵ過日從　關東表御内答有之候被進被下金ホ之義ニ付委曲被　仰入候条々逐一御承知被爲在則別紙之通御返答被仰進度　思召候付而も乍極密草稿其儘貴君迄御見セ申入候御心付キ之件〻實ニ無御伏臟御添削被成下候樣只管御賴申入候實ニ極密之義ニ御坐候間是又御含置可被下候尤參館萬〻可申上本意ニ御坐候へ共少〻暑邪ニ被當困入候ニ付無據以愚札申上候段不惡御聞取可被下候一過日も暑中爲御見舞御晒二疋一臺御肴一臺御内々御進上早速逐披露候処　御滿足被思召每々御至念之至御心痛被　思召候旨猶亦厚く御挨拶可申述旨被　仰付候次ニ　不存寄拙者へ金五百匹御惠投被仰付是又及

言上候処毎度之義　御滿足之御氣色可然御挨拶可申入旨ニ御坐候於拙者も實以難有仕合奉存候乍恐御序之砌万々御請礼言上被成下度奉頼上候

一本條約云々

御聞濟云々ニ付一昨夜爲持上候　御自翰類昨日御返却被成下正致落掌候付而も昨日從傳奏衆御達し被申候事と奉存候否爲御聞可被下候

一御責馬ニ付猿橋氏御參　殿之義今日も御馬場路次不宜候ニ付御延引被仰出候間御參　殿被下候ニ及不申候明日快晴ニ候ハヽ彼ノ　砂川御別業へ被爲成度　思召候間午半刻過頃ゟ御同所へ御參上御坐候樣御取扱被下度奉頼上候猶亦青毛御馬一匹外ニ過日少々病氣ニ御坐候栗毛之御馬右も今以少々病氣モ御坐候旨昨日正七殿ゟ承知仕候ニ付則其旨昨夜言上御斷申上置候得とも　何分御乘馬も兎モ角今一應被成御覽度思召候間不苦候ハヽ一寸明日爲御牽被下候樣御頼可申入被仰付候是ホ之趣

可然御高慮被下度是亦御頼申入候
一御國産之珍鮓頂戴被仰付何とも御懇情難有則早速開封拜味仕候實ニ天
下之奇品と可申程ニて内〻昨夜當番ニ付　殿下へも少〻奉差上候事ニ
御坐候乍恐御礼之程宜御取繕言上被成下度奉頼上候
一四公御愼御免云々之義傳奏衆ゟ御達御坐候ハヽ可然御答被爲在候旨夫
〻御細答之趣具ニ言上仕置候
一過日御内談申上置候御馬御取替等之義委細言上被成下候処程能御承知
ニ相成候趣縷々御紙表之儘奉入　御覽候處段々御取扱ニて　思召通り
ニ相成候段深御滿足被遊候呉々御挨拶可申述旨被　仰付候間是亦可然
御取成言上可被成下候
一間部侯御書翰二通幷ニ竹内一件一冊返上仕候間御入手可被成下候長〻
御留ニ相成御氣毒之至ニ思召候漸〻寫出來主命難默止候得共惡筆之私
模寫仕候ニハ扨〻困入候御一笑可被成下候

書餘種〻申上度義も御坐候へとも不能書認御用向ノミ荒〻申上候御推察
可被下候恐々謹言
七月四日　龍章
三浦吉信君

○安政六年
弥御安康可被成御勤役珍重奉賀候然者當二日甘露寺中納言殿薨去ニ付彼
ノ典侍局四人之内甘露寺殿ゟ上り被居候典侍殿ハ右父卿甘露寺殿薨去ニ
付長被引籠今一人ハ廣橋殿ゟ上り被居此御方ハ多病成御方ニテ一ヶ年之
内七分ハ病氣引被致候今一人ハ中山殿息女督典侍殿ハ
主上之御意不相叶
宮樣之御附ニ被仰付度
思食右ハ過日御咄し申入置候通之義ニ御坐候而殘一人ゟ外ニ　御前御給

仕之人無之其外ニも大御無人ニ付今度典侍殿一人御召抱被遊度　思召候
義ニ付度〻御催促被爲在　殿下ニも御尤至極ニ御敬承被爲在候付テハ過
日被仰入置候督典侍殿ハ
宮様御附ニ被　仰付替り典侍局新ニ一人御召抱被遊候ニ付テハ御定料之
內ヲ以高百廿石御宛行被下置度　思召候ニ付近々之內傳奏衆ヲ以表向被
仰入候而も宜敷候哉又ハ御定料之內タリ共一應極內々關東表へ御らけ合
被下候方御都合可宜狩哉此段內〻御尋問可申入旨被　仰付候間可然言上
被成下無御伏藏急〻御返答可被下候様仕度奉存候何分ニも前文之通實ニ
御無人之御義ニ付一寸も早々兩様之內御取扱被成度　思召候間夫是御差
合言上被成下速ニ相調候様被遊度此段御賴被仰入置候
一富小路殿弥當十四日ゟ表勤可致御治定被　仰出候ニ付此段御心得迄ニ
被仰入置候此義も種々御心配之處程能被　仰出先ツ〳〵御安心御同悅ニ
奉存候尙書餘ハ拜顏万々可申承候早々頓首

七月九日　嶋田龍章

三浦七兵衛様

○安政六年

御用書拜見仕候先以御安康珍重奉賀候然ハ督典侍殿一條今曉關東ゟ宿次御到來ニ而都而被仰出し通りト申來候間明日傳奏衆御行向ニテ御達可相成趣極御內々被仰越御紙表之儘入御內覽可申候就テハ昨日御心配相願候御草稿之義も云々ニ及申間敷哉ニ思食候旨御尤奉存候猶言上之上委曲御答可申述候仰之通り先々御沙汰通被仰出候段御同悅奉存候仍テ畧御報如斯御坐候草々已上

七月十二日　龍章

藤田權兵衛様

三浦七兵衛様

御用答

○安政六年

御別紙委曲拝見仕候誠ニ其後も心外之御無沙汰何共無申譯次第平ニ御仁免可被下候

一長印も最早無滯出立被致定而安心之事ト奉存候則明十七日彦根表出立之趣ニ御坐候

一三好木名芥印是モ明朝當表發足之趣ニ御坐候定メテ御承知も可有御坐候へ共是又申上置候

一格別御念製之良藥人手ニ不懸庵主大清製之趣ニて御惠投被成下候趣扨々難有奉畏入候厚御礼申上候

一一昨夜御光來之趣只今御紙面ニて初テ承知仕何共法外之失敬御仁恕可

被下候扨又草木平一條其外砂健一件西尹公之御心配之趣迄縷々被仰下
御尤千万奉存候夫ニ付両組一同市尹館へ御呼寄御奇計御謀策之次第一
々感心仕候實ニ小長君ニも昨年來格別御丹精隱謀之淵底迄流通ニ御承
知ニ相成正道不曲ニ御勤務之事他人ハ不存於拙者も乍憚逐一承知仕居
候義ニ有之候処實以不法之義ヲ申懸不行届抔ト惡説申唱候族モ有之趣
聊承合候義有之只今深々探索仕居候間相分り次第一々可申上候其外面
上ならでハ難盡筆談之義も有之候ニ付一両日中必罷出万々可申上候

一四五日前ゟ
富貴宮御方聊御風氣之上御驚風症ニて大混雜ニ被爲在格別御用多意外
御無音御仁免可被下候
宮様ニも今以御宜しきト申場へ難至ニ付　殿下ニも深々御心配被爲在
候御事御推察可被下候

一御沙汰書御差遣し被下候様御紙上ニ御認被下候得共見當兼候ニ付此段

御斷申上置候何卒御手元ニ御坐候ハヽ御序ニ御惠投被下度明日ニも從是爲相伺可申奉存候いつれニも近々參謁万々可申承候仍テ御使爲待置畧御報如此御坐候草々已上

七月十六日　　　龍　章

三　浦　吉　信　君
極密御直披

○安政六年ヵ

彌御安康珍重奉賀候然ハ昨日も兩度迄御念書被成下候處折節御用出深更歸宅一々拜見仕候誠ニ一昨夜も御內使相勤度〻御懇念之御取扱被成下忝仕合奉深謝候就テハ粗末之兩種被爲進候ニ付尙又御入念御挨拶被仰越候件々御紙表之趣夫々言上仕候処實ニ御深篤之御儀尙又可然可申入旨被仰付候且又御兩人ニは聊之白銀被下候ニ付御礼之義是亦言上仕置候御參　殿御礼等之義ニも不及申奉存候

一一昨夜三浦君へ御内々差上置候書付早速御内見被爲在候處外ニ　思召
付キも不被爲在トの御義其餘御手順之廉ヽ委敷被仰下委曲承知仕尙言
上可仕候
一極內ヽ相伺候拙者東行之類例早速御取調被成下每ヽ御手數ニ相成奉畏
候尙拜顏御礼可申上候
一內女房御雇之義ニ付極ヽ御內密之方ゟ被仰越候趣ニハ去ル廿日　殿下
勅答被仰上候義ニ付其後之御模樣云々等之義御尋問有之何共御當惑被
爲在候トの御義御尤千万奉存候右ハ拙者義も頓ト不奉存候ニ付尙極密
相心得以後とも御不都合之義無之樣可相成丈ヶ心配可仕候夫ニ付御返
答被仰上候御別紙之寫等御廻し被下右御書付之御文中十九日夕　殿下
ゟ　其御主君樣へ御內書被進尙又同夜再ビ御內書被進云々就之不取敢
御返答被仰上云々等之義ニ付不一方御心配被爲在候トの御義實以御子
細不奉存候へとも御氣毒千万ニ奉存上候尙篤ト相考期拜面萬ヽ可申上

候

一今日被仰下候去ル十二日出之飛脚一昨夜到着右之内内藤豐後守殿御役義御免右一條ニ付テハ六月八日御渡ニ相成候

勅書之寫幷ニ殿下御自翰之次第モ有之尤右ハ其砌御老中御連名宛之御直書ヲ被爲添　關東表ヘ御達ニ相成候處今度何ト欤御返答可有之筈ニ思召候處只々御役御免之義計ニて前顯

勅書之寫ニ對し候而之御返答ハ何とも不申來夫ニ付テも何欤御粗略之御取計ニても有之候樣被思召候而も如何ト迄御入念之御趣意其外御懇篤之御書中其侭直ニ及披露御至念之御義何も御承知被爲在候旨被仰出候間其段御取繕可然言上可被成下候尚萬々拜紫眉可申上候恐々謹言

八月廿五日　　　　龍章

藤田權兵衛樣

三浦七兵衛樣

尙〻從今朝早〻貴答可仕之處無據御用向ニ取懸不計延引ニ相成畧答仕候段御用捨可被下候三浦君御不快如何御坐候哉十分ニ御養生被下度奉願候已上

○安政六年カ

前畧御仁免

只今御内用向種々有之爲内御使尊宅へ罷出候処御用出之趣御宅ニ扣居候而も宜敷候得共極密承及候處町御役所へ御出馬之趣ニ付差急キ候分丈ヶ申上候扨たいせ藤一件ニ付種々御心配被爲成下候段於　殿下實ニ深々御滿足被爲在先ッ不取敢御挨拶之御使相勤候樣被仰付候可然言上可被成下候就而たいせ藤儀外ニ万甚万治とも何卒可相成丈ヶ御憐愍ヲ以課料ぶ之義た御憐愍被成下彼者共之家之瑕瑾ニ不相成候樣心得違ニて右錢賣捌候積之処へ御呼寄セ云々被仰付候ニ付失途方〻早〻元直段ニて賣捌可申上

候旨重々詫書辺ニて今一段右才之辺ニて御憐愍被爲仰付被下置候ハヽ可
相成義ニ候ハヽいせ藤手元ゟ金二千両爲御冥加　公儀へ献上可仕欤又ハ
如何様とも被爲　仰付候通りニ可仕其余ニもいせ藤ゟ心付き爲申聞候ハ
ヽ如何様とも表向　公儀へ献上奉候様ニても如何様とも御奉公相勤可奉
候趣急度内願申出候右ハ何卒其辺夫是御憐察被成遣御取上ケ之御趣意ヲ
御轉じ被成遣被下度候ハヽ實以後世ニ至迄尚更　御仁厚難有々々可奉存
旨云々其余御差圖通りニ御奉公可仕旨申出候趣
右ハ夫々御規則も可被爲在御義トハ思召候得とも何トカ御仁厚ヲ以　御
取上ケ之御趣意ヲ御轉じ被成遣候様此段御頼被　仰進候其余之条々ハ藤
田君ヲ以言上仕尊君御帰宅ヲ奉待候仍而要用のミ如斯御坐候已上

九月二十六日　龍　章

三　七兵衛様

御直披

○安政六年

御別紙奉拜見候然ハ今日御參　內被爲在候處彼ノ貳万金割賦御餘金云〻之一條御別紙之通御返答被爲在候旨具ニ傳奏衆ゟ言上被致候趣　殿下ニも御心中御腹ヲ被爲抱候程ニ被爲在候得共御辛抱被遊候旨還御之上御咄シ被爲在大笑之御事乍極密當節之御一笑此事ニ奉存候尚縷々御紙上之侭奉入御覽置申候且又御沙汰書一綴御差遣し被下毎〻御筆勞御手數之段何共御氣毒千万奉謝上候

一茸山御供之義種々私方之勝手计申上恐入候付而も過刻申上候四日ハ其御方樣ニも御差支之趣私方ニも所勞人出來其上儉〻（檢カ）見出役旁四日ハ差支ニ相成候誠ニ逢タリ叶タリ之双方差支先ッ四日ハ相見合セ申度奉存候扨亦五日七日も內々極密ならら三好文藏本名芥川舟三上京之趣申來有之其余主用モ有之候ニ付六日七日ハ香川氏指支八日九日ニても御供被仰付度奉願候まゝ〱九日ニても茸もなくなり申間敷奉存候若萬一七日御

差支無御坐様ニ相成候事ニ相成候様之義ニ御坐候ハヽ、前日迄ニ御内沙汰可被下候前文芥川上京之義ハ先ツ極密ニ被成置可被成下候上京之上万々申上度義も多端可有御坐奉存候仍而再應申上度貴答旁如斯御坐候草々已上

十月二日夜　　龍　章

三浦吉信君

○安政六年

弥御安全可被成御奉務欣喜至極奉存候然ハ飛脚所ゟ注進承込候ニハ去ル十七日　關東御本丸炎上御矢倉才モ過半焼失之趣昨日罷出帰宅後度ミ承込於主人家も追ミ御聞込被爲在實ニ御驚　思召於私モ實ニ恐入奉絶言語候就テハ其後　大樹様御安否御承知被遊度且出火之有様巨細御承知被遊度　思召此段御内ミ御尋合可申入旨被仰付候乍御面倒御聞込之儘白地ニ

被仰上候樣仕度此段御賴御尋問旁如此御座候草々已上

十月廿一日　龍　章

藤田權兵衛樣

三浦七兵衛樣

○安政六年

薄寒之砌ニ御坐候処先以御揃益御安康可被成御奉勤珍重奉恐壽候然ハ青門樣御移轉御場所相國寺山内三ヶ院御内〻御取調委細書付ニテ御伺右ハ繪圖面之内彼ノ桂芳軒ニ相成候ハヽ何等之思召モ不被爲在候間一昨夜被　仰聞候通御奉行所ゟ同院へ差支有無御内〻御紏之上無子細御請可申上事ニ候ハヽ壬生寺御斷之義ト一緒ニ傳奏衆へ可被仰達トノ御事委曲及言上候処御承知被爲在候間何卒早々御取調之上否今一應御内〻被仰越候樣仕度奉存候依之繪圖面三通一包別紙書付一通御返却申入候御入手可被

下候
一入道貳公御愼解一條ニ付御內々御返答被仰上候義ニ付尙又篤ト御勘考
被爲在候得とも兎角此上之處內曲異事生間敷ト申次第急度御見貫俗ニ
申御請合ト申義ハ難被仰入候旨且又夫ニ付御內話被爲在候御次第多端
ニ付拙筆ニテハ難申上候尙委敷事拜眉之上万緒可申述候仍テ右申上度
如此ニ御坐候早々已上
十一月六日　　龍　章
三浦七兵衞様

○安政六年
前畧御用捨可被成下候然ハ昨夜御差遣し御坐候　御別封則其儘今朝
殿下御手許ヘ差上候処漸〻過刻御下ケニ相成則昨夜之御紙面ヲも內〻奉
入御覽則　御別封中被　仰越候通　思召之廉〻御張紙被爲在候尤是非此

通りニテト被　仰出候義ニても不被爲在候得共被　仰越候通無御腹藏被
仰入候御事ニ御坐候御張紙ハ御序ニ御返却被成進候樣仕度奉存候尙又御
一封御返却被成候間早〻御披露可被下候
一昨日ハ御參殿御寛々御對話被爲在　御滿足被爲　思召候併シ何之御
一風情も不被爲在御氣毒ニ思召候尙可然厚可申入旨被　仰付候間尙又可
然御取繕言上可被下候
一御對話之砌御馬之義御懇篤ニ被仰上是又深御滿足　思召候先ッ不取敢
厚御挨拶可申入旨呉々被仰付候是才之義モ御取繕言上可被成下候
一昨日御達ニ相成候旨彼ノ昨年八月八日
勅諚御書付二通自武傳卿御達しニ相成候義ト思召候最早御落手ニ相成
候哉是又可然御取計之義御賴被仰入候共余ニも申上度義モ御坐候得共
先ッ差急キ御用向ノミ申上候書余ハ拜眉之上萬〻可申上候早々已上
十一月二十日　龍　章

藤田權兵衛様

三浦七兵衛様

尚〻拙者へ被下置候御自書極內々入貴覽候御覽後御返却可被成下候

〇安政六年

前畧御免可被下候然ヶ御至念御手紙三通之趣一々拜誦不殘奉敬承候就テハ近頃御足勞之至奉存候へ共昨日御參　宮中ニ於ゐ久我殿ゟ　殿下へ被申上候一義ニ付御用談申入度義御坐候間乍御苦勞明二十一日早天ニ御光來被成下度奉賴候尤今晚ニも御用談申入度義ニハ御坐候得共無據主用ニ付入夜早々他出仕候ニ付無據明朝御光來奉願度申上候段不惡御仁憐可被下候只今大取込乱筆御請而已如此御坐候已上

十二月廿日　　龍　章

三浦七兵衛様

○安政六年

三　吉信　君　御直披　　　　よしはら

不相替寒氣ニ御坐候処弥御安福可被成御勤務誠ニ重疊歡喜之至に奉存候
抑昨夜差上候愚札ニ別紙一通御覽濟御返却と書顯し使之者差出候跡ニて
を不心付罷有候処今朝文匣中ニ落散有ヲ見付候ニ付御一覽之爲め持セ上
候就而ハ間部侯ゟ　御主君様へ被進候御書一通御趣意之旨言上仕置候ニ
付其御紙札爲返上持セ上候御入掌可被下候扨又冬籠銘實錄密々熟覽いた
し殆奉感佩候誠ニ前後つゝらニ其國々の全体より風土根性ニ至迄無殘処
然モ短文ニて意味貫通實ニ當節之銘文といふべきもの欤拙者を聊銘文ニ
基た頭をもぢらぬ様ニして御返報申上度事は海山ニ御坐候へ共深密御
用方ハおこかましく候得共拙者モ其數ニつらなり居るときえて是ト申爲
差事ハなゝを共只々日夜筆と組打のまたをもるニ似て非なるも有へし夫
ハ御存しを有間鋪欤奉存候扨まゝ粗鴨是ハ遠方ゟ今朝飛脚ニて至來ニ付

而も彼の冬籠被成候御方へ進らせ度奉存候不苦候ハヽ、恐入候へ共何卒御
序之節御傳上被成下候ハヽ、本望ニ奉存候併シ御手數奉賴候段も深〻恐入
候何分夫ハ御憐恕可被成下候猶一昨夜御約束申上置候浪花より至來之塩
から三壺之内二壺ハ老母方へ廻し置候処何方へ歟遣し候旨今朝申來り聊
御違約ニ似候得共不得止之次第ハ御面會之砌御斷可申述候付而も塩から
一壺之中半ハ鳥のなゝき塩から余も鯛の塩から一向日モ立不加減ニて汗
顔之至ニ候得共心迄ニ進上仕度無御叱御用ひニモ相成候ハヽ、更ニ可奉畏
入候かく祉

いろハをて見もあくもならぬ一つほを
心計りニさゝあなるまふ

御一笑可被下候委事ハ拜眉万々可相伺候草畧不備

十二月二十日

追加冬籠公へモ可然御鶴聲可被下候已上

○安政六年十二月

欝陶敷天氣合ニ相成候處先以御安康御奉務之御義重疊欣喜至極奉存候然ハ昨夕も爲　御內使御光駕被成下候處折あしく他出仕居候ニ付遠方之處出向先キヘ御光駕被成下寛ヽ得高話大慶奉存候就テハ其砌承知仕候壬生寺御斷之一件傳奏衆ヘ御通達ニ相成候趣且又相國寺山內桂芳軒御閑居所ニ御借り請云ヽニ付相國寺ゟ差上候御請書并ニ小長君御別紙已上二通寫共則差上候處何事モ委曲御承知被爲在候趣被仰出候間此段可然言上可被成下候

先も匆ヽ如此候

三浦吉信君　龍章

○萬延元年カ

御懇書難有拜見仕候然ハ昨夜も御參　殿種ヽ拜話大慶之至奉存候扱御引

取後直ニ　言上仕候様申上置候得とも右一件ハ實以不容易御事柄粗忽ニ言上仕若萬一仕損候様之義御坐候而も誠ニ難取返義と尚又獨考仕罷在引續キ夜飯等も仕舞且又終日御用出し致居候ニ付雑事向ニ付仲番上下之者ゟ申出候義をも夫是勘畧仕彼是仕候内最早夜半ニモ及候ニ付無據昨夜言上之義延引仕候仍テ今朝之内夫是十分ニ言上仕千種殿御始メ御配意云ヽ等之次第ヨリ本孫老之御口發ゟ可有大變程之義ニ至り候始末等委曲及言上何卒萬緒御趣意柄御呑込被爲在候様且又千印様御始メ御精配之義等何も貫通仕候様言上仕度乍恐心配仕居候義ニ御坐候尚又今日も當番續キニ付言上之上殊ニ寄候ハヽ御光車之義可奉願も難計候間其節も幾重ニも御仁憐ヲ以御光駕奉願度奉願上候且又昨夜御預り拜借仕置候千印様御書付御入用之趣委細奉畏候則要文計り寫し取御本紙ハ返納仕候御入掌可被成下候何も後刻萬ヽ可得其意奉存候只今取込居御使爲御待置只ヽ畧御報迄匆ヽ如此御坐候已上

二月二十一日　　島田龍章

三浦七兵衛樣

貴答

○萬延元年

御懇書難有拜誦仕候如仰兎角欝陶敷氣色ニ御坐候處先以御揃倍々御安康可被成御奉職珍重奉賀候然ハ今度御借進被成進候御人數交代ニ付委細御書付已上三通御廻達被下夫ニ付被申合之御義ニ付明日御書付之御方夫々御參　殿御坐候旨夫是被仰示候一件一々敬承仕早々及言上委細御敎諭之通夫々取計可申候間左ニ御承引可被下候扱又一昨日ハ御念書被下御請旁今日ハ是非參　殿萬々相伺候樣被仰付置候処今日未刻前姫路ゟ人數被差登候ニ付彼是手間込候ニ付何れニも明朝ニも參　殿仰之趣も申述且萬々奉伺度奉存候何も明日參上ニて可申上候仍而畧御報如此御坐候早々已上

龍　章　拜答

三月廿九日夜

藤田權兵衛様

三浦七兵衛様

再白

御別紙一通內々拜見被仰付大概之處相分り先ッ安悅之端ニ至り候事ニ御坐候實ニ如高論薩藩之両士御都合克御引揚ニ相成先以奉大慶候其外格外御懇篤之條〻一々及言上猶明日參上萬々可申上候已上

御別紙ハ返納仕候

○萬延元年ヵ

打續キ强雨別而欝々敷御坐候処先以御揃倍々御安康可被成御勤役珍重奉恐賀候然ㇵ昨夕參殿御內件種々申承猶又先般被　仰入候粗勅答ニ被爲對候御書付則持帰り今朝出勤之上御對顏ヲ奉願昨日拜聽仕候

御主意夫是精一杯御取繕申上十分工夫愚考之次第具ニ及　言上候処七日
朝相伺候御主意ヲ尚又打返し御沙汰被爲在中々御聞取御會得難被遊御模
様ニ被爲在既ニ一昨日御參內之砌ニも過日之
勅書之寫ヲ以　其御主君様へ被仰入早々　關東表へ致進達候事ニも可有
之哉着之上ハ猶又押而御再三御願立可被成哉抔種々　御內勅モ被爲在候
御事ニ御坐候旨尚又過日もいつれ欤種々言上いたし候事ニモ可有之哉
殿下之御氣合ニ拘り諺ニ申先見モ不付雜說ヲ言上いたし候様欤ニて一夜
之間ニ御氣色替り懸候事抔實以不容易御事夫ニ付而も最初　殿下之御內
沙汰モ動キ懸ケ
勅答之御返答ハ重大之御事ニ付中間ニて御返答可被仰上筋ニてハ無之旨
其外非職非役之堂上方不怪御周旋實ニ其方々ヲ偏執いたし候御事ニて小
量短才之方々ゟ種々取鎊申上候辺ゟ前文之如き　殿下之思召ニ不入次第
ヲ引出し實ニ今日迚モ實ニ〳〵御不請ニ被爲在候依之今朝之処ニテハ先

ツ彼ノ昨夜之御書付ハ篤ト　御熟覧被成進候様トのミ申上餘り一時ニ言
上仕候而も却而逆押仕候様可被　思食ト存先ツ御前ヲ退キ其後未刻前ヨ
リ又ミ御對面ヲ奉願一昨日御參　内之節
主上　御氣色之辺ヲも相伺則水勅返上方御催促云々之義も武傳方ニハ一
寸之御手出しモ得不被成諸事　殿下之御賢慮被奉縋夫々迯支度ノミニ付
更ニ御相談可被　仰下様モ不被爲在依テ一昨日　思召之御次第速ニ　御
奏上被爲在候処
御上ニも聊御不滿之御様子ニも被爲在候へとも右ヲ不被仰出而ハ何欤
御一和之筋ニも差響キ可申哉之
御叡念も被爲在候趣ニて種々御懇談も被爲有候趣殿下ニも何卒此儀も御
けら〳〵と無御滯被　仰出候方　公武無御隔意御次第尚更倍々御一和之
御義ニも可有御坐尤最初返上方御沙汰被爲在昨年二月初而被　仰出候ゟ
ハ今度之義ハ新規ト申義ニてハ無之眞之御催促のミ之御事ニ而御手易キ

事ニ可有之抔種々様々　殿下御力ヲ被爲竭御奏問被爲在候処漸々　御納
得之御模様ニ被爲在候旨併シ尚篤ト
御叡考も被爲在候様ニト被仰上置候御事ニ付明日御參　内之砌ニハ何ト
歟　御治定御書付被爲出候御事ニ可相成哉ト被思召候旨此義も極密々々
申上置候様ニトノ御事ニ御坐候併シ譬何方へでも御他言ハ決而御無用可
被下候次ニ今朝言上仕且差上置候昨夜之御書付之御一条ニ付尚又別考ヲ
廻らし右ハ全從　關東　其御主人様へ格別御懇命ニテ是非共御心配被爲
在候様尤　殿下へ打明萬々御熟談被爲在候様ニトノ御事其外内々ニても
種々様々ニ被仰越有之俗ニ申其御主君様へ爲御任御同様之御事ニも可有
御坐御様子ニも相聞候ニ付　殿下之仰實ニ御規則辺云々之御義ハ至極御
尤千万ニ御坐候へとも併シ極内密ニても爲御任御同様ニト迄被　仰付越
被爲在候上ニテハ今度之
御勅答之御書付其儘御進達ニ相成候而も折角御懇篤ニ被仰越候所詮も薄

ク相當り且又　殿下ト御懇談被爲在候次第も聊浮〻相成可申哉左候而ハ
實ニ御双方様とも御大切之
勅答トハ乍申上御心配之御次第薄キ姿ニ相當り旁以御苦心之上ニて一應
御書付ヲ以被仰上候御事と奉恐察候旨私一己之言上方乍恐短力之及限り
其外ニも種々様々ニ未刻ゟ只今ニ至ル迄十分ニ及言上候処乍恐漸〻〳〵
ニ御聞込ニ相成候事ニ至り先以乍恐安心仕候事ニ御坐候實ニ何欤大騒ら
しく申上候事ニてハ更ニ無之四ヶ度迄も御目玉ヲモ頂戴仕候へとも先ツ
〳〵御聞上ニ相成安心御同慶被下度奉願候則昨夜之御書付其儘御手元ニ
留メ被爲置候間別段諸大夫共御招キニ而御達しニ相成候振合ニ被成置可
被下御都合宜敷様御含置可被下候　殿下之御手元ハ今日之侭ニて御落手
被爲在候而猶あとゟ御細答可被仰入との御事に御坐候委曲之義ハ何も何
も拜顔不仕而も諸事難盡拙筆御急務之二ヶ条ノミ荒々申上置度乱筆如此
御坐候實ニ荒々御急用ノミ一二申上候段御推覧可被下候已上

五月十日　　　龍　章

三浦七兵衛様

尙々必々御他見御無用御禁し可被下候以上

○萬延元年

嚴暑難凌御坐候処先以御揃倍々　御安康御奉務可被成御坐珍重奉恭賀候
然ハ昨夕ハ爲御内使御入來被下候処誠ニ何之風情モ無御坐殊ニ長ク爲御
待申上何とも恐縮之至不悪御仁恕可被下候扨其砌御持參御坐候御一条ニ
付御返答之御書付類三通三包外ニ御一名御宛之御一通一包夫々不殘昨夜
直ニ　御對面之上御手許ヘ差上尙又御口上之御主意夫是具ニ及言上候処
右御書付類繰返し御熟覽被爲在候尤是迄被仰進候中　御本人樣若萬々一
御病氣等之御義モ被爲在候ハヽ如何哉其辺深く　御心配被遊云々之ヶ條
ハ御返答之御文中ニハ無御坐右ハ素ヨリ御六ヶ敷御ヶ条ニも有之兼ハ

殿下ニも左も可有御坐とハ被　思召候へとも尚又聊御沙汰之御義御懸念
ケ間敷御咄し之御義も御坐候へ共爲差御義共不奉伺候ニ付尚篤ト御熟考
可相成丈ケ御周旋御考量被爲在度申上候処尚今朝御返答可被　仰下旨ト
ノ御義ニ付無據御用濟之上昨夜三更後ニ帰宅仕候事ニ御坐候然ルニ右御
一件ハ　關東表ニてハ實ニ格別之御急キ之御模樣飽迄御承知乍被成御當
地ニてあまりおら〳〵ニ御日間取候樣ニてハ折角之御義も聊水臭ク相當
り可申哉と乍恐彼是中納言中將殿ニも不怪御心配被爲在於私も恐痛奉存
候義ニ付則今朝　殿下御目覺之処へ參上仕昨夜之義共尚又申出し候処何
も程能御承知被爲在既ニ今日巳半刻過ニも御參　内も可被爲在との御義
尚早速今日御　内奏之上御十分ニ御心配御周旋可被遊トノ御義ニて昨夜
之御書付類三通三包共其儘御落手被爲在候間此段可然御取繕御言上可被
成下候外ニ　御一名宛之御書付ハ跡ゟ御返却可被遊旨被仰付候条是又左
ニ言上奉願候併シ何も　其御主君樣ハ不及奉申上御両君ニも格別御丹誠

御心配被爲在候御義深々奉感佩候尤右ホ參　殿ニて可奉申上筈之処難據
御用向差湊難手放候ニ付乍畧義書中ニ而此段申上候段可然御含置被下度
奉願上候已上

六月四日

尙以外ニ御尋被成進度義も有御坐且も今日　御參　朝之御模様柄とも
相分り次第參　殿仕萬ゝ可申上心底ニ御坐候已上

龍　章

藤田權兵衛様
三浦七兵衛様

○萬延元年ヵ

亦雨天ニ相成聊淩克御坐候処弥御安康御奉勤之条珍重之御儀奉欣躍候然
者昨夕も爲御內使御參　殿乍每度御苦勞之御義ニ奉存候扨昨夕御差出被

爲在候傳　奏衆ゟ被遣之云々書寫二通則御手許へ差上候處其刻ハ傳　奏衆ゟハ何等之義も不被申上候得共兼テ御内〻御賴御注文之御書面ニ付乍恐至極御聞請能且是迄御日間取候義ニ付而も不容易御心配被爲在候折柄尙又無遠慮ニ種〻樣〻言上仕其上御所勞之処押テモ御參　內被爲在候樣ニとも如何ニも奉恐縮候へとも實ニ方今御急務之御事ニ付御内々黑川左仲殿被差登候而已ナラス　御老中方ゟモ折入被仰越候最大之御事柄今一段之処ニて御遲延被爲在候而ハ是迄之御配意モ薄ク相成聊浮〻相似（本ノマヽ）尙又其御主君樣ニも格別御心配之条々乍恐一々具ニ奉敬承罷在候次第夫是とも乍每事尙又長々と詳ニ十分精一杯及言上候処何も御承知被爲在此上ハ傳　奏衆ゟ云々御書付御覽有無ニ不依　御所勞之處も御加養御十分ニ被遊押テ御參　內可被爲遊旨御内沙汰ニ付先ッ其段不取敢今朝可奉申上存居候処へ只今例刻ゟ御早メニ御參　內可被爲在旨被　仰出先ッ以テ安心仕三四日已前ゟ之重荷も少しハ肩休ニ相成候心地仕候心中御憐察被下度

候扱亦　德印樣云々之御書付之義是又段々之御配慮ニ而早速御取計被成
進御滿足被遊候是も今日　御奏上被爲在候旨ニ御坐候尤云々之義　主上
ヨリ外ニ御他洩之義ハ一切更ニ不被爲在候間此段急度御放念御坐候樣是
又可申上旨被仰付候間左ニ言上可被成下候
一當節從　關東表御進獻之御品云〻ニ付黑川氏御帰府之砌被　仰付候御
含之御義是又委敷及言上候処段々御手厚之御次第先以於殿下も御大慶
思召候旨猶　御内奏之上跡ゟ御返答可被　仰入トノ御事ニ御坐候其餘
當月朔日坪内豆州殿方へ勝光院殿ヲ被召呼　和印樣云〻之義工合ヨク
御請被申上候トノ義其外御内話之件々萬端具ニ及言上置候段〻御丹誠
ヲ以御成功之御場合ニ御運ひ付キ可申ト實ニ難有奉欣躍候倚委細之義
ハ拜顏ニ而可申上候仍テ右大畧奉申上度乱毫如此御坐候已上

六月十二日　龍　章

三浦七兵衞樣

○萬延元年

御手紙奉拜見候先以御揃倍〻御安福奉賀上候然者御別封一包　殿下御手元へ差出候樣被　仰下奉畏候早〻披露可仕候仍テ御受迄此段申上候已上

十月二十二日

七兵衞樣へ別段御請

昨日も御使御勤御苦勞之御義奉存候其砌之御返答御礼トシテ今日只今參上可仕心得ニテ供之者申付候処へ御使札難有奉拜見候御同道東行一件御別封御差出ニ付御寫両通御内〻御廻し被下難有奉謝候扨又　尊君ニも今朝弥被爲㝡　仰候旨先以重疊奉恐悅候就テハ出立日限等之義も何分拜顔ニ無之而ハ難申上候間今夕御用片付次第參上若亦遲刻深更ニ相成候ハヽ明朝極早天參上萬〻可奉申上候昨日も申上候通何分道中別テ不案内ものニ御坐候間別テ御役介可奉願何分御引立奉願候尚拜眉萬

ゝ可申上候已上

十月二十二日　　龍　章

藤田權兵衛様

三浦七兵衛様

○文久元年カ

一翰啓上仕候日々嚴暑難堪御坐候處先以御揃益御安福可被成御坐珍重之御義奉賀候然ㇾ此程御差越御坐候奈良表異人通行之義ニ付被仰立候一條ニ付方今従其御主君様御返答可被仰入ニ付御書付寫一通御廻し被下則殿下御手元へ差上三ヶ度迄漸々及言上候処右ハ當御方御一己之御願立ト申譯ニも御先規モ無之義ニ付旁無御據被仰立候義ニ付一應ニてハ御承知ト申辺ニも難到旨再應被仰聞候得共是迄之事情無御據御次第等段々及言上漸々御承諾

被爲在候御事ニ御坐候此上ハ是非とも　春日御社陵辺ハ勿論興福寺等へ
ハ決而異人參詣不立寄候樣可被仰立御事ニ御坐候間此辺ハ
其御主君樣ニも十分飽迄御丹誠被下關東へ御進達之義御頼被仰入候尤於
關東云々之儀ハ御請合被爲在候樣速ニ御返事御坐候樣是亦御頼申入候樣
被命候条厚御含可然言上被下度奉願候

(附箋)「書類之次第ニ付何時ニても表向傳奏衆方へ御書付ニ而御達被下候而
も宜敷候間此段奉申上置候且又此程御預り申上置候右御書付寫ハ御
手元ニ御留置ニ御坐候間若返上仕候方ニ御坐候ハヽ一寸其旨被仰越
可被下候以上」

一和宮樣御下向御當日御旅裝云々之御書付此程傳奏衆へ被仰入其後
主上御手元ニ御留置ニ相成候ニ付此頃　殿下御早々御參　内之義可申
上旨被仰下奉畏候則委敷申上相願置候ニ付明日ニハ是非御參　内可被
遊トノ御事ニ付此段御内答迄申上置候尤條々參殿之上可申上筈之處難

據御用向ニ取懸リ罷在候ニ付乍畧義書中ヲ以此段奉申上候御推覽可被
下候早々已上
　六月廿七日
　別段申上候

一西門樣大僧正一件ニ付段々不容易次第ニモ御内談被下難有則是ゟも種
々御面倒筋相願尚又十分ニ下間島田両家へ申諭候得共今以其後御直書
も不參尤堂上方懸り之義ハ下間少進重モ立相勤罷在候ニ付島田之自由
ニハ不相成義ニハ御坐候得共御室之大事ニハ難換旨段々申入候得とも
御門主ゟ頻ニ御願ハ更ニ無之下間之不取計ニ御斷も不申上此上私ゟ
彼是可申上樣も無之實ニ見殺し之譯ケニ有之彼是申内日數相立候而ハ
定メテ東門ゟ之書付御留置被下候義も難被遊哉ニ奉存種々樣々苦配仕
候へとも强情連中其上下間ニハ當方御家來信ノ小路ヲノミ重モニ賴ニ
致罷在詰リ御門室之御迷惑筋ニ可相成事ヲモ不被相辨候段歎ケ牟敷至

りと歎息仕候　其御方様ゟも種〻内〻被　仰入被成遣候御義トハ奉存候へとも前書之振合此上可施術計無御坐實ニ十計竭キ候仕合御賢察可被下候

一奥右衞門一条每々御面倒奉願奉恐入候則昨日相口方へ廻文差出置候此上とも何分厚御憐愍之御取扱被成遣度只管奉願上候方今奥右衞門父子痂痛且熱症ニて父子とも腰拔ケニ相成實ニ氣毒千万目モ不被當事ニ御坐候何分宜敷奉願上候何を明日ハ參堂書外可申上候早々頓首

六月二十七日　龍章

三浦七兵衞様

◎二字下ノ文面ハ酒井豐後守ノ返書ニテ原書朱書ナリ

○

右御紙面去月廿九日夕方相達致拜見候漸此節も少々秋冷相催凌能方

一翰奉拜呈候兎角殘暑嚴敷御坐候処先以　殿様益御機嫌能御旅行被遊候

（附箋）〔原朱〕
此書面可入御披見書ニハ無之候得共先程上京中風与御咄合申セシ事ヲ思出シ入御内覽候島田龍章殺害セラレシゟ腰抜ノ姦物ず時ヲねテ主人へ種ミ様ミ御爲ゴカシニ申ナシ七兵衛ヲ側近ク被召仕候テハ如何様ノ變事出來スルモ不被計抔ト申入終ニ斯ル場合ニ運ヒタル事候彼賄路一件ニテ辱メラレ涙士上京ノ風説ニ驚キ甲冑ヲ着テガタ〱ブルヒ致シ目玉ヲ貫ヒタル小人寵ノ所業候全ク意趣ハラシヲ受候ヿニ候御笑草迄ニ入御覽候
明治廿三年　月　吉信

ニ御坐候先以　殿様益御機嫌克御旅行被遊少も御申分不被爲在御着
旨御半途ゟ之御便り相達恐悦奉存候其後も追々御都合能定而昨十四日
府相成万端御都合宜恐悦不過之候兼而公辺ゟ御沙汰ニ而聊ニ而も御
御機嫌能御着府被遊候事と奉遙察誠以恐悦至極奉存上候　尊前様ニも倍
快御坐候得も早々御參府被成候様申參り居當秋御道中ニハ相達何角御
御機嫌能御旅行被爲成無御滯御着府被遊候御儀と是又恐悦奉存候　御發
模様モ不分大御心配ノ事ニテ私共モ殊之外心痛致候得共只今ニ何之
駕後も日々殘暑嚴敷嘸々　御上ニも御凌兼可被遊　尊前様ニも御痳疹後
御沙汰も無之追々但馬守様ニハ御類水野様へ御内々御類御尋ニ相成候
未タ御全快と申様ニも不被爲在殊ニ續而之御旅行ニ而別而御難儀之御事
得共一向何と申事相分不申候得共京都ニ長ク被爲入候而ハ御宜敷無
と奉察上候格別御當りも不被爲在候哉御案思申上居候隨而私義御蔭ニ而
之と申処ゟ之事と相見候尤夫なれハ安心と申居候内久我様安藤様之

家内迄も無滞引越難有奉存候去月廿八日着濱仕候処翌廿九日中奥御用取
一件も有之右當坐ニも彼是心配致候得共今日ニ何等之御沙汰も無之
扱被　仰付候段老衆御談有之　御住居御普請ホ追々一同精入漸く御間ニ
候間最早御安心と存候扱私無難ニ着も致候得共何分痳疹後今日ニ肥
合候様大底見通しも付安心仕候然ル処昨十四日老衆方御呼出ニ而右御用
立不申大ニ込り居申候夫故着後紙面も上ヶ不申甚申上様無之御不沙
取扱最早其儀ニ△不及旨御談有之奉畏候其後夕方阿部兵右衛門私宅へ被参
汰ニ相成赤面之至ニ御坐候」
右御用取扱御免ニ相成候儀ハ於京地私事之風聞紛々有之　御上殊之外御
△此儀ハ私ハ少も不存着之上承り候処御道中ニ而俄ニ被仰出候趣ニ御
案思被遊被下私義當地ニ而も不相替御用向取扱御用ひ有之様相聞候而も
坐候嘸々何事ぞと御心配被成候事と御察上申候全大印悪刀先生之所
都而宜ヶ間敷被爲　思召候ニ付　御免ニ相成候事之旨且ッ實家ニ同居致

謂と密存候京都ゟ俄ニ御帰濱之取計も今日相考候得も是も少々不審
し居候ハヽ表札も出し不申方可宜且ツ又病氣之申立ニ而引込居候方可然
御坐候
哉との御内命之趣相傳へ被呉斯く迄御案思被遊被下候段誠以無勿体心根
ニ徹し難有奉畏入候就而も右　御内命之通り病氣引可仕筈ニ御坐候得共
右様ニ仕候而も何分心中不安次第御坐候間何とも恐多く奉存候へとも
御尤至極ニ御坐候實ニ御引込と申事ニても却而夫が爲ニ御地ニ而彼
尊前様ニハ是迄不外御懇命を蒙り候儀ニ付愚意之儘打明ヶ奉申上候間何
是申唱甚不宜事ニ而御坐候右等も私甚懸念不少彼是評義致居候内此
卒篤と御賢考被遊被下尤之儀と御聞上被下候ハヽ　御上へも可然被仰上被
御紙面相達丁度宜直様評議致早々御上ニ申上候事ニ而御坐候得共何
下候様只管奉願上候扨島田一件以來京地おゐて種々様々風聞甚敷私義も
分只今中奥取扱と申事ニ而ハ如何ニも毎々色々替玉立候処も有之

島田同様諸浪士共目指候様ニ專と申唱候哉ニ候へとも島田長野ハ頓と譯
　御上も御懸念ニ思召候処も御坐候而先明春御在國迄之処ハ藤田氏御
の違ひ候事ニ而抑午年御上京以前ゟ右両人之儀ハ御案内之通り兎角く目
同様御記録取調被　仰付置猶御帰國之上も思召も御坐候趣ニ御坐候
指居候儀ニ有之既ニ此度も長野名前ハ出し有之候へ共私名前ハ是迄ニも
　間左様御承知被下度存候何レ老中ゟ何兎角御談申上候様可相成と存
一切出し候事も無之此度迚も同様の義ニ有之然を共元來之譯を不存者ハ
れ
同御用を相勤居候事故私儀も同様之儀ニ可有之と相察し候寄御屋敷内ニ
而も別而種々様々之風聞かきを掛ケて申林さ候様相成候儀ニ可有之彼ノ十
兵衛抔も早々薩長屋敷ヘ爲入込置候へ共右両屋敷抔とニ而ハ私名前抔と
申者ハ只ノ一人も無之由併是迄彼ら企ノ妨と相成候者ハ誰彼ノ差別なく
取除き不申而も彼ら望み不相達候故是迄ハ随分目指可申筈ニ候へとも

御上御退役被爲成候上ハ最早私式位之者何之邪間ニ成り候而目指可申哉乍去斯ル御時勢故如何樣之不了簡者可有之哉も難計万々一君父之仇の如く遺恨ニ存込居候者有之候ハヽ何國の果迄も尋來り可申左候ヘハ籠居ハ勿論石之唐戸へ這入居候迚相濟候譯ニも參り申間敷尤私勤方ニおゐてハ兼々巨細御承知も被下候通り　公武ニ對し後ろ暗き事仕候覺へ無御坐天地へ對し愧る心更ニ無御坐候左スレハ如何樣之風聞有之候とも公然と仕居候筈之儀ニ而逃ケ隱れ仕候譯ハ無御坐筈若不法之者付ケねらひ万一出會候節ハ尋常ニ相手ニ成り候迄之儀隱れさるなる顯さるハなき道理外ニ致し方も無之且ツ只今私引込候ヘハ何之譯も不辨者共御國元ニ而申候而もそら社三浦ニも心ニ覺へ有れハこそ引込さのあんのと申唱候樣相成候義（原朱）（此儀誠御尤實ニ孫兵衛春臺之類一番ニ申唱可申吳々懸念之義ニ御坐候ハ眼前之儀左スレハ虚説を求而實ニ致シ候樣之者既ニ此度段々之御內命ニ而當地ニ早々引越候樣被　仰付若党一人位召連引越候而ハ目ニも不立そら社逃ケていんさと可申と存し旁相願候而是迄江戸往返之供連ニ而玄

かも已明顯然と出立仕候処京小濱之此節の風聞ニハ家内迄も捨置逃ケて
帰る夫程ニせもともよそふあもの抔と散々申林ゝ候外向ニ而ハ　御内命
之趣ハ更ニ不存故只私勝手ニ逃ケ帰り候様ニ存し右様ニも申唱候儀無理
も無御坐候欤左様ニ打出し候而も悪評を立候儀此度引込候ハヽ尚更又品
々申觸し候様可相成迚も〳〵人の口ニハ戸ハ不建言ものニハ言せ置頓
着不仕候へハ人の噂も七十五日ニ而其内自然止ミ可申今引込候ハヽ前ニ
も申上候次第ニ而夫社風聞噂の止ミ候期ハ有間敷左候へハ乍恐　御上之
御爲ニも詰り相成間敷私身ニ取候而も是迄御奉公仕今此ノ場ニ至り候而
何ら逃ケ隱候様之意味合ニ相成候儀も實ニ以口惜き次第ニ御坐候間御用
ひ被下候儀ハ御不都合ニ候ハヽ權兵衛同様先役中之御書物取調ニ而も先
ッ被　仰付置被下候とら併其辺之儀ハ御都合次第之儀ニ而勤方之儀ハ從
私奉願るく筋ニも無御坐只諸稽古場ハ勿論殺生等ニモ無頓着罷出多勢之
人々ニ出會居候ハヽ一言申譯もるニも不及講釋もるニも不及悪風聞ハ忽

チ消散可仕儀と奉存候尤用心筋ハ力一盃心得居申候間乍恐　御上ニも御安心被遊被下候様奉願上度以上不慮之儀御坐候ハヽ天命と覺悟仕候ゟ外無御坐と奉存候右之趣何卒御熟考被遊被下候様幾重ニも奉願上候右之次第内々　尊前様迄奉申上候間一應御往復御坐候迄私勤方之儀ハ先ッ何も御沙汰無御坐様御含置被下候へハ只今態と病氣引仕候ニも不及勿論猥ニ出歩行き候儀ハ決ゟ仕間敷旨老衆へ申上被呉候様兵右衛門迄頼置候儀ニ御坐候間少しも御早く御指圖被下候様偏ニ奉希上候呉々も　御上深く御案思被遊被下候ゟ御沙汰被下候御趣意奉背候様御聞上相成候ゟハ何とも奉恐入候へ共決ゟ左様之心底ニ無御坐前文追々奉申上候通只今籠居仕候ゟも却ゟ不都合之次第ニゟ心中不安折角厚き　思召之程も如何哉と奉恐入候付不得止事奉歎願候儀ニ御坐候間不惡御汲取被遊被下度伏ゟ奉希上候誠恐誠惶頓首百拜

八月十五日

上三浦七兵衛様（◎上様ノ二字朱書）

(原朱)後八月二日認メ置

(下字原朱)下酒　豊後様　付箋(原朱)〔國家老ニテ候〕

參人々御衆中

尚以時氣折角御機嫌能御厭被遊候様奉存上候
　忝存候貴様ニも折角被成御厭候様存候

殿様　公辺御首尾之処最早　御參府被遊候上ハ別ニ御子才も被爲在間敷
御首尾之処ハ御案じ申上候ニも最早及間敷安心致候兼而御内願之御
儀とも奉存上候へとも乍併當時之儀如何御運ひニ成り可申哉難計晝夜御
隱居も當月中ニも御方付之御模様ニ但馬守様御咄水野様能御引受被
案思申上何卒此上御別条不被爲在候様只々天地ニ祈念罷在候而已ニ御坐
下至極御都合宜敷御坐候御同然先々案心之場ニ可參と相樂罷在候
候嘸々何角く　御配慮之御事と奉遙察候本文之一条呉々可然御賢慮奉希
上候以上

◎二字下文面ハ酒井豊後守ノ返書ニテ原書朱書

三浦七兵衛所藏書類 終

解題

藤井貞文

一

この叢書の第一八〇巻には『三浦吉信所蔵文書』を充てた。その緒言に記す如く、同書は旧小浜藩士三浦吉信が旧蔵してゐた書類である。即ち旧藩主酒井忠義が京都所司代に祇役してゐた間、吉信は忠義に仕へて機密に鞅掌し、その関係史料が凡そ長持に三棹も存したが、明治維新の初に忠義が悉く之を焼棄せしめたと謂ふ。然るにその一部が偶然にも三浦家の一匣中に遺ったのが、即ちこの一巻の文書である。而して是等の文書は後に旧主の酒井伯爵家に移り、近年に至って酒井家から小浜市立図書館に寄贈せられ、今日は同館の所有になってゐる。

二

三浦吉信の伝記に就いては、筆者はこれを知らないので、過日、彼の生地たる若州の小浜に赴いて調べたが、結局、『三浦吉信所蔵文書』に載せた略伝（十一頁）並に彼の履歴書抜書（四十一頁）の外には多く知る所がなかった。右の略伝に依って述べると、彼は諱を吉信と言ひ、七兵衛と通称した。柳斎と言ふのは隠居名である。小浜藩酒井家の世臣で、『若州藩士分限帳』の明治二年を見ると、隠居として三浦柳斎の名が見える。

若い時より藩主酒井忠義に侍したが、安政五年六月に忠義が京都所司代に再任するや、吉信はこれに随って上京し、諸公卿に出入して内情を探り、大いに輔けて忠義にその職責を果たさせた。就中、文久元年に皇妹の和宮が将軍家茂の夫人に降嫁されるに就いては、岩倉具視・千種有文等の紳縉と結び、奔走大いに力めた。同年十二月に彼は家茂に謁し、銀三十枚を賜った事に依っても、その勤功の程が知られる。翌二年五月には朝命を以て江戸に下向し、周旋する所があり、翌六月上京した。而して同月晦日に忠義は京都所司代を罷めたが、時勢が一変し、尊攘運動が熾烈となった為である。翌七月彼は帰藩を命ぜられ、翌三年二月退隠して謹慎した。恐らく同年閏八月に忠義が加増の一万石を没収し、隠居を命ぜられた事に関係があるであらう。翌三月に謹慎を解かれた。

明治元年正月に忠義の命を以て上京し、新政に対処すべく、内示を輔相岩倉具視に受けた。曾ての縁故に頼らんとしたものであらう。同三年には隠居の身を以て小浜藩の公務局に勤仕したのは、彼が猶ほ同藩の為には重要な人物であったと思はれる。尋いでこれを辞任したが、爾後、再び世に出でず、明治三十年十二月十五日に病歿した。特に従六位に叙せられた。明治政府も彼の実歴を認めた訳である。年七十七歳であった。略伝には「体偉大、武芸ニ勝レ、豪胆人ヲ恐レズ」云々と言ひ、曾て人が志士より狙はれたので、身辺の警戒を注意したが、彼は少しも顧みず、志士も手を下す事が出来なかったと伝ふ。やはり一廉の人物であり、藩主から重用された理由が知られる。

三

台本の標題は「三浦七兵衛所蔵書類」とあり、八冊から成って酒井伯爵家の所蔵である。曾て酒井家には家史の編纂所があったが、恐らく此の台本は同所に於て編纂されたものであらう。即ち其の内容は、新に附した巻頭の目次に依て知られる如く、略〻藩主酒井忠義が京都所司代に在任してゐた期間の史料であり、吉信は同藩士藤田清と共に忠義の懐刀として機務に与り、活躍した。

忠義が京都所司代に就任したのは両度であって、初度は天保十四年十一月三日に奏者番兼寺社奉行より任命された。彼は直に任に赴いて上京、参内して拝謁した。爾後、孝明天皇の御元服・御即位、或は泉涌寺の御位牌殿及び諸堂舎の再建、学習院の建築、御所の修理等の御用を承った。嘉永三年七月二十八日に罷めて溜間詰格となり、安政元年には郡山藩主柳沢保申と共に京都警衛を命ぜられた。斯くの如く彼と京都との関係は極めて深かったのが、京都所司代の再任の一因かと思はれる。

再度の任命は安政五年六月二十七日である。当時の幕府は将軍継嗣と日米外交との両難問を抱へ、頗る苦慮してゐたが、同四月二十三日に彦根藩主井伊直弼が突如大老に就任して此の両問題の処理に当った。京都方面に於ける反幕府勢力を一掃する為、この方面に明るい忠義を京都所司代に起用した。斯くて彼は上京して其の任に就き、尋いで上京した老中間部詮勝を輔けて志士を捕へ、井伊大老の弾圧政治の一翼を担った。

尋いで忠義は幕命を奉じて井伊大老の遺策たる皇妹和宮の御降嫁に就いて非常に努力した。万延元年十月十八日に和宮の将軍家茂に降嫁の事が勅許になり、翌文久元年十月二十日に宮は江戸に下向あり、翌二年二月十一日に家茂と御婚儀を挙げられた。万延元年に幕府は忠義の多年の精勤、京都所司代再勤、和宮御婚儀等に勤めた功を賞し、役知二万石を加増し、天朝も従四位上・左近衛権少将に叙任し給ひ、文久二年には役知二万石の中、一万石を私領に加へる幕命あり。凡そ彼の活動の一般が知られよう。

然るに同年四月二十三日に寺田屋事変が勃発した。是より先、島津久光の率兵東上の報が伝はるや、諸国の尊攘志士は続々と京摂の間に集って来た。京都の治安に任ずべき所司代の忠義は、是等の情勢を逸早く偵知したが、何等の対策も講じなかった。而して騒擾が起るや、伏見奉行を始め八幡・伏見・山崎の諸街道を警衛する諸藩士は、倉皇として為す所を知らず、忠義も亦頗る狼狽して役邸を出でゝ二条城に入って戦備を整へたが、結局、その職責を尽くす遑もなくて其の処置を久光に任せてしまった。天朝には短刀を賜って久光の浪士鎮圧の功を賞せられて、所司代の威望は全く地に墜ちた。同六月晦日に忠義は其の役を免じて帝鑑間詰となったのである。斯くて幕府は改革を行ひ、閏八月十四日に至って忠義は隠居を命ぜられ、加増の一万石が削られた。以上の如く忠義の浮沈は甚だしいが、その陰には常に三浦吉信が居たのであって、その伝記を知る場合には大いに忠義の事績を知るべきである。

酒井忠義の伝記に就いては前記の如く『三浦吉信所蔵文書』に略伝を輯録し、他には日本史籍協会刊行の『所司代日記』二冊がある。同書は安政四年八月より文久二年七月に至る六ケ年間の記録であるが、但し其間には欠けた箇所が少なくない。即ち岡崎藩主本多忠民・小浜藩主酒井忠義がその職に在任した間の記録であるが、台本は旧淀藩主の稲葉子爵家の所蔵である。蓋し藩主稲葉正邦が文久三年六月十一日に京都所司代に任ぜられたので、施政の参考に資する為に前任者の記録を筆写したものであらう。猶ほ稲葉家本は第一冊を欠き、第二冊より第十三冊に至る十二冊であるが、欠本の第一冊は嘉永四年十二月より安政四年八月迄、同じく所司代の職に在った龍野藩主脇坂安宅の日録であらうとされてゐる。第二・三冊は安政四年八月に所司代となり、翌五年六月に罷めた岡崎藩主本多忠民の記録である。第四冊より第十三冊の十冊は安政五年六月より文久二年六月に至るが、即ち其の後任者たる酒井忠義の在職中の記録である。従って忠義の京都在住中の事績を知るに足る好個の史料である。

四

今日、福井県小浜市立図書館に珍蔵する『三浦家文書』は、右の原本である。「間部侯上使一件」・「水府一件」(二括)・「和宮様御縁組一件」・「和宮様御下行一件」・「御内献一件」・「御内献上物一件」・「御短刀内献一件」・「御役方紛紜一件」・「島田龍章書翰」の十括から成ってゐる。其の大半は『三浦吉信所蔵文書』に収録されてゐるので、目次の上に○印を附して置いた。就いて読者はこれを知られん事を望む。従って○印を附してない文書は、今では其の所在が明かでない。

五

『三浦吉信所蔵文書』の特色は、大別して二類に分けられる。一は安政の大獄関係であり、他は和宮の御降嫁関係である。即ち幕府の側から言へば、前者は大老井伊直弼が主役であり、謀臣長野義言（よしとき）が関白九条尚忠の家来島田龍章（よしあきら）と組んで暗躍し、彼の侍臣三浦吉信が義言・龍章と結んで頻に九条関白を動かし、寧ろ所司代の酒井忠義（ただあき）は井伊大老の走狗として伏見奉行内藤正縄・京都町奉行小笠原長常等を従へて京都方面の警戒に当り、大いに幕府の為に働いた感がある。安政五・六年の候に於ける長野義言・島田龍章や吉信等の活躍の跡が彼等の書翰に依て知られる。此の意味で井伊伯爵家の『公用方秘録』・『井伊家秘書集録』と共に幕府側の大獄関係史料として極めて価値が高い。

其の二は和宮御降嫁に関係する史料である。井伊大老の強圧政治は却って尊攘志士の反幕気勢を昂めたので、大老は皇妹の和宮を将軍夫人に迎へて公武合体の策を樹て、事態の緩和を図ったが、万延元年に彼自身が桜田門外に於て横死を遂げた。是より幕府は益ゝ緩和政策を執り、和宮の御降嫁を策して公武合体の実を挙げんとし、狂奔する事になった。酒井忠義は京都に在って幕府の代弁者として専ら朝廷との折衝に当り、万延元年十月十八日に漸く御降嫁の勅許を賜った。幕府の為には其の功は頗る大きい。翌文久元年十月に和宮は京都を御発輿、江戸に下向ありて翌二年二月十一日に将軍家茂と華燭の典を挙げられた。是より幕府は攘夷実行の責任を負うた。併し幕府の滅亡に際して猶ほ徳川氏の存続に働き給うた宮の力を思へば、忠義にも幕府の為に其の一端の功ありと謂ふべきであらうか。右の和宮の御降嫁に際しては、忠義の輩下の三浦吉信・藤田清が前記の長野義言・島田龍章と結んで大いに働き、又、岩倉具視・富小路敬直・久我建通・千種有文及び今城重子・堀河紀子の、謂ゆる四奸両嬪を十分に動かした。就中、岩倉具視・千種有文との関係は特に深い。併し尊攘運動が盛となるや、具視・有文等は斥けられ、義言・龍章は害せられ、忠義も退き、従って吉信・清も姑く歴史から姿を消さゞるを得ず、斯くて慶応三年十二月の王政復古に至るのである。

万延元年・文久元・二年の候に於ける義言・龍章が吉信に宛てた書翰には、その間の事情を詳細に伝へたものが多い。由来、幕末維新に就いて幕府側の史料にして公刊されたものが比較的に少ない。本書は本会叢書の『岩倉具視関係文書』等の欠を補うて幕府側の事情を知るに足るものが多い。

六

今回、『三浦吉信所蔵文書』を復刊するに際しては、特に小浜市図書館に就いてその所蔵する『三浦家文書』を調査したが、其の大部分は既に収録してあった。其の他の文書類は固より曾ては三浦家に存したと思はれるが、早く散逸した様である。猶ほ調査に当っては、旅宿の間、十分の暇を得ず、厳密なる校正を加へる事が出来なかったのが遺憾である。他日を期する外はない。右の調査に際しては、小浜市立図書館が許可を与へられ、且つ職員の諸氏の援助を賜った。特に記して謝意を表する。

三浦吉信所藏文書（みうらよしのぶしょぞうもんじょ）

日本史籍協會叢書 180

大正六年七月二十日發行
昭和四十九年十二月二十五日覆刻

編者 日本史籍協會
代表者 森谷秀亮
東京都三鷹市大澤二丁目十五番十六號

發行者 財團法人 東京大學出版會
代表者 福武 直
一一三 東京都文京區本郷七丁目三番一號
振替東京五九九六四電話(八一一)八八一四

印刷・株式會社 平文社
本文用紙・北越製紙株式會社
クロス・日本クロス工業株式會社
製函・株式會社 光陽紙器製作所
製本・有限會社 新榮社

日本史籍協会叢書 180
三浦吉信所蔵文書（オンデマンド版）

Digital Publishing

2015年1月15日　発行

編　者　日本史籍協会
発行所　一般財団法人　東京大学出版会
代表者　渡辺　浩
〒153-0041　東京都目黒区駒場4-5-29
TEL　03-6407-1069　FAX　03-6407-1991
URL　http://www.utp.or.jp

印刷・製本　株式会社 デジタルパブリッシングサービス
TEL　03-5225-6061
URL　http://www.d-pub.co.jp/

AJ079

ISBN978-4-13-009480-1　Printed in Japan